기도와 응답

간증과 설교 편

윤기종 지음

가나북스

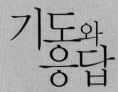

2023년 08월 25일 초판 발행

지은이 윤기종
펴낸이 배수현
디자인 유재헌
홍 보 배성령
제 작 송재호
조 타 김승철
펴낸곳 가나북스 www.gnbooks.co.kr
출판등록 제393-2009-12호
전 화 031-959-8833(代)
팩 스 031-959-8834
ISBN 979-11-6446-074-8 03230

· 가격은 뒤 표지에 있습니다.

· 이 책의 저작권은 저자와 가나북스에 있습니다. 이 책은 저작권법에 따라 보호를 받는 저작물이므로
  무단 전재 및 복제를 금하며 내용의 일부를 이용하려면 가나북스의 서면동의가 필요합니다.
· 잘못된 책은 구입하신 곳에서 교환해 드립니다.

프롤로그

하나님은 사랑하시는 자녀들이 하나님을 향해 헌신하고자 할 때 먼저 겸손한 지 여부를 보신다. 여기에서 우리는 왜 하나님이 어떤 능력이나 지혜 같은 것을 보시지 않고 겸손을 꼽으시는지 생각해 볼 필요가 있다. 아무도 모르게 이름 없이 빛도 없이 헌신하려면 무엇보다도 겸손이 절대적이라고 할 수 있다.

많은 사람들은 이 사실을 깨닫지 못하고 무슨 특별한 은사나 능력이 있어야 된다고 생각한다. 물론 은사나 능력 없이는 하나님의 일을 할 수 없다. 그러나 겸손하지 않으면 하나님의 영광을 가로채기 때문에 아무리 크게 헌신을 해도 소용이 없다는 것이다. 우리는 하나님 앞에 도구로 쓰임 받는 것이지 내가 무엇을 했다고 하는 생각은 금물이다. 하나님을 모르는 사람은 내가 하나님을 위하여 헌신 할 수 있다고 생각한다. 이런 사람은 하나님께 쓰임을 받을 수 없다. 하나님은 알파요 오메가이시다. 가만히 앉아서 영광을 받으시는 것이 아니라 영광을 돌리도록 사람들을 쓰신다는 것이다.

본서는 간증과 설교로 하나님이 어떻게 인도하셨는지 보여 주고 있다. 하나님은 기도로 은혜를 구하게 하시고 응답하셨다. 단 한 마디도 구하지 않은 것은 응답하지 않으셨다는 사실이다. 반면에 구한 것은 모두 응답되거나 응답될 것이다. 하나님을 믿고 따르는 자들은 기도와 응답이 자연스럽게 이루어지고 있다는 사실을 잊지 말아야 한다. 필자는 신앙생활을 통해 엄청난 은혜를 받았고 지금도 받고 있다. 한 가지 당부하고 싶은 것은 아무리 열심을 내어도 그 열심을 내게 하시는 분은 하나님이시라는 사실을 잊지 말라는 것이다.

여러분의 기도와 응답이 하나님께로부터 임하시기를 기도한다.

윤기종 목사

목 차

제1부 간증

제2부
하나님을 경외하는 민음

기도와
응답

제1부
PART

간증

1. 어린 시절

한 사람이 태어나서 한 평생을 살다가 떠나 갈 때까지 그 과정을 살펴보면 한 가지 중요한 사실을 발견 할 수 있다. 누구나 본인의 뜻과는 무관하게 태어나고 또한 사는 것도 내가 원하는 대로 살지 못한다. 모두가 자기 마음대로 산다면 세상이 중구난방일 것이다. 서로 양보하고 타협하면서 최선의 길을 찾아 나간다. 그리고 세상을 떠나 갈 때도 내 마음대로 떠나지 못한다. 그럼에도 불구하고 사람들은 이를 깨닫지 못하고 세상을 바라보기 때문에 문제가 되고 있는 것이다.

나는 일찍이 하나님을 알지 못하고 어린 시절을 보냈다. 칠형제 구남매 중 넷째 아들로 태어난 나는 초등학교를 졸업하고 중학교에 진학하지 못했다. 가난해서 학비를 감당치 못했고 오히려 품팔이를 해야 살 수 있는 형편이었다. 농촌 일을 하느라 지칠 때면 오가는 또래의 학생들이 부럽기만 했다. 저들은 부모를 잘 만나서 행복한 삶을 사는구나 생각하니 내 자신이 초라해 보였다.

만 3년 동안 일을 하면서 학업을 이어 가려고 몸부림을 쳤다. 다행이 국가 검정고시 제도가 있어 중학교 과정을 생략하고 고등학교에 진학 할 수 있게 되었다. 고등학교 3년 동안 책과 씨름한 결과 장학금을 받아 무사히 졸업할 수 있게 되었다. 하나님은 은밀한 중에 누애가 고치를 뚫고 나오듯 시련을 딛고 일어설 수 있게 하셨다.

비록 나는 하나님을 몰랐지만 하나님은 나를 내려다보시고 걸음걸음 인도하셨던 것이다. 지금도 수많은 사람들이 하나님을 의식하지 못하고 달려가고 있지만 하나님은 묵묵히 걸음을 인도하고 계신다는 사실을 알아야 한다. 어떤 사람은 열심을 내서 성공했다고도 하고 어떤 사람은 운이 좋았다고 하기도 하지만 인간은 모두 하나님의 섭리 가운데 있다는 사실을 잊지 말아야 한다.

물론 노력한 대로 보응을 받기도 하고 생각하지 못한 행운이 따르기도 하지만 사람이 노력에 비례해서 꼭 성공하는 것은 아니다. 하나님은 오늘도 내일도 영원토록 변함없이 역사의 수레바퀴를 돌리신다. 사람이 성공을 하려면 하나님을 알아야 한다. 세상 사람들은 하나님을 몰라도 노력만 하면 성공한다고 생각한다. 소위 그들이 말하는 성공은 진정한 성공이 될 수 없다. 그 이유는 간단하다. 왜냐하면 그러한 성공은 그 사람과 함께 소멸되기 때문이다.

여기에서 우리는 인생이 이 세상이 끝이 아니라는 사실을 알아야 한다. 하나님을 모르는 사람은 빈손으로 내세에 들어간다. 그들의 내세는 아무것도 누리지 못하는 빈 손들고 오는 사람들의 세상이기 때문에 마치 어린아이가 빈손으로 태어나는 것과 같다. 내세는 영의 세계이기 때문에 그 세계에 필요한 것들을 준비해야 한다. 하나님은 현세와 내세에 대한 이야기를 성경 책에 기록하셨다. 현세에서 하나님을 영접한 자는 내세를 대비하는 삶을 산다.

2.일어서다

공업 고등학교를 졸업한 나는 한국전력공사에 응시 원서를 제출했다. 무난히 합격했다. 드디어 직장인으로 사회에 첫 발을 들여 놓은 것이다. 섬진강 수력발전소로 발령을 받았다. 더벅머리 소년이 어엿한 신사가 된 셈이다. 아무리 생각해 보아도 꿈만 같다. 지난 20여년의 세월이 주마등처럼 뇌리를 스친다. 책벌레라는 별명을 넘어서 꿈 많은 청년으로 변신 되었다. 업무를 익히고 지금까지 힘들게 공부한 보람을 느끼며 마냥 즐거웠다.

이때 한 가지 잊지 못할 야심이 꿈틀거렸다. 바로 대학교에 진학하는 문제였다. 향학열이 누구 못지않게 강했던 나는 고입 검정고시를 볼 때 이미 대학원까지 다니리라는 생각을 품었었는데 이제 직장을 잡았으니 대학교에 갈 방법을 찾아야 하겠다는 욕구가 용솟음처럼 솟구쳐 올랐다. 마침 교대 근무를 하는 직장이어서 대학교에 들어가기만 하면 학업을 이어 갈 수 있었다.

대학교에 들어가야겠다고 결심을 하고 꿈을 키워나갔다. 다만 군 복무가 가로놓여 있어서 부득이 군 복무 후로 미뤘다. 3년간 군 복무를 마치고 직장에 복직했다. 섬진강 수력발전소에서 전주지점으로 이동 발령을 받았고 전주지점에서 다시 장계변전소로 발령을 받았다. 드디어 학교에 다닐 수 있는 기회가 주어진 것이다.

장계변전소에서 전주 소재 학교까지는 무려 100여리나 되었다. 그래도 간신히 얻은 기회를 놓칠 수 없었다. 입학시험을 거쳐 꿈에도 그리던 대학 1년생이 되었다. 아무리 열심히 노력을 해도 직장과 학교를 동시에 충족시킨다는 일은 쉬운 일이 아니었다. 직장과 학교를 오가는 중에 문득 문득 스스로를 돌이켜 본다. 만약 신이 있다면 이렇게 분주히 움직이고 있는 나를 내려다보시고 뭐라고 하실까. 수없이 썼다가 지워지는 생각들 속에 2년이 흘렀다. 다행히 직장의 배려로 학교에 가까운 전주전력소로 이동 발령을 받았다.

　학업과 직장 일을 나란히 감당하면서 시간 가는 줄 몰랐다. 하루도 어김없이 직장과 가정과 학교를 맴돌면서 꿈을 향해 달려간다. 1974년 1월 학교 졸업을 1년 앞두고 지금의 아내와 전격적으로 결혼식을 올렸다. 신혼의 단 꿈을 꾸면서 자신 만만하게 전진에 전진을 거듭했다. 한 치 앞을 내다보지 못하고 현실에 몰두했던 것이다.

3. 결혼

사람은 태어나서 부모의 보살핌 가운데 성장하고 장성해서는 스스로 자신을 가꾸고 한 걸음 한 걸음 자립해 나간다. 특히 하나님의 섭리에 따라 배우자를 찾아 나서는데 겸손한 마음을 품게되면 눈이 뜨여 하나님이 예비하신 짝을 찾을 수 있다. 반대로 교만한 마음을 품으면 아무리 좋은 사람을 만나도 지나치게 되어 헤매게 된다. 아무도 미래를 모르기 때문에 어떤 사람이 좋을지 망설여질 수밖에 없다. 한 가지 잊지 말아야 할 것은 간절한 기도가 수반되어야 한다는 것이다. 아무리 객관적으로 좋아 보여도 과연 하나님께서 정하신 사람인지 어떻게 아느냐고 할 것이다. 따라서 기도하고 구하면 하나님의 인도하심을 받는다는 것이다.

지금 수많은 사람들이 결혼 대상자를 찾으려고 백방으로 노력을 하지만 그리 간단치 않다. 그런데 하나님은 천만 뜻밖의 방법으로 간단하게 문제를 해결하시곤 한다. 여기에서 우리는 겸손이 문제 해결의 열쇠라는 사실을 알아야 한다. 하나님은 겸손한 자에게 은혜를 베푸신다. 하나님은 사랑하시는 자녀들이 은혜를 구할 때 어떠한 사람을 원하는지 다 아신다. 그렇지만 하나님은 원하는대로 만나게 하시기도 하지만 반드시 그렇지 않다는 사실을 알아야 한다. 왜냐하면 사람들은 이기주의적이어서 욕구를 충족시켜 주기를 바라기 때문에 아무리 조건이 좋아도 한 평생을 내다보시는 하나님은 손사래를 치기도 하신다.

결혼은 인간의 중대사다. 재벌가 결혼이 간혹 매스컴을 타기도 한다. 다는 아니지만 심심찮게 중도에 헤어졌다는 소식도 들린다. 하나님이 인도하시는 결혼은 최선의 길을 걷게 된다. 여기에서 우리가 잊지 말아야 할 것은 결혼을 대등한 조건을 고수하려고 하지 말아야 한다는 것이다. 왜냐하면 결혼을 통해서 손잡고 이루어 가야할 목표가 있다는 사실을 잊지 말아야 한다.

아무도 하나님의 뜻을 거스르는 결혼으로 인생을 행복하게 살 수 없다는 것이다. 일반적으로 하나님은 신자들이 결혼할 때 부단히 짝을 찾도록 인도하신다. 마음이 끌리는 사람이 나타나면 교제도 하면서 과연 하나님께서 예비하신 짝인지 헤아리게 하신다. 물론 하나님께서 정하신 짝이 아니면 갈라서게 하시기 때문에 염려할 필요가 없다. 기도하고 하나님이 연결되게 하신 짝은 최선의 길을 가게 하신다.

나는 하나님이 좋은 아내 주신 것을 감사한다. 하나님을 모를 때인데 혼기가 되고 보니 심심 찮게 결혼 이야기가 오가기도 한다. 그러나 마음에 맞는 사람이 쉽게 나타나지 않는다. 하나님을 알았더라면 간절히 기도했을 것이다. 어떤 사람을 만나느냐에 따라 삶의 방향이 달라질 수 있기 때문에 배우자 선택은 그 무엇에 비교할 수 없을 만큼 중요하다. 직장 생활을 하면서 대학교를 다니고 있었는데 어느 날 클라스 메이트인 친구 하나가 정색을 하면서 중매를 하겠다는 것이다. 아무도 모르게 하나님의 손길이 다가왔던 것이다.

하나님을 모르는 사람들은 나름대로 기준을 세워놓고 비교도 해 가면서 배우자를 고르지만 실상 성사되는 것을 보면 어느 한 두 조건이 충족되면 그대로 받아들이는 것을 볼 수 있다. 신자들의 경우는 좀 다르다. 무엇보다도 신앙이 같아야 하고 기도해서 하나님이 기뻐하시면 성사가 된다. 여기에서 우리는 결혼이 표면상으로는 객관적인 조건이 맞아야 되는 것으로 생각하기 쉽지만 영적으로는 하나님의 철저한 인도하심 가운데 성사된다는 것이다.

만일 사람들의 생각대로 결혼이 된다면 조건이 좋지 않아서 결혼 못하는 사람이 부지기수 일 것이다. 짚신도 제 짝이 있다는 말처럼 하나님은 태어나는 모든 사람들이 짝을 지어 살도록 인도하신다.

하나님의 인도하심은 참으로 오묘하다. 친구의 소개로 만나게 된 여인을 보는 순간 아 바로 이사람이구나 하는 생각이 머리를 스친다. 만난 지 한 달 만에 결혼식을 올렸다. 아내는 독실한 기독교 신자였다. 장인어른이 교회의 장로였고 온통 집안이 기독교 일색이었다. 그럼에도 불구하고 전혀 하나님을 모르는 나를 받아들인 것이다. 성경을 보면 신자는 비신자와 짝하지 말라고 가르치고 있다. 한마디로 말하면 나와 아내는 맺어질 수 없는 사이였던 것이다. 하나님만이 아시는 비밀이지만 내가 비록 예수 그리스도를 영접하지 못한 상태였지만 하나님 편에서 보면 나는 미래의 신자였던 것이다.

한 평생을 예수님을 믿고 살아온 장로님이 딸을 아무에게나 주겠는지 생각해 볼 일이다. 간절히 기도하고 또 기도해서 하나님이 기뻐하시는 결혼이라는 사실을 알았음이 분명하다. 하나님의 인도하심은 측량할 길이 없다. 겸손한 마음으로 하나님의 뜻을 헤아려 받들어야 하겠다. 간혹 신자와 불신자가 결합하는 것을 볼 수 있다. 불신자가 미래의 신자일 가능성이 크지만 그럼에도 불구하고 돌아오지 않을 경우도 있다. 여기에서 우리는 하나님의 사랑을 깨달을 수 있다. 하나님은 신자들이 하나님의 뜻을 잘못 헤아려 불신자를 만날 경우에도 묵묵히 허락하시기도 하신다. 물론 불신자를 만나서 주어지는 어려움을 감수할 각오가 되어 있어야 함은 말할 것도 없다.

많은 사람들이 영혼을 위하지 않고 육적인 것에 끌려 잘 못 판단하기도 하는데 진정한 행복은 영혼이 잘될 때 주어진다는 사실을 잊지 말아야 한다. 이 비밀은 신자만이 알 수 있는 것인데 육적인 것에 현혹되면 영혼을 외면하게 되고 절름발이 인생을 살게 된다. 한 사람이 태어나서 한 평생을 사는 동안 우여곡절이 많지만 영혼만은 고이 간직하도록 힘써야 한다.

결혼을 통해서 부부가 합심해서 가정을 중심으로 앞날을 헤쳐 나가게 되는데 한가지 주의해야 할 것은 걸음을 인도하시는 하나님의 도움을 받아야 한다는 것이다. 하나님은 은밀한 중에 인도하시기 때문에 사람들이 느끼지 못하지만 분명한 것은 모든 만물을 친히 다스리신다는 것이다. 여기에서 우리는 겸손한 마음으로 하나님의 인도하심을 따라야 한다는 사실을 알아야 한다.

물론 하나님을 모르는데 어떻게 따를 수 있느냐고 할 것이다. 여기에서 신자와 불신자의 차이가 있을 수밖에 없다. 그럼에도 불구하고 하나님은 모든 인류를 다스리신다는 사실을 알아야 한다. 하나님을 모르는 사람도 마음을 움직여서 인도하신다. 지금 신자들은 영혼이 하나님과 교통하기 때문에 영혼의 지배를 받는 삶을 살고 있는 것이다. 누구나 하나님의 인도를 거역하는 사람은 심는대로 거두게 하시는 하나님의 보응을 받게 된다.

나는 일찍이 결혼해서 예수님을 영접했고 기쁜 마음으로 말씀에 순종하는 삶을 살았다. 돌이켜 보면 힘들 때도 있었지만 그때그때 마다 극복하게 해 주셨고 결코 후회함이 없는 생을 살고 있다. 하나님께 감사와 영광을 돌린다.

4. 고부 갈등

하나님은 사람들이 행복하게 살기를 원하신다는 사실을 알아야 한다. 많은 사람들이 잘못된 생각에 사로잡혀 스스로를 해하는 삶을 살고 있다. 한 가지 잊지 말아야 할 것은 나의 삶은 어느 누가 대신 살아줄 수 없다는 것이다. 그럼에도 불구하고 사람들은 자신의 삶을 누구 탓으로 돌리면서 헛되이 살고 있다는 것이다. 아무도 모르게 묵묵히 자신의 길을 갈 수 있는 지혜가 필요하다. 왜냐하면 주어진 생을 효과적으로 살려면 나름대로 목표가 뚜렷해야 하기 때문이다.

어떤 사람은 바람 부는 대로 살기도 하고 어떤 사람은 분명한 목표 없이 막연한 삶을 살기도 한다. 물론 그런 사람도 어떤 보람을 찾지 않겠느냐고 할 것이다. 그렇지만 신자들은 분명한 생의 목표가 주어져 있다. 즉 먹든지 마시든지 무엇을 하든지 하나님의 영광을 위하여 살라는 것이다. 하나님은 신자들에게 생의 목표를 주시고 끊임 없이 그 목표를 향해 달려가라고 촉구하신다. 다시 말하면 어떤 일이 주어지든지 하나님의 영광을 위하도록 하고 계속 전진하면 큰 열매를 맺게 된다는 것이다.

나는 하나님을 몰랐을 때와 하나님을 알았을 때의 목표가 정 반대 라는 사실을 깨달았다. 나 자신을 위하던 삶이 하나님의 영광을 위하는 삶으로 바뀌었다. 하나님의 영광을 위할 때 가장 큰 보람을 느끼고 가장 행복하다는 사실을 깨닫게 되었다. 이 진리를 모르는 사람은 칠색 무지개 빛 목표를 찾다가 흑암 속으로 사라진다.

30세에 결혼해서 아내와 신혼살림을 차렸다. 홀어머니를 모시게 되었는데 얼마 지나지 않아 아내와 어머니 관계가 원만치 못함을 느꼈다. 대수롭지 않게 여겼으나 점점 더 심각하게 되고 급기야는 해결책을 내놓지 않으면 안 되게 되었다. 어머니에게 나를 사랑하면 아내를 사랑해야 하지 않겠느냐고 간곡히 요청했지만 전혀 효과가 없었다. 나는 하면 된다고 하는 신념을 가지고 공부했고 살아 왔다. 그런데 고부간의 문제는 어떻게 해야 될지 답이 없었다. 상황이 악화되어 이혼까지 생각하는 단계에 이르렀다. 곰곰히 생각해 보았다. 결혼에 실패한 사람이 되고 싶지 않았다. 결국 아내와 같이 분가하는 쪽으로 해결책을 찾기에 이르렀다.

어머니에게 고부 문제가 해결되지 않으면 분가 할 수밖에 없다고 이야기 했지만 묵묵부답이다. 며칠 후 눈물을 머금고 둘이 방을 하나 얻어 전격적으로 이사했다. 이사 후 혼자 계시는 어머니 생각에 마음 편할 날이 없었다. 후에 안 일이지만 불신자 어머니와 신자인 아내와는 영적으로 하나 되기가 불가능 하다는 사실을 깨달았다. 여기에서 우리는 어떠한 문제가 주어질 때 어떻게 접근해야 하느냐에 따라 문제가 해결되기도 하고 더 꼬이게 되기도 한다는 사실을 알아야 한다.

하나님을 모르는 나는 고부 문제를 영적으로 접근하지 못하고 인간적인 방법으로 해결하려고 했던 것이다. 아내는 어머니에게 눌려 그저 처분만 바라고 있었고 나는 왜 둘이 하나가 되지 못하느냐고 중간에 끼어 어쩔 줄을 몰라 했다. 방을 얻어 나간 지 6개월이 되었다. 나는 아내에게 당신이 어머니를 모신지 6개월인데 우리가 나와서 6개월을 살았으니 다시 어머니 집으로 들어가자고 하며 짐을 챙겨 집으로 들어갔다. 이때 하나님은 우리의 걸음을 다른 방법으로 인도하기 시작하셨다.

어머니와 다시 합한 지 얼마 안 되어 엄청난 사고가 발생했다. 직장에서 작업하던 중 22,900 볼트 특 고압선에 감전되어 거의 산송장이 되었다. 손가락 하나 제대로 움직일 수 없었다. 아내가 감전 화상으로 만신창이가 된 나를 수발들도록 분위기가 형성되었다. 죽느냐 사느냐로 긴장감이 팽팽한 가운데 쓰러질 듯 쓰러질 듯 비척거리면서 아내가 병 수발을 든다. 아내의 극진한 간호 속에 하루하루 기약 없는 세월이 흐른다.

하나님을 알았더라면 무척 원망했을 것이다. 고부간의 문제는 아예 엄두조차 낼 수 없었고 하나님이 어떻게 인도하시는지 헤아릴 생각조차 못했다. 하나님은 우리 부부의 걸음을 큰 시련을 통해 하나 되게 하셨다. 아내를 맞이하도록 은혜를 베푸시고 나를 어머니의 치마폭에서 건져 내셨던 것이다. 감전 사고가 없었다면 이혼을 했든지 전혀 상상할 수 없는 일이 벌어 졌을 것이다.

하나님은 우리 부부의 결혼을 지켜보시고 기쁘신 뜻을 받들도록 예비하셨던 것이다. 하나님이 하나 되게 하신 것을 사람이 나눌 수 없다는 사실을 알았다. 14개월의 투병 끝에 어머니를 홀로 두고 서울로 이사했다. 나는 하나님이 아내를 선택하도록 인도하심을 믿는다. 아무리 몸부림을 쳐도 하나님의 뜻을 거스를 수는 없다. 여기에서 우리는 고부간의 갈등이나 어떠한 문제가 발생해도 하나님께 간절히 기도하면 하나님께서 해결해 주신다는 사실을 알아야 한다. 하나님의 인도는 윤리 도덕 차원을 뛰어 넘는다. 신자들은 육적으로는 부모의 아들이지만 영적으로는 하나님의 아들이다. 그래서 어떤 문제가 대두될 때 신령한 신자는 영의 아버지를 따라야 한다. 물론 육의 부모를 공경해야 한다. 그러나 육의 문제와 영적인 문제가 상충될 때 영을 우선해야 한다는 것이다. 그래서 성경은 주 안에서 부모를 공경하라고 가르치고 있다. 내가 받은 사명이 있어 하나님께서 신자인 아내를 맞이하게 하시고 사명자의 길을 가도록 인도 하셨던 것이다. 세상 사람들은 영혼이 거듭나지 못했기 때문에 모든 문제를 육적으로 해결할 수밖에 없지만 신자들은 반드시 영이신 하나님의 뜻을 헤아려 해결해야 한다. 하나님의 뜻을 헤아리지 못 할 경우 간절한 마음으로 계속 기도하면 하나님이 자연스럽게 인도하신다. 지금은 많은 사람들이 하나님의 말씀을 듣고 은혜 가운데 행할 수 있지만 말씀을 깨닫지 못해도 기도하는 자들의 걸음을 인도하신다는 사실을 알아야 한다. 우리는 모두 기도하면서 하나님의 뜻을 따라 가는 삶으로 하나님께 영광을 돌려야 하겠다.

5. 207호 병동

1975년 1월 5일 매서운 바람이 휘몰아치는 아침이었다. 나는 평상시와 같이 출근하였다. 마침 정전 작업 중이어서 구내 기기들을 점검하고 또 순서에 따라 작업에 몰두하였다. 오후 정전시간이 끝나갈 무렵 살아 있는 22,900볼트 선로에 올라갔다. 펑하는 소리와 함께 의식을 잃고 말았다. 무아지경에서 깨어나 보니 수술실에 누워 있었다. 감전사고를 당한 것이다. 상체가 온통 불에 타서 3도 화상을 입었고 무릎과 발바닥까지 상처 투성이었다. 순식간에 산송장이 되었고 얼마나 통증이 이루 말할 수 없이 큰 지 말로 표현 할 수 없었다.

그런데 한 가지 이상한 것은 아무리 기억을 더듬어 보아도 내가 왜 이렇게 누워 있는지 알 수 없다는 사실이다. 수술실에서 입원실로 옮겨졌다. 207호 병동! 사랑하는 아내가 간호를 담당했다. 작년 1월 9일 결혼 했는데 갓 태어난 두 달된 아들을 돌보랴 간호하랴 눈 코 뜰 사이가 없다. 신혼의 단꿈도 꾸지 못하고 기약 없는 고생길로 접어들었다.

재생의 길을 찾아 한 걸음씩 내 딛는다. 창밖은 꽁꽁 얼어붙었는데 207호실은 사느냐 죽느냐의 열기로 가득하다. 아침마다 찾아오는 의사들이 저승사자처럼 느껴진다. 썩어들어 가는 부위를 잘라내고 새 살이 돋아나도록 상처를 소독수로 씻어 낸다. 그래도 모자라 허벅지에서 살점을 떼어서 이식 수술을 한다. 4차에 걸친 수술로 죽음의 고비는 넘겼다. 형언할 수 없는 고통을 넘고 넘어 가까스로 하루하루를 이어 가는데 청천벽력 같은 소식이 들려온다. 왼 팔을 어깨 부위에서 잘라야 한다는 것이다.

이 소리를 듣는 순간 눈앞이 캄캄해졌다. 살아도 병신이 된다고 생각하니 말 할 수 없는 절망감에 사로 잡혀 이성을 잃었다. 고래고래 소리를 지르며 팔이 썩어서 죽어도 좋으니 자르지 말라며 발악을 했다. 너무나 엄청난 발악에 절단 계획이 백지화 되었다.

그러던 어느 날 교회에서 몇몇이 심방을 왔다. 장모님을 비롯한 교인들이 침대 밑에 둘러 앉아 찬송과 기도로 예배를 드리는데 얼핏 기도 소리를 들으니 갈급한 심령에 단비를 내리는 것과 같았다. 그리고 얼마 안 되어 마음속에 혹시 하나님이 계실지도 모른다는 생각이 들었다. 나는 곰곰히 생각해 보았다. 만일 하나님이 계시면 내 소원을 들어 주실 것이고 안 계시면 본전이니까 일단 기도해 보자. 침대에 누워서 마음속으로 기도했다. 하나님 나를 원상복구 시켜 주시면 남은 생애 하나님 뜻대로 살겠습니다. 하나님을 전혀 모르는 내가 처음으로 하나님을 향해 드린 기도이다. 어떻게 이런 기도를 드릴 수 있었는지 46년이 지난 지금도 신기하기만 하다. 다만 하나님이 우리의 기도를 들으신다는 사실을 깨달을 뿐이다.

하나님은 아무도 모르는 사이 내 영혼을 붙드시고 걸음을 인도 하셨던 것이다. 그러나 눈앞에 펼쳐진 현실은 암담하기만 하였다. 언제 상처가 다 낫을 지 기약도 없이 하루 하루 점철되어 간다. 무엇보다도 우선 눈에 보이는 상처가 아물어야 무엇이든 할 수 있는데 치료 속도는 더디기만 하다.

아무리 치료에 심혈을 기울여도 피부가 잔디처럼 퍼져 나가지 않으면 안되기 때문에 인간의 힘으로는 어쩔 수 없다.

당초 예상했던 6개월을 훌쩍 넘어 10개월에 접어드니 점차 퇴원할 수 있으리라는 희망이 생긴다. 이제는 물리치료를 병행해야 한다고 말하면서 의사는 손과 발의 관절이 정상 동작되도록 굽혔다 폈다 하는 운동을 병행하라고 한다. 10개월 동안 누워 있었더니 손발의 모든 관절이 굳어져서 설수 조차 없고 도무지 움직일 수가 없다. 각고의 노력 끝에 입원 14개월 만에 부축을 받으며 퇴원했다. 세상이 몰라보게 바뀌었다. 모든 것이 새롭게만 보인다. 죽지 않고 살아 있다는 것 자체가 그렇게 기쁠 수가 없다. 하나님은 나에게 큰 시련을 허락하셨지만 그만큼 인생의 소중함을 깨닫게 하셨다.

아무도 모르는 사이 삶의 자세가 바뀌어 가고 있었다. 이 사건은 내 인생의 큰 전환점이 되었다. 하나님은 인간의 생사화복을 주장하신다. 시련도 죽음도 행복도 평안도 모두 하나님께로 비롯된다. 하나님은 인생의 미래를 베일 속에 감추어 두시고 한 겹 한 겹 펼쳐 보이시며 이끌어 가신다. 아무리 인간들이 몸부림을 쳐도 하나님은 묵묵히 지켜보시면서 은밀한 중에 걸음을 인도하신다. 따라서 하나님을 알지 못하면 헛수고를 할 수 밖에 없다.

크고 작은 사건들이 끊임없이 인간들에게 주어진다. 어떻게 대응 하느냐에 따라 형통할 수도 있고 어려움을 당할 수도 있다. 그래서 겸손한 마

음으로 하나님을 따르는 것이 중요하다. 나도 뜻밖의 사건을 만나 구사일

생으로 건짐을 받았지만 그 사건을 축복으로 승화 시켰기에 오늘이 있게

된 것이다

6. 꿈의 사람

세상 사람들은 저마다 꿈을 가지고 미래를 향해 달려간다. 아무도 그 꿈이 이루어질지 모르지만 꿈이 없는 사람은 없다. 그런데 성경은 꿈으로 성공한 사람 이야기를 하고 있다. 요셉은 꿈에 계시를 받아 자기가 장차 하나님께 크게 쓰임을 받게 될 것이라는 사실을 알았다. 그래서 부모 형제들에게 꿈 이야기를 했지만 모두가 받아들이지 않았다. 왜 하나님은 사람들이 상상치도 못할 엄청난 일을 묵묵히 이루어 가시는지 신비하기만 하다.

요셉은 17세에 노예로 팔려간다. 애굽왕의 시위대장 보디발 집으로 팔려간 요셉은 맡은 일을 성실히 수행했다. 사실 어린 나이에 머슴살이를 하게 되었으니 힘들고 어려웠을 것이다. 그러나 하나님은 깊은 뜻을 이루시고 계셨다는 사실이다. 하나님은 어떤 뜻을 이루실 때 인간들의 희생을 요구하기도 하신다. 사람들은 하나님께 쓰임을 받을 때 희생 없이 쓰임 받기를 원하지만 그렇지 않다는 것이다. 어떤 사람은 재산을 잃기도 하고 또 어떤 사람은 건강을 잃기도 한다. 다시 말하면 하나님께 쓰임 받기에 합당한 사람이 되게 만드신 후 쓰신다는 사실이다.

요셉은 하나님께서 자신을 들어 쓰실 것이라는 사실을 믿고 있었지만 언제 어떻게 쓰실지는 몰랐다는 것이다. 심지어 보디발 아내의 동침 요구를 거절함으로 간음하는 죄를 범치 않았지만 간음했다는 누명을 쓰고 감옥에 까지 가게 되었다. 그럼에도 불구하고 묵묵히 주어진 일에 충실하였다. 하루는 애굽왕의 신하 두 명이 요셉이 갇혀 있는 감옥에 들어왔다. 그런데 하나님은 요셉이 왕과 접촉할 수 있도록 걸음을 인도하고 계셨던 것이다. 결국 꿈의 사람 요셉은 두 신하의 꿈을 해몽해서 한 신하가 복직 되었고 그로 말미암아 왕의 꿈을 해몽하는 기회를 갖게 되었다. 요셉이 왕의 꿈을 해석하여 애굽을 7년 대 기근에서 건져내고 가나안에 있던 요셉 족속 70명이 애굽으로 들어가는 사건이 벌어진 것이다.

하나님은 우리들의 걸음을 인도하신다. 특히 하나님을 모르는 자들도 모두 하나님의 인도하심 가운데 있다. 나는 초등학교를 졸업하고 3년 동안 학교를 다니지 못하고 쉬게 되었다. 4년째 접어들어 고등공민학교에서 검정고시를 통과하여 고등학교에 들어갔다. 이어 한국전력 공사에 입사하게 되었고 군 복무를 거쳐 전북 공대를 다니면서 꿈을 키웠다. 이 때 감전 사고로 엄청난 어려움을 당했다. 왜 하나님이 그런 혹독한 시련을 주셨는지 알 수 없다. 한 가지 생각나는 것은 그 과정을 통해서 뭔가 하나님이 이루시고자 하는 뜻이 계신다는 것이다. 특히 사경을 헤매는 와중에 하나님께 기도하게 하신 것은 나로 하여금 생의 방향을 바꾸라는 신호였음이 분명하다.

사람이 살면서 많은 문제에 직면하지만 그 문제들이 무엇을 의미하는지 깊이 생각해 보는 사람은 드물다. 그렇지만 하나님을 아는 사람들은 어떤 문제에 부딪칠 때 과연 무슨 뜻이 있는지 겸손히 생각해 본다. 이 세상에 우연은 없다. 하나님은 세상을 다스릴 때 한 치의 착오도 없이 다스려 나가시지만 그것을 알아보는 사람은 드물다. 하나님의 섭리를 볼 수 있는 눈이 어두운 것이다.

　나는 하나님을 모르고 살았지만 하나님은 나를 내려다보고 계셨던 것이다. 마치 어둠 속을 걸어가는 것처럼 사람들은 갈 바를 모르고 헤매고 있다. 성경은 하나님의 말씀이 빛이라고 비유하고 있다. 빛이 없으면 아무리 몸부림을 쳐도 넘어 질 수밖에 없다. 하나님은 인간을 이끄실 때 무엇보다도 얼마나 겸손한지 살펴보시고 걸음을 인도하신다. 사람들은 하나님께서 무엇을 원하시는지 모르고 있을 뿐만 아니라 하나님의 뜻을 받들려는 생각도 하지 못한다. 　사람이 태어나서 한 평생을 살다가 사라진다. 어떤 사람은 잘살다 가기도 하고 어떤 사람은 고생만 하다가 가기도 한다. 모두가 형통한 삶을 살기 원하지만 뜻대로 되지 않는다. 하나님은 모두에게 똑같은 길을 걷도록 인도 하시지는 않는다. 우리들은 하나님께서 걸음을 인도 하실 때 순종하는 자세를 가져야지 왜 이렇게 인도 하시느냐고 불평해서는 안된다. 하나님의 뜻을 인간은 거스를 수 없다. 태어날 때도 내 마음대로 태어나지 못하고 죽을 때도 내 마음대로 죽지 못한다. 여기에서 우리는 인생이 무엇인지 생각해 보지 않을 수 없다. 왜 이 세상에 태어 났는지 물어 보아야 한다. 나를 이 세상에 내 보내신 분의 뜻이 어디에 있는지 헤아리지 못하면 성공적인 삶을 살 수 없다.

　많은 사람들이 하나님과 상관없는 꿈을 꾸면서 헛되이 세월을 보내지만 생이 끝나는 날 과연 아무 염려 않고 눈을 감을 수 있겠는지 생각해 보아야 한다. 아무리 형통한 삶을 살았다고 해도 하나님을 모르고 산 사람은 캄캄한 내세에 들어 갈 수밖에 없다. 지금도 수많은 사람들이 앞서거니 뒤서거니 하면서 달려가고 있지만 최후의 승자가 누구일지 아무도 모른다. 인생은 신비에 싸여 있다. 아무도 장담할 수 없다고 해야 할 것이다.

지금은 사람들이 서로 사랑할 수 있지만 내세는 사정이 다르다. 성경은 내세에 대해 어느 정도 알 수 있도록 기록하고 있다. 다는 아니지만 이 세상과 내세는 전혀 다르다. 내세는 영의 세계이기 때문에 영혼에 초점을 맞추어야 한다. 성경은 사람들이 이 세상에 살면서 어떻게 영적인 삶을 살아야 하는지 기록하고 있다. 그러므로 성경은 영혼을 가진 인간들이 꼭 보아야 할 책이다.

사람을 두 종류로 나누어 생각할 수 있다. 하나는 영적인 사람이고 또 하나는 육적인 사람이다. 사람이 꿈을 가진다는 것은 좋은 일이다. 그러나 그 꿈의 방향은 다르다. 영적인 사람은 영혼이 우선시 되고 육적인 사람은 세속적인 것이 우선시 된다. 영적인 꿈을 꾸는 사람과 육적인 꿈을 꾸는 사람은 방향을 같이 할 때도 있지만 부딪힐 때도 있다. 여기에서 우리는 꿈에 대한 이야기를 할 때 반드시 어떤 유형의 꿈인지 먼저 생각하지 않으면 안된다는 것이다. 하나님은 모든 사람의 기도를 들으시지만 기도의 응답은 달리 한다는 사실을 알아야 한다. 문제는 영적인 사람이 세속적인 것을 구할 때 구하는 대로 주시지 않고 영혼이 잘 되도록 응답하신다. 따라서 기도하는 사람은 영혼이 잘 될 수밖에 없다.

어떤 사람은 기도를 했는데 사업상 손해를 보았다고 고개를 갸우뚱 한다. 기도가 상달된 것이다. 그 손해를 통해서 영혼이 잘되고 하나님과 그만큼 가까워지는 사이가 된 것이다. 하나님을 사랑한다고 하면서 하나님을 따르지 않는다면 진정한 사랑이라고 할 수 없다. 하나님은 아무에게나 하나님의 은혜를 체험하게 하시지 않는다. 특히 성령의 은사는 사명과 함께 주어진다. 우리들은 어떤 은사가 주어질 때 하나님께서 무슨 사명을 주셨는지 겸손히 헤아려야 한다.

나는 일찍이 영적인 체험을 통하여 하나님이 살아 계심을 깨달았다. 하나님은 나에게 장차 전도를 통해 하나님의 영광을 나타낼 꿈을 주셨다. 왜 하나님이 이런 꿈을 주셨는지 깊이 생각해 보지도 않고 기회가 주어지는 대로 복음을 전했다. 한 사람 한 사람 회개하고 하나님께로 돌아왔다. 그러나 개인 전도로는 한계가 있다고 판단하고 목사가 되기로 결심하고 신학교에 발을 들여 놓았다. 목사 안수를 받은 후 정년퇴임하기까지 수많은 난관을 거쳐 한 걸음 한 걸음 저 높은 곳을 향하여 전진하였다. 지금은 조용히 하나님과 교통하면서 마지막 과정을 진행 하고 있다. 아무도 모르게 사명을 감당하고 있지만 하나님은 나로 하여금 중단 없는 달음질을 계속하게 하신다.

7. 십일조

1976년 4월 6일 한전 영등포 지점으로 복직 발령을 받았다. 사람들은 직장 일에 여념이 없었지만 나는 허약해서 현실 적응이 힘들었다. 하나님은 아내의 극진한 간호를 받으며 하루 하루 건강이 회복되게 하셨다. 어느 날 아내와 같이 교회에 나가 보았다. 목사님 설교를 들으니 마치 교양강좌를 듣는 것 같았다. 아내가 헌금을 쥐어 주면서 내라고 한다. 점점 교회 생활이 익숙해지고 열심을 내도록 이끈다. 일 년이 지나니 세례를 받으라고 한다. 담임 목사님이 세례 문답을 한다. 세례를 받으면 하나님의 자녀가 되고 하나님의 자녀가 되면 십일조를 내야 하는데 낼 수 있겠느냐고 물으신다. 자의 반 타의 반 내겠다고 대답을 하였다. 세례를 받고 첫 월급을 받았다. 어떻게 할까 망설이다가 목사님과 약속을 했는데 일단 내고 보자 하고 십일조를 드렸다. 하나님은 신자들이 겸손한 마음으로 십일조를 드리라고 하신다.

수입의 십분의 일은 적지 않은 금액이다. 그러나 하나님은 십일조를 통해서 복을 주신다. 많은 사람들이 천국에 들어가겠다고 나섰다가 십일조 문턱에 걸려 넘어 지기도 한다. 그럼에도 불구하고 하나님은 십일조를 강조하신다. 거기에는 그만한 이유가 있다. 사람이 하나님을 믿는다고 입으로는 쉽게 말할 수 있지만 실제 하나님을 믿는다는 사실을 보여 주기는 쉽지 않다는 것이다. 따라서 십일조는 신앙을 고백하는 행위라는 것이다. 여기에서 우리는 십일조가 하나님과 신자 사이에 믿음 여부를 증거하는 표시라는 사실을 알아야 한다. 영이신 하나님은 교회를 통해서 십일조를 받으신다. 십일조를 하나님께 바치면 하나님은 열납하시고 보응해 주신다.

성경은 "만군의 여호와가 이르노라 너희의 온전한 십일조를 창고에 들여 나의 집에 양식이 있게 하고 그것으로 나를 시험하여 내가 하늘 문을 열고 너희에게 복을 쌓을 곳이 없도록 붓지 아니하나 보라"고 약속하고 있다.

하나님은 모든 신자들이 십일조 신앙을 통해 복 받기를 원하신다. 나는 세례 받은 이후 41년이 지난 지금까지 십일조를 거른 적이 없다. 하나님은 약속하신 대로 우리 가정에 물 붓듯이 부어 주셨다. 어떤 사람은 십일조를 복 받으려고 내기도 한다. 이는 잘 못된 것이다. 내게 주어지는 모든 것이 하나님께로 부터 온 것임을 고백하는 믿음으로 십일조를 드려야 한다는 사실을 알아야 한다.

또 십일조는 자원하는 마음으로 드려야 한다. 많은 사람들이 기꺼이 수입의 10분의 1을 하나님께 드린다. 비록 넉넉지 못 할 때에도 우선적으로 하나님의 것을 선별한다. 성경은 하나님과 재물을 겸하여 섬길 수 없다고 증거 한다. 여기에서 우리는 왜 하나님이 십일조 제도를 만드셨는지 생각해 보아야 한다. 교회가 운영 되려면 반드시 십일조가 필요하다. 교회에 세우신 교역자들이 생활 할 수 있도록 보장해주고 널리 복음이 전파되도록 활동하려면 십일조 등 헌금이 절대 필요하다. 그래서 하나님은 헌금 제도를 만드시고 교회와 신자들이 모두 복을 받게 하신 것이다.

하나님은 심는 대로 거두게 하시기 때문에 헌금에는 반드시 보응이 따른다. 지금까지 십일조를 드릴 수 있도록 은혜를 베풀어 주신 하나님께 감사드린다.

8. 살아 계신 하나님

이 세상에 두 부류의 사람이 살고 있다. 하나님이 계시다고 믿는 사람과 하나님이 없다고 하는 사람이다. 그런데 이상한 것은 하나님의 존재 여부에 상관없이 서로 어울려 살고 있다는 것이다. 물론 하나님은 보이지 않기 때문에 어느 편이 맞는지 양측 주장이 평행선을 그을 수 밖에 없다. 한 가지 잊지 말아야 할 것은 보이지 않는 하나님이 존재한다고 믿는 자들이 끊이지 않고 있다는 것이다. 나도 처음 교회에 나올 때 하나님이 계시다는 이야기를 전혀 믿지 않았다. 그저 교회에 다니는 것이 나쁘지는 않다는 생각을 하는 정도였다. 하나님은 은밀한 중에 나로 하여금 하나님을 알도록 인도하셨다. 설교 말씀을 듣게 하신 것이다. 하나님을 알려면 무엇보다도 설교 말씀을 들어야 한다. 하나님을 보여 달라고 하는 사람이 있다. 하나님은 영이시기 때문에 눈으로 볼 수 없다. 따라서 하나님을 만나는 체험을 통해 하나님의 존재를 확인 할 수밖에 없다.

바람은 눈에 보이지 않는다. 그러나 바람이 불면 티끌도 날리고 시원하기도 하고 태풍이 불면 집이 날아가기도 한다. 비록 바람은 눈에 보이지 않아도 분명히 존재한다. 마찬가지로 하나님은 눈에 보이지 않아도 분명히 존재한다. 수많은 사람들이 하나님을 믿고 따르는 이유가 여기에 있다. 내가 예수를 믿고 따른 지 얼마 안되어 일어난 일이다. 하루는 직장에서 돌아 오니까 아내가 반가이 맞이하면서 오늘 교회의 전도사님이 다녀가셨는데 고개를 갸우뚱 하고 돌아 가셨다고 이야기를 한다. 전도사님이 우리 가정을 위해 기도 하니까 하나님께서 잠언 23장 1-8절까지의 말씀을 주셨다는 것이다. 하나님이 왜 축복의 말씀을 주시지 않고 경고의 말씀을 주셨는지 모르겠다는 것이다. 아내에게 성경을 달라고 하여 읽어 본 순간 등골에 식은 땀이 주루룩 흘러내림을 느꼈다.

당시 나는 직장에 다니면서 부수입도 챙기고 해서 풍족하게 살 때였다. 교회에 십일조도 꼬박꼬박 내고 돈에 인색하지 않을 때라 전도사님 생각에는 축복의 말씀을 주실 줄로 알았는데 경고의 말씀을 주시니까 이해를 할 수 없었다는 것이다. 나는 큰 충격을 받았다. 내가 직장에서 출장을 가면 식사 대접도 후히 받고 용돈도 상당히 받아 썼는데 어떻게 하나님이 이것을 아시고 경고하셨는지 놀랍기만 했다. 하나님이 나의 모든 것을 다 아신다고 생각하니 은근히 두려운 마음이 생겼다. 하나님을 믿으면 어떤 형태로든지 하나님을 알게 하신다. 하나님이 살아 계시지 않는다면 누가 온갖 정성을 기울여 신앙생활을 하겠는지 물어 볼 필요가 없다.

사람들은 처음에는 반신반의 하면서 신앙생활을 시작했다가 하나님이 살아 계심을 깨닫고 나면 하나님 쪽으로 점점 기울어진다. 그 이유는 간단하다. 하나님을 믿으면 믿을수록 유익이 되기 때문이다. 아무도 하나님을 믿고 손해 보았다는 사람은 없다. 그럼에도 불구하고 하나님을 믿으라고 하면 주저하거나 거부한다. 여기에 깊은 영적 비밀이 감추어져 있다는 사실을 알아야 한다. 하나님은 죄 가운데 방황하는 사람들에게 회개하고 용서를 받으라고 하신다. 그런데 사람들은 내 모습 이대로 복을 받게 해 달라고 고집을 부린다. 여기에서 하나님과 사람 사이에 갈등이 있게 되고 특히 회개하지 않고 복을 받을 수 있는 길을 선택한다는 것이다. 우상을 숭배하면서 복을 받겠다고 하지만 그들의 종착역은 비참한 돌이킬 수 없는 파멸의 길인 것이다. 나는 하나님이 살아 계신다는 사실을 안 후 하나님을 경외하는 마음을 품고 하나님의 뜻을 잘 받드는 삶을 살게 되었다.

9. 기도를 배우다

하나님께서 열심히 교회를 다니도록 인도하셨다. 점점 교회가 친근해지고 교인들도 하나 둘 사귀게 되었다. 성경책을 들고 교회에 나갈 때면 은근히 자랑스러워지기도 했다. 한 번은 신자들은 열심히 기도를 해야 된다고 강조하는 소리를 들었다. 어떻게 기도를 해야 되는지 몰랐지만 필요한 것을 달라고 하나님께 구하는 것이라고 옆에서 귀띔해 준다. 아무리 생각해도 선뜻 수긍이 가지 않는다. 그러나 하나님을 향해 마음속으로 나도 모르게 필요한 것들을 구하고 있는 자신을 발견 할 수 있었다.

하나님은 신자들이 필요한 것들을 구할 때 응답해 주실 뿐만 아니라 하나님께서 주셨다는 사실을 깨닫게 하신다. 여기에서 잊지 말아야 할 것은 하나님께 은혜를 구할 때 구체적으로 구해야 한다는 것이다. 그래야 하나님이 응답해 주셨는지 여부를 알 수 있다는 것이다. 나는 교회가 멀어서 다니기가 불편했다. 그래서 교회 가까운 곳으로 이사하게 해 달라고 기도했는데 얼마지 않아 교회 가까운 곳으로 이사를 하게 되었다. 그 밖에도 필요한 것들을 구할 때 마다 응답을 받아 기도에 대한 확신을 갖게 되었다. 하나님은 기도할 때 오묘한 방법으로 응답하신다. 다만 해로운 기도는 응답하지 않으신다. 따라서 마음 놓고 기도할 수 있다는 사실을 알아야 한다. 내 생각 에는 유익하고 필요한 것 같아도 우리를 사랑하시는 하나님은 다 아시고 은혜를 베푸신다.

기도를 할 때 잊지 말아야 할 것은 하나님은 반드시 기도에 응답하신다는 믿음을 가져야 한다는 사실이다. 믿고 구하는 것은 반드시 응답된다. 어떤 사람은 구해서 주시면 좋고 안 주시면 밑져야 본전이라고 생각하기도 한다. 그것은 참된 기도가 아니다 반드시 응답하신다는 확신을 가지고 기도해야 한다. 천지를 지으신 하나님이 응답 못하실 것이 없다. 부모는 자녀들이 무엇을 달라고 할 때 기탄없이 준다. 다만 칼 같은 위험한 것은 주지 않는다. 마찬가지로 하나님은 신자들이 원하는 것을 기탄없이 주신다. 어떤 사람은 하나님을 믿지 않을 때에도 잘 살았다고 하나님 무용론을 펴기도 한다. 그러나 하나님은 그런 사람들을 불쌍히 여기신다. 하나님 없는 삶은 아무리 부귀영화를 누렸다고 해도 일장춘몽으로 끝나기 때문에 깊이 생각해 보아야 한다.

많은 사람들이 인생은 죽으면 끝이라고 생각하고 이 세상에 승부를 거는데 그러나 죽음으로 끝나지 않는다는 사실을 알아야 한다. 성경은 인간이 죽은 후의 세계에 대하여 분명하게 언급하고 있다. 지금도 하나님을 믿고 따르는 사람들은 하나님과 교통하면서 영적인 삶을 살고 있다. 영적인 삶을 살려면 하나님과 교통해야 하는데 하나님은 성경으로 말씀 하시고 신자들은 기도로 하나님의 뜻을 헤아린다. 그래서 말씀과 기도는 동전의 양면과 같다. 어느 한편에 치우치게 되면 절름발이 신앙이 된다. 여기에서 우리는 신앙생활이 무엇을 의미하는지 생각해 보아야 한다. 신앙생활은 신자들의 생활을 의미하는데 하나님을 믿고 말씀과 기도로 하나님과 교통하는 삶을 사는 것이라고 정의 할 수 있다. 많은 사람들이 기도에 대해 호

감을 갖고 있지만 힘써 기도하는 사람은 드물다. 그만큼 기도가 간단치 않다는 것이다.

여기에서 우리는 기도를 아무나 할 수 있다고 생각해서는 안 된다는 것이다. 기도는 사탄의 강력한 저항을 받고 있기 때문에 하나님의 은혜 없이는 아무도 할 수 없는 것이다. 다만 하나님은 누구나 기도할 수 있도록 한 걸음씩 인도하신다. 그래서 계속 기도하는 사람은 하나님의 인도하심을 지속적으로 받을 수 있다. 기도는 엄청난 능력을 발휘한다. 무엇보다 기도하는 사람은 담대한 믿음을 갖게 된다.

아무도 기도 없이는 승리하는 삶을 살 수 없다. 신자의 기도는 무엇과도 바꿀 수 없는 소중한 것이다.

10. 방언

우리는 기도할 때 묵상으로 기도하거나 말로 기도한다. 아무리 기도가 중요하다고 하여도 그 기도가 상달되지 않고 일방적으로 드리는 기도라면 무슨 의미가 있겠느냐고 할 것이다. 그런데 기도는 마음만 먹어도 되는 경우가 있기 때문에 단적으로 기도를 정의 할 수는 없다는 것이다. 신앙생활을 평가할 때 기도가 척도가 되기도 한다. 사람들은 필요한 것들을 기도를 통해서 받는다. 그러므로 기도는 은혜를 받는 통로인 것이다. 비록 유창하지 못할지라도 기도하는 사람은 염려 할 것이 없다. 왜냐하면 기도는 하나님께 무엇을 구하는 것이기 때문에 필요한 대로 구하기만 하면 된다. 여기에서 우리는 기도가 단순히 구하는 데 그치지 않고 구하는 것이 실제로 이루어진다는 사실을 잊지 말아야 한다.

신자들은 기도하면서 한 걸음 한 걸음 내 딛는다. 그리고 하나님이 인도하시는 줄 믿고 결과를 받아들인다. 잠16:9에 "사람이 마음으로 자기의 길을 계획할지라도 그의 걸음을 인도하시는 이는 여호와시니라"고 증거하고 있다. 기도하고 행하는 일들은 하나님의 인도하심을 받는다. 얼마나 기도가 중요한지 상상조차 할 수 없다.

하나님은 신자들이 기도할 때 귀를 기울이신다. 많은 사람들이 기도하면서 하나님의 응답을 받는다. 물론 응답 받지 못하는 기도도 있다. 약4:3에 "구하여도 받지 못함은 정욕으로 쓰려고 잘못 구하기 때문이라"고 기록

하고 있다. 하나님의 영광을 위하지 않는 기도는 응답되지 않는다.

나는 지금까지 헤아릴 수 없이 많은 기도 응답을 받았다. 하나님은 나에게 기도 생활을 통해 영광을 돌리도록 은혜를 베푸셨다. 예수님을 믿기 시작한지 얼마 안되어 나도 모르게 하나님 쪽으로 기울어지고 기도도 하기 시작했다. 열심을 품고 기도 생활을 할 수 있도록 이끌린다. 차츰 기도에 힘을 쏟고 이왕이면 새벽기도를 드리자 하는 생각이 마음에 자리를 잡았다.

40일 작정 새벽기도에 도전했다. 뜨겁게 기도에 몰두 하고 있는데 어느 날 옆에서 한 자매가 방언으로 힘있게 기도를 하는 것이었다. 기도를 마치고 나오는데 아까 방언으로 기도하던 자매와 마주쳤다. 방언 기도가 부럽기도 하고 해서 자매에게 말을 걸었다. 방언으로 기도하면 어떤 점이 좋으냐고 물었다. 그는 말하기를 첫째 남이 내 기도를 듣지 못하니까 마음 놓고 기도 할 수 있고, 다음은 성령으로 기도하니까 마땅히 해야 할 기도를 드리게 되고 세번째는 아무리 기도를 해도 지치지 않는다는 것이었다. 그렇지 않아도 그렇게 기도하면 좋겠다는 생각을 하고 있었는데 나도 방언으로 기도하면 좋을 텐데…. 부러움을 안고 귀가했다.

다음날 새벽기도 시간이었다. 웅성거리는 소리와 음악이 어우러져 기도 시간이 흐르는데 갑자기 말이 끊기고 기도가 이어지지 않는다. 아무리 말을 하려해도 혀가 말리면서 랄랄라라 하면서 반복된다. 왜 내가 하고 싶은 말을 못하지 하면서 말을 하려고 해도 여전히 혀가 말렸다 풀렸다 하면서 랄랄라라 소리만 반복된다. 혹시 이것이 방언인가 생각하면서 한 번 소리 나는데로 맡겨 보자하고 무려 한 시간을 기도하고 돌아 왔다. 곰곰이 생각 했다. 천만 뜻밖에 방언의 은사를 받은 것이었다. 하나님은 방언의 은사를 주셔서 힘 있게 기도하게 하시고 하나님의 뜻을 이루어 가게 하신다.

아무리 하나님께 헌신하고 싶어도 기도가 기본적으로 따라 주지 않으면 헌신 할 수 없다. 신자들은 한결같이 하나님께 쓰임 받기를 원한다. 하나 님은 기도하는 자를 통해 일 하신다. 아무리 작은 일이라도 기도를 선행케 하신다는 사실을 잊지 말아야 한다. 그리고 기도는 하나님의 손을 움직이 기 때문에 주 안에서 능치 못한 일이 없다는 사실을 잊지 말아야 한다.

방언의 은사는 기도하는 당사자도 모르기 때문에 하나님께 무슨 기도를 드렸는지 알 수 없고 다만 내가 해야 할 기도를 한 것으로 믿는 수밖에 없 다. 물론 막연하게 믿는 것이 아니라 내 기도가 응답됨으로써 필요한 기도 를 드렸구나 하는 확신을 갖게 된다는 것이다. 하나님은 신자들이 기도할 때 효과적으로 기도 할 수 있도록 역사하신다. 한 가지 잊지 말아야 할 것 은 아무리 방언 기도가 좋다고 해도 다른 사람의 기도를 훼방하는 기도가 되어서는 안 된다는 것이다. 이웃의 기도도 소중하기 때문에 배려하는 마 음을 갖지 않으면 안 된다. 하나님은 우리 모두의 하나님이시기 때문에 자 녀들이 서로 사랑하며 배려하는 마음을 갖기를 원하신다.

어떤 교회는 새벽 기도 시 방언을 금하기도 한다. 모두가 조용하게 기 도하도록 하기 위함인 것이다. 방언의 은사를 받은 지 40년이 넘었다. 지금도 하나님은 수시로 방언 기도를 하게 하신다. 내가 미처 생각지 못하는 기도를 하게 하신다. 특히 방언 기도를 소멸치 않게 하시고 기도하게 하시는 하나님께 감사드린다.

11. 오락을 멀리하다

세상 사람들은 어떻게 하면 즐겁게 시간을 보낼 수 있을까 하고 궁리한다. 그래서 갖가지 형태로 시간 보내는 방법들이 출현했다. 여기에서 우리가 알아야 할 것은 사람이 태어날 때부터 악하게 태어난다는 사실을 알아야 한다. 아무리 좋은 제도나 방법들이 있어도 악용하기 때문 에 세상에 문제가 그칠 날이 없다. 이것을 모르고 계속해서 개선책을 내 놓지만 얼마지 않아 무용지물이 되고 만다. 하나님은 인간들을 불쌍히 여기시고 하나의 해결책을 내 놓으셨다. 바로 예수 그리스도를 믿고 구원 받으라는 것이다.

인류 역사상 전쟁이 끊이지 않고 살인 약탈 등 범죄가 계속되고 있지만 이를 그치게 할 방법이 없다. 심지어 자살 테러까지 등장해서 어쩔 도리가 없다. 선과 악의 싸움은 갈수록 치열해 진다. 아무도 이렇다 할 해법을 내 놓지 못하고 있다. 그러면 손을 놓고 가만히 있어야 되느냐 하고 반문할 수도 있을 것이다. 이제 우리는 과연 문제만 있고 해결책은 없다는 것인지 곰곰이 생각해 보아야 한다.

이미 하나님께서는 세상이 죄 가운데 방황할 것을 아시고 한 길을 예비하셨다. 다시 말하면 예수 그리스도를 믿고 죄를 용서 받게 하신 것이다. 세상의 모든 문제는 죄 때문에 발생한다. 그러므로 죄의 문제를 근본적으로 해결하지 않으면 안된다. 하나님은 사람들이 왜 세상이 이렇게 어수선

하냐고 탄식하는 것을 안타깝게 여기신다. 왜 문제 해결책을 가르쳐 주었는데 이를 따르지 않고 문제 해결책이 없다고 하느냐는 것이다. 하나님은 묵묵히 사람들을 지켜보시면서 속히 회개하고 예수 그리스도를 믿으라고 재촉하신다. 하나님의 방법은 사람의 생각과 다르다. 하나님을 모르는 사람들은 사실상 아무 문제도 해결하지 못한다. 죄 가운데 빠져있는 사람이 어떻게 죄의 문제를 해결 할 수 있으며 타락한 인간이 죄 없는 세상을 만들어 나갈 수 있겠는지 깊이 생각해 보아야 한다.

나는 예수 그리스도를 믿고 한 가지 깊은 비밀을 깨달았다. 이 세상에 신자들이 없다면 더 이상 세상은 지속될 수 없다는 것이다. 하나님은 신자들만 위하지 않고 불신자들도 위한다. 그러나 신자들이 없다면 하나님을 증거할 자들이 없기 때문에 세상은 소망이 없게 된다. 아무도 거들떠보지 않는 초라한 신자라도 하나님은 귀히 여기시고 그를 통해 생명의 복음이 전파되게 하신다. 복음을 받아들이면 깨끗해진다.

나는 예수 그리스도를 믿고 깨끗케 하시는 하나님의 은혜를 체험했다. 친구들과 어울려 고스톱을 했는데 아무 재미가 없고 빨리 집에 가야겠다는 생각이 앞섰다. 적당히 끝냈으면 했는데 마음이 불안해 지면서 왜 내가 이런 짓을 하는지 모르겠다는 양심의 가책이 들었다. 잠시 후 게임이 끝났는데 계산을 해 보니 5만 원을 벌었다. 집에 돌아오면서 곰곰히 생각했다. 다시는 고스톱을 하지 말아야 되겠다고 다짐을 했다. 밤늦게 집에 돌아오니 아내가 반갑게 맞이한다. 나는 5만 원을 꺼내 아내에게 주면서 고아원이나 가난한 사람에게 주라고 하고 이를 계기로 고스톱을 끊었다.

하나님은 신비한 분이시다. 그 외에도 여러가지 잡기들을 하나씩 하나씩 끊게 하셨다. 포카 게임을 하면서 시간 가는 줄 모를 때였다. 밤에 잠을 자는데 꿈에 포카 게임을 하고 있었는데 문득 눈을 들어 보니 고양이 네 마리가 나비넥타이를 하고 앉아서 같이 게임을 하고 있는 것이었다. 나는 왜 내가 고양이들과 포카를 하고 있지 생각하면서 꿈을 깼다. 곰곰이 생각해 보았다. 마귀들과 어울려 포카를 하고 있었구나 하는 생각이 머리를 스쳤다. 포카도 끊었다. 마작도 끊고 당구도 끊었다. 심지어 바둑까지 끊었다. 돈을 내기 하는 모든 오락을 끊었다. 여기에서 우리는 돈을 걸지 않고 하는 오락이 거의 없다는 사실을 알아야 한다. 나로 하여금 성실히 살도록 인도해 주신 하나님께 감사드린다.

12. 도박의 유혹

오늘날 수많은 사람들이 행복을 찾아서 어디론가 몰려가고 있다. 우리는 왜 행복을 추구하는지 생각해 볼 필요가 있다. 많은 사람들이 나름대로 행복하다고 고백하기도 한다. 그런데 행복은 그 기준이 애매하다고 할 수 있다. 건강이나 돈이나 명예 그 밖의 것들을 내 세우기도 한다. 그러나 깊히 따지고 보면 그런 것들이 행복의 기준이 될 수 없다는 사실을 알 수 있다. 여기에서 우리는 그 어떠한 것도 진정한 행복을 가져다 줄 수 없다는 사실을 알아야 한다. 행복은 모름지기 자신이 행복하다고 느껴야 하는데 항상 행복하다고 느낄 수 없다는 것이다. 그 이유는 이 세상 모든 것을 다 소유했다고 해도 죽음 앞에 서게 되면 모두 물거품이 되기 때문에 그것도 참 행복을 줄 수 없다는 것이다. 그러면 이 세상에 행복이 없다는 것이냐고 반문 할 것이다.

하나님은 인간들이 간단히 행복을 찾을 수 있도록 하셨다. 세상 사람들은 행복의 조건을 갖추려고 치열한 생존경쟁을 벌리고 때로는 남의 것을 쟁취하려고 불법을 저지르기도 한다. 여기에서 우리는 남이야 어떻게 되든 나만 챙기면 된다는 이기주의적인 생각을 가지고 있다는 사실을 깨달아야 한다. 아무리 모든 것을 소유했다 해도 정당하게 얻은 것이 아니면 하나님은 외면한다는 사실을 잊지 말아야 한다. 많은 사람들이 이 사실을 깨닫지 못하고 내 앞에 챙기기에 급급하지만 심는 대로 거두게 하시는 하나님께서 정확하게 보응하신다는 사실을 알아야 한다.

하나님은 세상에 필요한 것들을 넉넉히 내셨는데 사람들이 욕심을 부리기 때문에 빈부 격차가 생기게 되고 그로 말미암아 문제가 끊임없이 발생되고 있는 것이다. 사람들이 서로 사랑하게 되면 물론 능력에 따라 소유를 더 가질 수는 있겠지만 그래도 문제가 되지는 않는다는 것이다. 아무리 유능한 지도자가 다스려도 서로 사랑하지 않으면 근본적으로 문제가 해결되지 않는다는 사실을 잊지 말아야 한다.

나는 하나님을 영접하고 나서 사랑을 알게 되었고 세상의 모든 문제가 사랑이 없기 때문이라 는 사실을 깨달았다. 예수님이 세상에 오셨을 때 유독 가난한 자와 병든 자들을 가까이 하신 뜻이 여기에 있다는 사실을 알아야 할 것이다. 하나님은 신자들이 사랑을 알고 사랑을 전하는 그리고 사랑을 행하는 자들이 되어야 한다고 강조하신다. 아무도 모르게 사랑을 행하는 자야말로 하나님이 인정하시는 신자라고 할 것이다. 지금 많은 사람들이 예수 그리스도를 믿고 따른다고 할 텐데 참된 신자는 그리 많지 않다고 성경은 증거한다. 그래서 성경은 좁은 문으로 들어가라고 하신다.

만일 사람들이 살아계신 하나님을 인격적으로 믿지 않고 추상적인 존재로 믿는다면 성경은 하나의 종교 서적에 불과할 것이다. 구원은 인격적인 것이지 지식적인 것이 아니다. 신자들은 모름지기 성경을 인격적으로 대하지 않으면 안 된다. 성경이 가라하면 가고 멈추라하면 멈추어야 한다. 신앙생활은 성경을 따라 사는 것을 말한다. 도적질하지 말라고 하는데 거역하면 하나님을 따르지 않는 것이다. 지식적으로 참고하라는 것이 아니다. 모든 성경 말씀은 하나 같이 하나님의 말씀이라는 사실을 알아야 한다.

설령 부족해서 말씀대로 살지 못할지라도 성경은 지켜야 할 하나님의 말씀이라는 사실을 인정할 때 비로소 신자라고 할 수 있다. 그래서 신자는 말씀을 어길 때 회개하고 이렇게 반복하여 성화되어 나간다는 것이다. 하나님을 모르는 사람들은 다시 말해 성경을 지식적으로 알고 있는 자들은 성화되지 않기 때문에 비록 지식이 많을지라도 변화되지 않는다. 성경 지식은 노력을 통하여 얻을 수 있지만 믿음은 하나님께서 주시지 않으면 얻을 수 없다. 이 사실을 깨닫고 겸손하지 않으면 안 된다.

여기에서 우리는 왜 하나님께서 겸손하라고 하시는지 깨달아야 한다. 교만한 마음을 품으면 하나님께서 믿음을 주시지 않는다. 하나님은 때로 신자들을 테스트 하신다. 시험이 오거든 온전히 기쁘게 여기라고 하신다. 그래서 시험을 거쳐 한 단계 한 단계 믿음이 성숙되게 하시고 하나님께 쓰임을 받게 하신다. 시험이 올 때 불가항력적으로 오기 때문에 거부 할 수 없다. 다만 테스트의 목적이 달성되면 시험이 풀리고 원래의 상태로 돌아온다.

많은 신자들이 시험을 견디지 못하고 정색을 하거나 혈기를 부리기도 한다. 물론 시험을 견뎌내면 통과 되지만 혈기를 부리거나 하면 원점으로 돌아간다. 한 가지 잊지 말아야 할 것은 시험을 이겨 내려고 최선을 다하면 하나님께서 도우셔서 감당케 하신다는 것이다.

나는 많은 시험을 거쳐 오늘에 이르렀다. 여러 모양으로 시험을 거쳐 오면서 지난날을 되돌아 본다. 평신도 때의 일이다. 하루는 다방에 앉아 있는데 건장한 청년 하나가 다가와 말을 건넨다. 자기는 화투 타자인데 같이 손잡고 큰돈을 벌자는 것이다. 심심풀이로 고스톱 정도는 했지만 도박을 하자고 하는데 멈칫거려 진다. 한두 번도 아니고 여러 차례 만났는데 도박 상대만 끌어 오면 자기가 다 알아서 할 테니 염려하지 말라고 한다. 돈을 손쉽게 벌수는 있어도 차마 남 못할 일 할 수는 없다고 생각하면서도 자의반 타의반 끌려 들어가서 타자가 요구하는 대로 따르기로 했다.

그날 밤 꿈에 십자가가 보인다. 가까이 다가가니 십자가가 저만큼 멀어 진다. 또 다가가니 또 멀어 진다. 밤새도록 십자가를 쫓아다니다 꿈을 깼다. 얼마나 시달렸는지 불현듯 타자가 머리에 떠오른다. 내가 타자와 도모하는 일이 십자가를 멀라하는 일 이라는 것을 직감할 수 있었다. 하나님께서 금하시는 줄로 믿고 타자와의 약속을 취소했다. 그리고 그때부터 타자를 멀리 했다. 하나님은 나를 도박의 유혹에서 건지시고 열심을 품고 신앙 생활을 하게 하셨다. 몇 년이 흘렀다. 믿음이 제법 자랄 때였는데 기억에서 지워버린 그 타자에게서 전화가 걸려 왔다. 처음에는 누군가 했는데 어렴풋이 타자라는 생각이 떠올랐다. 단호히 거부했다. 나는 당신을 모르겠는데 전화를 잘못한 것 같다고 냉소했다. 예수님을 영접한 뒤 스스로를 돌아보면서 정리하는 중이어서 의도적으로 유혹의 손길을 물리쳤던 것이다.

하나님은 은밀한 중에 나의 걸음을 생명길로 인도하셨다. 자칫 함정에 빠질 뻔 했으나 십자가를 붙들고 이겨 나갈 수 있게 하셨다. 지금 많은 사람들이 십자가를 등지고 돈을 붙잡으려고 몸부림을 치고 있다. 그러나 돈은 아무에게나 주어지지 않는다. 이 시간 돈보다 훨씬 중요한 영생을 택하시기 바란다. 영생을 얻게 되면 돈은 필요한대로 주어지게 되어 있다. 사단은 끊임없이 돈과 명예 쾌락 등으로 신자들을 유혹한다. 모름지기 신자들은 모든 탐심을 버리고 겸손한 마음으로 하나님을 믿고 따르면 형통한 삶을 산다는 사실을 잊지 말아야 한다.

13. 전도하다

하나님은 사람들이 왜 예수 그리스도를 믿고 살아야 하는지 가르쳐 주신다. 그런데 사람들은 하나님을 알지 못하고 또 알려고도 하지 않는다. 여기에서 하나님과 인간 사이에 중재자가 필요한데 그 중재자를 전도자라고 하고 중재하는 것을 신학적으로 전도 한다고 한다.

하나님은 인간이 예수를 믿고 구원 받기를 원하신다. 그런데 이상한 것은 아무도 구원 받으려고 덤비지 않는다는 것이다. 참 안타까운 일이다. 그래서 하나님은 전도자를 세우시고 하나님을 모르는 사람들에게 예수 그리스도를 믿으면 구원 받는다고 전하기에 이르렀다. 만약 전도를 듣고도 하나님을 믿지 않는다면 아무도 원망할 수 없겠지만 그러나 전도를 받지 못한 사람은 억울하다고 할 수도 있을 것이다. 이제 우리는 이 문제를 깊이 생각해 볼 필요가 있다. 성경은 분명히 예수 그리스도를 믿어야만 구원 받는다고 밝히고 있다. 그렇다면 예수님을 믿는 사람이 전혀 없을 때 태어난 사람은 어떻게 되느냐고 반문할 것이다. 하나님은 아무나 구원하시지 않는다. 반드시 전도를 통해 구원하시고 전도 받지 못한 사람은 안타깝지만 하나님의 처분에 맡길 수 밖에 없다. 신자들은 전도나 설교를 통해 하나님을 알게 되고 믿음도 생기게 된다. 아무도 하나님의 말씀을 듣지 않으면 구원 받을 수 없다.

따라서 전도자는 하나님의 말씀을 전해야 한다. 많은 사람들이 전도 하겠다고 나서는데 상당 수는 구원에 대한 확신도 없이 서둘고 있어 안타깝다. 물론 하나님을 깊이 알지 못해도 기쁨과 감사로 하나님을 섬기는 자들은 전도도 하고 열심도 낸다. 하나님은 반드시 예수 그리스도를 신학적으로 잘 알고 있는 사람만을 전도자로 쓰시지는 않는다. 다만 복음을 전하려면 구원의 확신을 가져야 힘있게 복음을 전할 수 있다는 것이다.

예수 그리스도를 믿는 사람은 세상을 탓하지 않는다. 그 이유는 세상의 모든 일이 하나님의 손 안에 있고 하나님께서 궁극적으로 합력해서 선을 이루도록 하시기 때문이다. 여기에서 우리는 하나님의 전지전능하심과 인간의 생사화복을 주장 하신다는 사실을 잊지 말아야 한다. 아무리 인간들이 몸부림을 쳐도 하나님의 손을 벗어 날 수 없다는 것이다. 하나님은 사람들이 이 진리를 속히 깨닫고 겸손히 살기를 원하신다.

어떤 사람은 자기 뜻대로 되지 않는다고 극단적인 선택을 하기도 하는데 매우 안타까운 일이다. 어떤 사람은 아무리 큰 문제가 있어도 생을 포기하는 일은 있어서는 안 된다고 강변한다. 하나님은 이 세상의 어떠한 문제도 다 해결할 수 있는 분이시다. 나는 예수 그리스도를 믿고 비로소 영안이 뜨였다. 세상을 보는 눈이 달라졌다. 하나님이 세상을 어떻게 움직이시는가 생각하면서 나는 어떻게 해야 하겠다는 자세로 한 걸음 한 걸음 내딛는다. 물론 온전치는 못해도 감사하며 기뻐하며 하루하루를 산다.

하나님은 나에게 어떻게 살아야 할지 가장 좋은 길이 어느 길인지 헤아리게 하셨다. 깊은 생각 끝에 하늘나라에 보화를 쌓는 삶을 살기로 했다.

선행이나 구제 등도 중요하지만 무엇보다도 복음을 전하는 일이 가장 우선 되어야 한다는 것을 깨달았다. 그러나 복음 전도는 혼자서 하기 보다는 여럿이 합심해야 하기 때문에 동역자들을 구해야만 했다. 그래서 선교회를 조직하기로 하고 회원 모집에 들어갔다.

한국 고넬료 기독 선교회가 탄생 되었다. 얼마지 않아 150여명이 회원으로 등록했고 회비를 냈다. 매월 모아지는 회비를 선교비로 썼다. 주로 개척 교회나 해외 선교사들에게 선교비를 송금했다. 그리고 선교 지원처를 위해 기도하기를 잊지 않았다. 또한 선교 신문을 발행하여 회원들에게 선교 보고를 하고 설교 메시지도 전했다. 선교회를 통해서 이 모양 저 모양으로 선교 사역을 감당했다. 선교 사역에 참여해 주신 모든 분들께 감사 드린다.

14. 신학교에 가다

세상에 할 일이 많지만 어떤 일을 하느냐에 따라 사람의 값어치가 달라진다. 그래서 사람들은 직업 선택에 신중에 신중을 기한다. 두 번 걸을 수 없는 인생이기에 자칫 최선의 길로 나가지 못하면 상상할 수 없는 손실을 감수하지 않으면 안 된다. 많은 사람들이 성공을 향해 뛰고 있다. 그러나 다 성공하는 것은 아니다. 따라서 어느 길로 들어서느냐 하는 것은 아무리 강조해도 지나치지 않을 것이다. 한 가지 잊지 말아야 할 것은 선택의 여지가 없는 경우도 있다는 것이다.

여기에서 우리는 어느 길로 들어서야 좋을지 미리 알 수 있다면 더 이상 바랄 것이 없다고 할 것이다. 그래서 하나님은 인간 들이 최선의 길로 나가도록 인도 할 테니 따라 오라고 하신다. 어떻게 하나님의 인도하심을 따를 수 있느냐고 하겠지만 간단하다. 하나님은 인간들에게 성경을 주셨다. 성경을 읽고 순종하면 된다. 성경을 모르고 자기 생각대로 할 경우 누구를 원망할 수 없을 것이다. 그러나 성경을 깨닫고 따르면 가장 좋은 길로 나가게 된다.

인류 역사상 수많은 사람들이 등장했다 사라졌다. 그들 중에는 성공한 자도 있고 실패한 자도 있다. 하나님은 모두가 성공하기를 원하시지만 사람들이 하나님을 외면하기 때문에 어쩔 수 없다. 한 가지 잊지 말아야 할 것은 지금도 여전히 하나님을 외면하면서 성공하기를 바라는 사람들이 있다는 것이다. 이런 부류의 사람들은 세상 끝 날까지 존재할 것이다. 여기에 내 자신은 어느 부류에 속했는지 진단해 보아야 한다.

나는 일찍이 예수님을 믿고 많은 영적 체험을 했다. 하나님의 살아 역사하고 계심을 깨달은 후 가치관이 180도 바뀌었다. 세속적인 부귀영화는 죽음과 함께 사라지고 내 영혼은 영원히 하나님과 분리되어 존재할 것이라는 사실을 깨달았다. 날이 갈수록 하나님에 대해 알고 싶은 마음이 불타올랐다.

드디어 기도에 힘쓰기 시작했다. 한전 본사에 근무하고 있었는데 지방 출장을 자주 가는 편이었다. 그런데 출장을 나가면 이상하게 전도하도록 자리가 마련되곤 하였다. 유감없이 간증도하고 복음을 전했다. 그러던 어느 날 간증을 해 달라는 요청이 왔다. 창원 출장길에 올랐었는데 마산 조그마한 교회에서 간증 요청을 해 온 것이다. 장한국 전도사가 서울에서 출장 나온 윤기종씨가 뜨겁게 복음을 전한다는 소식을 듣고 초청을 한 것이다.

나는 기쁜 마음으로 달려갔다. 간증을 마치고 장한국 전도사 집으로 인도를 받아 같이 잠을 자게 되었다. 밤늦게까지 이야기를 하면서 장한국 전도사가 뜻밖의 이야기를 한다. 자기는 지금 한국 투자신탁 마산 지점장으로 있는데 야간 신학교를 다니면서 간증한 교회의 전도사로 일하고 있다는 것이다. 그렇지 않아도 직장을 다니면서 신학을 공부할 길이 없을까 하고 골몰하던 차에 너무나 기쁜 소식이 아닐 수 없었다.

방배동 백석대학원에 입학을 했다. 낮에는 근무하고 밤에는 신학을 공부했다. 하나님의 부르심에 감사 감격할 따름이다.

15. 하나님을 만나다

사람들이 살면서 하나님과 교통할 수 있다면 얼마나 좋을까 상상만 해도 흐뭇하다. 신자들은 여러 모양으로 하나님과 교통 하면서 산다. 그럼에도 불구하고 힘써 하나님을 찾지 않고 사는 경우가 많다. 안타까운 일이다. 하나님은 열심히 찾는 자에게 더 많은 은혜를 베푸신다. 여기에서 우리는 기도하는 삶을 통해 얼마든지 복을 받을 수 있다는 사실을 알 수 있다. 그런데 사람들은 힘써 기도하지 않는다. 물론 기도만 하고 있을 수는 없을 것이다. 그러나 마음만 먹으면 충분하리 만큼 기도할 수 있다. 여기에 우리들이 깨달아야 할 비밀이 있다. 기도는 어떤 마음을 품고 하느냐에 따라 상달되기도 하고 가로 막히기도 한다.

다시 말하면 하나님의 영광을 위해 드리는 기도는 상달되고 사사로운 기도는 가로 막힌다. 그래서 기도하는 사람은 하나님의 영광을 위해 살게 되고 하나님께 쓰임을 받는다. 아무리 열심히 기도 한다고 해도 하나님의 영광을 위한 것이 아니라면 하나님은 손사래를 치신다. 하나님을 모르는 사람들은 하나님 앞에 구하지도 못하고 쓰임도 받지 못한다. 그들은 사람에게 쓰임을 받을 뿐이다. 하나님은 때때로 불신자들을 쓰시기도 하신다. 왜 하나님도 모르고 기도도 하지 않는 사람을 쓰시느냐고 하겠지만 거기에는 그만한 뜻이 있다는 사실을 알아야 한다.

하나님은 신자들이 하기에 합당하지 않은 일들은 불신자들로 하여금 행하도록 하신다. 신자들은 신자들에게 합당한 일을 하도록 하신다. 나는 신학원에 입학한 후 열심히 기도 생활을 했다. 기도하면 응답도 받고 마냥 기뻤다. 그런데 하루는 장로님 한 분이 고넬료 선교회에 천만원을 선교비로 헌금했다. 그런데 그 장로님이 조그마한 사무실이 하나 있는데 혹시 선교회 사무실로 하나님이 쓰실지 기도해 보라고 한다. 나는 곰곰이 생각했다. 하나님의 뜻이 어디에 계신지 헤아려야 하겠는데 솔직히 자신이 없었다. 그동안 내가 어려운 일을 당하거나 하나님의 뜻을 헤아릴 필요가 있을 때 나를 위해 기도해 주는 권사님이 계셨는데 그 권사님 한테 부탁을 할까 했는데 어쩐 일인지 이번만큼은 내가 직접 응답을 받고 싶은 생각이 들었다.

다음날 아침 새벽 기도를 드릴 때 나는 하나님께 간절히 기도 했다. 하나님 아버지 방배동에 사무실이 하나 나왔는데 선교회 사무실로 주시는지 알고 싶습니다. 그동안 명 권사님을 통하여 하나님의 뜻을 헤아렸는데 이제는 저도 주의 종이 되었으니 저에게 직접 응답해 주시어 하나님의 뜻을 받들게 하시고 영광 받으시옵소서 하고 기도 했다.

그리고 그날 오후 청계산 기도원에 갔다. 기도하러 산에 오르는데 주변에서 부르는 찬송 소리가 마치 천사가 부르는 것처럼 그렇게 감미로울 수가 없다. 중턱을 향해 올라가는데 갑자기 여우도 굴이 있고 공중의 새도 거처가 있으되 인자는 머리 둘 곳이 없다는 하나님의 말씀이 마음에 쑥 들어오면서 눈물이 비 오듯 쏟아진다. 눈물을 주체할 수가 없다. 엉엉 울면서 중턱에 앉았는데 선뜻 아 하나님이 기도에 응답하셨구나 하는 생각이 전광석화처럼 머리를 스친다. 주님이 가난하게 되심은 우리로 부요하게 하려 하심이라는 말씀을 주신 것이다.

이렇게 하나님은 선교회 사무실을 주셔서 말씀도 연구하게 하시고 하나님께 간절히 기도하게 하셨다. 하나님은 신자들이 어떤 상황에 처해 있는지 다 아시고 계신다. 그리고 꼭 필요한 때는 만나 주신다. 어떻게 영이신 하나님을 만날 수 있느냐고 선뜻 수긍하려 들지 않는다. 아무도 하나님을 만난 사실이 없다면 추상적인 하나님을 섬긴다고 비난 받을 것이다. 그런데 이상한 것은 역사상 수 많은 신자들이 하나님을 만났다고 간증하고 있다는 것이다. 여기에서 우리는 우리의 영혼이 영이신 하나님을 만날 때 하나님을 만났다고 표현 한다는 사실을 잊지 말아야 한다.

우리의 영이 꿈에서 하나님을 만날 수 있고 기도할 때 만날 수도 있다는 것이다. 나는 하나님의 말씀을 들을 때 내 영혼이 얼마나 기뻐했는지 엉엉 울면서 기도가 응답 되었다는 확신을 가질 수 있었다. 우리 모두 하나님을 만나는 은혜가 풍성하기를 기원한다.

16. 인도에서 생긴 일

한전에서 필요한 기자재를 구매할 때 중요한 기자재는 사전에 검사를 해서 구매하도록 제도화 되어 있다. 나는 기자재 품질 검사를 하는 요원이었기 때문에 거의 대부분의 일이 출장 중에 이루어졌다. 마침 인도에서 기자재를 수입하도록 계약이 체결되어 출장을 가게 되었다. 인도 공항에 도착하니 제작 회사 직원이 마중 나왔다. 같이 식사를 하고 예수님의 12제자중 하나인 도마 기념 교회에 가자고 제의를 했다. 한국에서 떠나기 전에 미리 알아보고 왔기 때문에 문제가 없었다. 안내를 받아 기념 교회로 향했다. 야산 위에 있는데 올라가는 계단 양측에 예수님이 십자가를 지고 골고다 언덕을 향해 가시는 모습을 조각으로 세워 놓았다.

기념 교회에 이르렀다. 그러나 교회는 문이 굳게 닫혀 있고 자물쇠로 채워 놓았다. 우리는 멈칫했다. 주변을 살펴보니 조금 떨어진 곳에 사무실이 있고 수녀들이 눈에 띄었다. 곧바로 가서 한국에서 왔는데 교회 문을 좀 열어 달라고 요청했다. 키를 가지고 말없이 따라 온다. 들어가 보니 20여 평 되어 보이는데 초라해 보이고 흙바닥에 긴 의자 몇 개가 놓여 있다.

양측 벽에는 사도 모습의 그림들이 액자에 담겨 걸려 있다. 전면 중앙에 강대상이 놓여 있는데 그 강대상 밑에 도마가 묻혀 있다고 설명한다. 잠시 기도하고 밖으로 나왔다. 우리나라 같으면 크고 화려하게 기념 교회를 세웠을 텐데 하는 생각을 하면서 시내로 내려왔다.

호텔에 여장을 풀었다. 다음날 아침 기기 제작 공장에 들어갔다. 분주하게 일을 하는데 기기 제작 과정 등을 브리핑 한다. 설명을 듣고 난 후 잠시 휴식을 갖게 되었다. 나는 조심스럽게 복음을 전하기 시작했다. 모두가 큰 관심을 가지고 귀를 기울인다. 나는 신이 나서 목청을 높였다. 나를 중심으로 사람들이 삥 둘러섰다. 한참 지난 후 한 사람이 나에게 자기 사무실로 가자고 이끈다. 따라가 보니 갑자기 지갑을 꺼내더니 신분증 등을 한 쪽으로 놓고 빈 지갑을 건네준다. 그러면서 자기도 외국에 나가서 일할 때 예수 그리스도에 대한 이야기를 들었다며 오늘 말씀을 듣고 큰 은혜를 받았다면서 뭘 주고 싶은데 줄 것이 없다며 빈 지갑을 선물로 받으라는 것이다.

나는 계속해서 시간이 나는 대로 복음을 전했다. 하루는 한 직원의 초청을 받아 아침식사를 같이 하게 되었다. 아침 일찍 그 집에 갔더니 웬 방울 소리가 들린다. 무심코 보니 그 집 할아버지가 방울을 흔들며 기도를 하고 있었다. 힌두교 교인인데 날마다 새벽 기도를 드린다고 한다. 잠시 앉아서 하나님 아버지 저에게 복음을 전할 수 있도록 은혜를 베푸시옵소서 기도 했다.

얼마 되지 않아 기도를 마치고 옆에 와 앉는다. 통성명을 하고 단도직입적으로 입을 열었다. 예수 그리스도를 믿어야 구원을 받는다고 증거했다. 그랬더니 "당신은 예수를 믿고 천국에 가고 나는 힌두교를 믿고 천국에 갈 수 있지 않겠느냐"고 한다. 그러면서 어느 신을 믿는지 성실히 믿기만 하면 구원을 받을 수 있지 않느냐고 다신론을 주장한다. 그래서 당신은 예수 그리스도가 거짓말쟁이라고 생각하느냐고 쏘아 붙였다. 그랬더니 그렇지 않다고 대답한다.

나는 반사적으로 예수님께서 나는 길이요 진리요 생명이니 나로 말미암지 않고는 아버지께로 올 자가 없느니라 고 외쳤다. 더 이상 말문을 열지 못한다. 출장 업무를 마치고 귀국길에 올랐다. 오는 길에 싱가폴에 들려 박진구 선교사님을 만났다. 그의 안내로 싱가폴을 한 바퀴 둘러보고 밤에는 싱가폴 한인 교회에서 간증을 했다.

아무도 모르게 이루어지는 일이지만 하나님은 나에게 한 가지 사명을 감당케 하셨다. 인도나 싱가폴에서 증거한 복음 때문에 은밀한 중에 예수님을 영접한 영혼이 있다는 것이다. 하나님은 나에게 내가 전한 복음을 듣고 회개한 영혼이 있다는 사실을 확신케 하셨다. 특히 방울을 흔들며 새벽기도를 드리던 힌두교인을 생각나게 하신다. 그가 천국을 간절히 사모하는 그래서 새벽마다 기도를 드리며 은혜를 구하였는데 안타깝게도 길을 몰랐던 것이다. 그래서 예수 그리스도가 길이라고 증거하니까 급선회 한 것이다.

우리는 길을 찾아 해매는 영혼들에게 바른 길을 가게 해 주어야 한다. 계속 하나님의 말씀을 전파하여 진리의 밝은 빛을 비추는 삶을 살 수 있기를 기원한다.

17. 일본에서 생긴 일

사람들이 하나님을 잘 믿는지 보려면 그의 기도생활을 보면 알 수 있다. 기도는 영적인 호흡이기 때문에 기도 없이는 신앙생활을 제대로 할 수 없다. 우리나라는 신자들 대부분이 기도생활을 하고 있다. 특별히 새벽기도가 집중적인 조명을 받고 있다. 그동안 기도 생활을 하면서 많은 은혜를 받은 나는 40일 작정 새벽 기도를 하고 싶은 생각이 들었다. 그래서 새벽 기도를 시작했는데 사탄의 방해가 이만 저만이 아니다. 30일쯤 되었는데 이 날도 괘종시계 소리를 듣고 일어나서 주차장에 갔더니 차가 감쪽같이 사라졌다. 아무리 주변을 살펴보아도 차가 보이지 않는다. 차가 도난을 당한 것이다. 순간 이러다가는 새벽 기도회에 늦겠다 싶어 큰 길로 뛰어 나갔다. 택시를 잡아타고 교회로 달려갔다. 벌써 많은 사람들이 모여 기도하고 있었다. 시간에 늦지 많은 것을 다행으로 여기며 기도하기 시작했다. 하나님 아버지 차량을 도난당했는데 차 가져간 사람을 불쌍히 여기시고 그 차가 악한 일에 쓰임 받지 않도록 은혜 베풀어 주옵소서 하고 기도했다.

기도에 몰두한 나머지 어쨌든 40일 동안 작정 기도를 온전히 마칠 수 있도록 해야 되겠다고 다짐을 했다. 38일째 되는 날 일본 출장길에 올랐다. 일본에서 수입하는 기자재 품질 검사차 나갔는데 공항에 납품회사 직원이 마중 나와 있었다. 어떤 숙소가 좋겠느냐고 묻는다. 나는 서슴없이 교회에 가장 가까운 호텔로 가자고 했다. 40일 작정 새벽기도가 2일 남았기 때문이다. 다음날 새벽 일찍이 교회에 나갔다. 그런데 교회가 아니라 성당이었다. 별 수 없이 돌아와 호텔에서 기도하기 시작했다. 한동안 방언으로 기도하고 아침 식사 후 제작 공장에 출근했다.

40일 작정 새벽 기도를 마쳤다. 모든 일이 순행되었고 형통했다. 기자재 품질 검사 결과 매우 양호했다. 제작사 측은 매우 만족해했고 그동안 수고했다며 선물을 하고 싶다고 제안한다. 나는 하나님이 은혜 베풀어 주시는 줄로 믿고 받아들이기로 했다. 선물을 한아름 안고 귀국했다. 집에 도착하니 아내가 반갑게 맞이한다. 여보, 잃어버린 차를 찾았어요 한다. 서울 대방동 뒷골목에 버리고 갔다는 것이다. 참으로 하나님의 은혜가 크고도 놀랍다는 것을 새삼 느꼈다. 여기에서 우리는 만사형통케 하시는 하나님을 잊지 말아야 한다.

하나님은 그 어떠한 상황에서도 우리를 건질 수 있는 분이시다. 다만 우리가 겸손하게 은혜를 구하는 자세를 가져야 한다는 것이다. 신자들은 항상 합심 하도록 힘써야 한다. 하나님은 자녀들이 기도할 때 합심 하도록 인도하신다. 성경을 보면 혼자 기도하는 것보다 두 세 사람이 모여 기도하면 하나님께서 기뻐하신다고 하였다. 나는 기도를 통해 하나님과 교통하면서 날마다 날마다 찬송하며 산다. 우리들은 하나님을 섬기면서도 무엇이 부족한 듯 세속적인 것을 기웃거리기도 한다. 그런데 성경을 보면 항상 기뻐하라 쉬지 말고 기도하라 범사에 감사 하라고 하신다.

일본 출장 여행길은 한마디로 말해서 더 바랄 수 없는 기쁨과 감사의 연속이었다. 귀국할 때 호텔비를 계산하려 하니 벌써 일본 회사 측에서 지불 했다고 한다. 일이 순조롭게 진행 되고 무사히 기기도 납품할 수 있게 되었다고 호의를 베푼 것이다. 40일 작정 새벽기도를 마치고 예상치 못했던 은혜를 받게 된 나는 기도에 대한 좋은 선입견을 갖게 되었다.

기도는 은혜를 구하는 것이지만 겸해서 영적인 능력을 얻게 된다는 사실을 알아야 한다. 따라서 영적 싸움을 하고 있는 신자들은 기도의 끈을 놓지 말아야 한다. 아무도 기도 없이는 하나님의 일을 할 수 없다. 나는 나도 모르는 사이 하나님께 쓰임을 받기 시작한 것이다. 기도를 하도록 걸음을 인도 하셨다는 것은 능력 주시고 하나님께 헌신하도록 예비 되었다는 사실을 깨달아야 한다.

기도하고 은혜 받고 능력까지 받아서 하나님께 쓰임을 받게 되었으니 더 바랄 것이 없다고 할 것이다. 일본 여행길을 통해 형통케 하신 하나님께 감사와 영광을 돌린다.

18. 간증 집회

하나님께서 인류를 창조하시고 매우 기뻐하셨는데 사람들은 하나님을 배반하고 죄 가운데 빠져 비참한 삶을 살게 되었다. 아무리 생각해 보아도 안타까운 일이 아닐 수 없다. 한 가지 잊지 말아야 할 것은 그 누구도 더 이상 하나님을 제대로 섬길 수 없게 되었다는 것이다. 뿐만 아니라 하나님과 교통할 수도 없고 하나님의 사랑도 받을 수 없게 되었다. 하나님은 사람들을 불쌍히 여기시고 구원의 길을 예비하셨는데 그분이 바로 예수 그리스도 이시다.

하나님이 얼마나 인간들을 사랑하시는지 깨달아야 한다. 아무도 하나님의 사랑 없이는 구원 받을 수 없다. 그럼에도 불구하고 사람들은 하나님께 감사할 줄을 모른다. 그만큼 영혼이 죽어 있는 것이다. 죽은 영혼이 소생되지 않으면 하나님과 교통할 수 없다. 많은 사람들은 하나님을 모르고 살면 그만이라고 막무가내다. 내세에 대해서 모르니까 그럴 수도 있겠지만 인생은 현세에서 끝나지 않는다.

지금도 수많은 신자들은 영혼이 거듭나 하나님과 교통하는 삶을 살고 있다. 우리가 이 세상을 떠날 때 육신은 땅에 묻히지만 우리 영혼은 내세에 들어간다. 거듭난 영혼은 하나님 곁으로 가고 거듭나지 못한 영혼은 하나님의 심판대에 서게 된다. 여기에서 우리는 하나님을 모르는 사람들이 사후에 받는 심판이 얼마나 무서운 것인지 상상조차 할 수 없다는 것이다.

그래서 복음을 전하지 않을 수 없다는 것이다. 왜 그렇게 목숨을 걸고 선교를 하느냐고 빈정대기도 하지만 어떻게든 설득해서 건져 주어야 하지 않겠느냐는 것이다.

하나님을 모르는 자들은 아무리 부귀영화를 누린다 해도 일시적으로 맛보는 것일 뿐 허무한 것이다. 하나님은 신자들이 허무한 삶을 살지 않고 하루하루 최선을 다 하도록 도우신다. 다만 영혼이 잘 되는 쪽으로 걸음을 인도하신다. 어떤 사람은 예수 믿고 난 후 사업이 더 부진하여 졌다고 하소연 한다. 그 이유는 간단하다. 영혼이 잘 되게 인도하시기 때문에 세속적인 것들은 하나씩 하나씩 바꾸어 주신다.

여기에서 우리는 신자로 사는 법을 배워야 한다. 하늘나라 백성은 이 세상 사람들과 구별된 삶을 살아야 한다. 사업을 해도 목적과 방법이 세속적이어서는 안된다. 나는 예수님을 믿고 형통한 삶을 살았다. 그 누구도 부럽지 않고 내게 주신 하나님의 분복을 감사하며 누린다. 때를 따라 어려움도 있지만 그 어려움을 통해서 겸손하게도 하시고 또 하나님의 뜻을 깨닫게도 하시기 때문에 항상 감사한다.

하나님께서 왜 신자들에게 복음을 전하라고 하시는지 깨달아야 한다. 지금은 비록 복음 전하기가 힘들지라도 추수 때에 기쁨으로 단을 거둘 것이다. 창원으로 출장 갔을 때의 일이다. 업무를 수행하면서 쉬는 시간이면 복음을 전하곤 했다. 그런데 하루는 개별적으로 복음을 전하기보다 한꺼번에 모아놓고 복음을 전하는 것이 좋겠다는 생각이 들었다. 나는 공장의

윗사람에게 부탁을 했다. 업무가 끝나는 대로 직원들을 한 자리에 모아 주겠다고 약속을 받았다. 곧장 인근 교회로 달려갔다. 담임 목사님을 만나서 자초지종을 얘기했다. 기꺼이 받아들인다.

그날 밤 100여 명의 공장 직원들이 교회에 모였다. 나는 강단에 서서 외쳤다. 특히 감전 사고로 14개월 동안 입원해서 치료 받던 중 하나님을 만난 일 그리고 교회로 나가서 지금까지 예수님을 믿고 살고 있는 일 등을 생생하게 증거 했다. 장내가 숙연했다. 하나님은 은혜 중에 간증을 마치게 하셨다. 하나님의 살아 역사하고 계심을 유감없이 증거 했다.

비록 생소한 복음 이었지만 관심을 끌기에 충분했다. 많은 사람들이 예수 그리스도에 대해 전혀 생각조차 못했는데 간증을 듣고 난 후 정말로 하나님이 계시다는 말인가 하고 고개를 끄덕이기도 하고 긍정하는 분위기가 역력했다.

한 시간이 넘게 열변을 토했지만 지칠 줄을 몰랐다. 과연 성령님께서 인도하시는구나 하는 확신이 넘쳤다. 이때 교회에 나가야 겠다고 벼르는 사람도 있었다고 한다. 후에 들은 이야기 이지만 그 간증집회에 참석했던 사람 중 많은 사람들이 예수 그리스도를 영접 했다는 것이다. 하나님께 감사드린다.

19. 새벽을 깨우리로다

하나님은 참으로 신비한 분이시다. 내가 선교회 사무실을 열자마자 선교회 사무실에서 새벽 기도를 드리도록 인도하셨다. 그동안 압구정동 소망교회에서 새벽 기도를 드려 왔는데 선교회 사무실을 연 후부터는 소망 교회에서 기도를 할 수가 없었다. 기도를 하면 탁탁 막히고 계속 선교회 사무실이 떠 올랐다. 한두 번도 아니고 며칠을 계속해서 그런 현상이 나타난다. 그래서 소망 교회에서 새벽 기도를 드리다가 차를 타고 방배동 선교회 사무실로 달려갔다. 무릎을 꿇고 기도를 시작하자마자 눈물이 비오듯 쏟아지면서 기도가 유창하게 흘러나온다. 아 하나님께서 여기에서 기도를 하게 하시는구나 직감적으로 알 수 있었다. 두 시간 정도 기도를 하고 후련한 마음으로 집으로 돌아왔다.

다음날이 되었다. 하나님께서 타올을 가져가도록 지혜를 주셨다. 어제 기도 시 눈물 콧물을 주체할 수 없어서 힘들었던 것이 생각났다. 선교회 사무실에서 혼자 기도하도록 이끄신다. 깜깜한 새벽에 부르짖는 기도 소리가 쩌렁 쩌렁 울려 퍼진다. 아무도 모르게 하나님의 은밀한 홀로 서게 하시는 역사가 시작된 것이다. 왜 눈물 콧물이 그렇게도 많이 쏟아지는지 손수건으로는 아예 감당할 수 없다. 타올이 흠뻑 젖는다. 하루 이틀이 아니다. 6개월 아니 1년이 넘도록 기도 행진은 그칠 줄 몰랐다. 사탄과의 치열한 싸움이 전개 되었고 급기야는 밤 11시 기도까지 추가 되어 온통 기도로 무장되게 하셨다.

너무 부르짖었는지 목이 쉬었다. 전화 받기가 힘들 정도로 목이 쉬었고 무려 1년 동안 지속된다. 수년 동안 기도로 무장하면서 목회자의 꿈을 키워 나갔다. 한 번은 금식 기도를 하는데 며칠을 굶어도 배고픈 줄을 몰랐고 금식 작정기도가 끝날 때 까지 무사하게 붙들어 주셨다. 가정과 직장과 교회의 3각형을 그리면서 한 걸음 한 걸음 목회자의 길로 접어들었다. 이 무렵 하나님께서는 아무도 모르게 축복을 예비하셨다. 서초동에 부지를 매입하여 단독 주택을 지을 수 있도록 은혜를 베푸셨다.

하나님의 은혜는 여기서 그치지 않았다. 직장에서 해외 출장을 다닐 수 있도록 여건이 주어져서 해외여행을 할 수 있었고 겸해서 해외에서 전도 사역을 받들어 하나님께 영광을 돌릴 수 있었다. 지금도 하나님은 새벽을 깨우신다. 두 세 시간 정도 기도하도록 은혜를 베푸신다. 아무리 생각해 보아도 하나님의 은혜는 측량할 수가 없다. 내 영혼이 은총 입어 날마다 하나님과 교통하게 되었으니 어찌 감사하지 않을 수 있을까마는 영혼이 잘 되니 마냥 기쁘기만 하다. 이 기쁨은 아무나 맛볼 수 없는 좁은 길을 가는 사람만이 느낄 수 있는 신령한 기쁨이다. 하나님은 나에게 누구나 원하기만 하면 다 갈 수 있는 길에서 만나 주셨다. 다시 말하면 나의 새벽을 깨우시고 좁은 문으로 들어가게 하신 것이다. 새벽은 하루를 여는 눈부신 햇살 같다. 어떤 사람은 새벽부터 일을 하고 밤이 되기 전에 마무리 한다. 지혜로운 자다. 오늘도 새벽기도는 이어 진다. 가정과 형제자매들 교회와 국가를 위해 기도한다. 하나님은 수시로 기도의 방향을 바꾸시기도 하고 필요한 기도를 생각나게도 하신다. 기도 시간 내내 성령님의 인도하심을 좇아 기도하면 동창이 밝아온다. 한 가지 알 수 없는 것은 왜 하나님은 쉬지 않고 기도하게 하시는지 그리고 몇 시간을 앉아 있어도 피곤한 줄모르게 하시는지 궁금하기도 하다.

기도는 철저하게 하나님의 인도하심을 따라 진행된다는 사실을 알아야한다. 많은 사람들이 기도를 별 깊은 생각 없이 하기도 하는데 하나님은 기도를 통해 어떤 뜻을 이루시기 때문에 신중에 신중을 기해야 한다. 하나님께서 받으시는 기도는 무엇보다도 사심이 없고 겸손한 마음으로 드리는 기도이다. 기도가 응답되면 마음에 확신이 오고 근심 걱정이 사라진다. 찬송도 나오고 기쁨과 감사가 넘친다. 여기에서 우리는 아무리 기도를 해도 문제가 풀릴 것 같지 않은 경우도 있다는 사실을 알아야 한다. 기도 응답은 반드시 때가 있다. 계속 기도하면서 때를 기다려야 한다. 지속되지 못하는 기도는 상달되지 않는 기도이다.

성경은 "내가 새벽을 깨우리로다"라고 증거하고 있다. 우리의 새벽을 깨우시고 기도하게 하시는 하나님께 감사와 영광을 돌린다.

20. 금식 기도

우리나라 사람들은 기도할 때 성급하게 응답을 기다린다. 어떤 기도는 몇 년 후에 응답 되기도 하는데 기도하고 바로 응답이 없으면 초조해 하고 왜 기도 응답이 없느냐고 조바심을 친다. 성경은 신자들이 기도할 때 믿고 구한 것은 받은 줄로 알라고 가르치고 있다. 많은 사람들은 하나님께서 은혜 베풀어 주실 줄 믿고 은혜를 구한다. 여기에서 우리가 잊지 말아야 할 것은 기도는 값없이 주시는 은혜라는 것이다. 세상 사람들은 공짜가 없다. 그러나 하나님은 기도하면 거저 주신다.

신자들이 꼭 알아야 할 것은 하나님의 세계와 이 세상은 원리가 다르다는 것이다. 이 세상은 강자가 이기지만 하나님의 세계는 온유하고 겸손한 자가 이긴다. 따라서 신자들은 온유와 겸손을 배워야 한다. 그런데 온유와 겸손은 말로 되지 않는다. 하나님께서는 온유와 겸손을 가르치려고 엄청난 연단을 주신다. 마치 순금을 제련 하듯 심령의 불순물을 제거하신다. 병이나 사업의 실패 금식기도 등 다양한 방법으로 깨끗케 하신다.

어떤 사람은 연단을 많이 받고 어떤 사람은 그렇지 않다고 할 텐데 받은 사명과 쓰임에 따라 다르다는 사실을 알아야 한다. 하나님은 기도를 통해 구하는 것을 주시지만 겸해서 온유와 겸손을 함께 주신다는 사실을 알아야 한다. 누구든지 온유하고 겸손해지고 싶을 것이다. 그러나 많은 대가를 치루지 않으면 겸손해 질 수 없다. 혈기를 부리는 사람은 그 혈기를 제거하기 까지 계속 연단을 받아야 한다. 그래서 하나님의 연단은 축복이라는 것이다.

나는 기도 생활을 하면서 한 가지 비밀을 깨달았다. 이상하게도 금식기도를 하면 신속하게 응답이 주어진다는 것이다. 그래서 어려운 문제에 부딪치거나 급할 때면 금식 기도를 하곤 했다. 5일이나 10일 15일등 기도 제목에 따라 적당히 기간을 정했는데 하나님께서는 며칠쯤 기도하면 좋겠다는 생각을 갖도록 인도하셨다. 금식 기도를 통해 많은 응답을 받고 심령이 온유하고 겸손해지는 축복도 받았다.

어떤 사람은 40일 금식 기도를 하기도 한다. 생명을 건 기도라고 할 수 있는데 아무리 기도가 좋아도 함부로 작정해서는 안 된다. 금식 기도할 때 주의 할 점은 특별히 신경을 써야 할 것들이 있다. 무엇보다도 세상일에 신경을 쓰지 않도록 정리를 해야 하고 안정된 마음으로 기도에 집중 할 수 있도록 배려해야 한다. 또한 외부와 접촉을 한다든가 전화 연락 등을 삼가 해야 한다. 그밖에도 이해관계가 얽힌 것들을 신경 쓰지 않도록 조치해야 한다. 그래서 금식 기도에 온 정성을 기울이도록 노력해야 한다. 그리고 금식 기도 중 염분을 보충 해 줄 필요가 있을 때는 소금을 적당히 섭취하도록 하고 가능하면 동치미 국물을 마시면 좋다. 나이 드신 분들의 금식 기도는 가급적 삼가 해야 한다.

금식이 끝나면 금식 기간만큼 죽을 먹도록 하여 위장을 보호해 주어야 한다. 대부분의 금식 기도는 금식이 끝날 때 응답을 받는 경우가 많은데 사람에 따라 다르지만 금식이 성공하면 마음에 확신이 오고 찬송이 터져 나오기도 한다. 실패할 경우에는 하나님이 어떤 방법으로든 기뻐하지 않는다는 신호를 보낸다. 나는 금식 기도가 실패할 경우 주로 꿈에 금식이 지속되지 못함을 보여 주곤 했다. 금식 기도야말로 기도 중의 기도라고 할 만큼 중요한 기도인데 그만큼 힘들기 때문에 지혜롭게 활용하는 편이 좋을 것이다.

아무도 해결하지 못하는 일들이 기도로 해결된다는 사실을 알아야 한다. 전능하신 하나님께서 간단하게 해결하실 때가 많다. 하물며 금식 기도는 시작만 해도 응답이 주어져 먼저 응답을 받고 기도하기도 한다. 사람은 영혼과 육체로 결합되어 있기 때문에 영혼이 기도할 때 육체가 따라 주어야 한다.

금식하면 육체에 힘이 주어지지 않는다. 따라서 육체는 쉬고 영혼이 왕성히 활동을 하게 되는 셈이다. 그래서 영혼을 거스르는 육체의 활동을 잠재우고 영혼이 집중적으로 기도하기 때문에 응답이 잘 온다는 논리가 성립된다. 한 사람도 예외 없이 신자들은 기도를 한다. 또 기도를 오래하는 사람도 있고 짧게 하는 사람도 있는데 성령님께서 인도하시기 나름이다. 나는 새벽기도를 드릴 때 거의 대부분 기도가 끝나게 되면 하늘에 계신 우리 아버지여 하고 주기도문이 흘러나온다. 감사함으로 기도를 마친다.

21. 제사

　하나님은 사랑하시는 자녀들이 세상에 사는 동안 어려움 당하지 않고 행복하게 살기를 원하신다. 그러나 세상은 만만치가 않다. 많은 사람들이 행복을 쫓다가 일생을 보낸다. 그래도 물밀듯이 행복을 찾는 대열은 그치지 않는다. 행복을 찾기가 쉽지 않다. 그렇다고 행복을 포기할 수도 없다. 행복하려면 조건들을 갖추어야 한다고 이구동성으로 말한다. 옛날에는 돈을 앞세웠다. 건강도 중요하고 장수도 손 꼽혔다. 행복의 조건은 끝이 없다. 아마 지금 같으면 그런 외적 여건보다 스스로 만족하는 것이 행복이라고 할 것이다. 그런데 하나님은 모든 것을 충족시켜 주실 수 있는 분이시다. 따라서 행복의 조건을 구비하려고 몸부림 칠 것이 아니라 하나님을 차지하면 간단히 문제가 해결된다는 것이다.

　나는 예수님을 영접한 뒤 기쁨과 감사가 충만 했다. 그런데 한 가지 풀리지 않는 문제가 있었다. 바로 제사 문제였다. 우리 집은 장손 집안이어서 수시로 제사를 지냈다. 교회에서는 제사를 지낼 필요가 없다고 하고 집안에서는 제사를 지내야 한다고 한다. 성경은 분명히 가르치고 있다. 세상 사람들이 제사하는 것은 귀신에게 하는 것이요 하시면서 나는 너희가 귀신과 교제하는 것을 원치 아니 하신다고 밝히고 있다.

　나는 제사를 지내지 않기로 결심했다. 제사 모임에 아예 참석하지 않았다. 형제자매들의 눈총이 싸늘하다. 왕래가 끊겼다. 그래도 제사만은 참석

할 수 없었다. 예수를 잘 못 믿는다고 아우성이다. 그러던 어느 날 큰 형이 위암에 걸렸다고 연락이 왔다. 왕래가 끊겼지만 용기를 내서 병원을 찾았다. 쳐다 도 보질 않는다. 침묵이 흘렀다. 한참을 지난 후 나는 하나님은 형님을 사랑하십니다. 하고 발걸음을 돌렸다. 1년이 지났다. 차츰 임종이 가까워지자 큰 형이 심경의 변화를 이르키는 듯 했다. 나는 때가 왔구나라고 생각하고 찾아 갔다. 반갑게 맞이해 준다. 같이 예배를 드리는데 성령이 충만하게 역사하신다. 예수 그리스도를 증거하니 받아들인다. 아마 1년 동안 여러 모양으로 생각을 해 본 것 같다. 예수를 믿겠다는 고백을 받고 돌아 왔다. 다음날 새벽 기도를 마치고 집에 오니 큰 형이 별세했다고 기별이 와 있다. 조금 더 일찍 복음을 전하지 못한 것이 안타깝다. 손 위 형이 없다 보니 내가 장남이 되었다. 제사 날이 다가 왔다. 제사 대신 추도 예배를 인도했다. 몇 번 추도 예배를 드리다가 곰곰이 생각해 보았다. 생각 끝에 추도 예배까지도 별 의미가 없다고 판단했다. 가족회의를 열었다. 모두가 추도 예배를 드려야 한다고 주장했다. 그래서 사람이 죽고 나면 제사나 추도 예배나 아무 의미가 없다고 설득을 했다. 그랬더니 제삿날 모여서 추도 예배라도 드려야 서로 사랑하고 형제 우애도 할 수 있지 않느냐고 주장을 굽히지 않는다.

이 때 하나님께서 지혜를 주신다. 그렇다면 추도 예배를 드릴 것이 아니라 형제 자매들이 모여 사랑하고 우애하는 날로 정하자고 제의했다. 그 대신 제사가 너무 많으니 부모 기일만 생각하자고 하였다. 하나님은 우리 가문에 은혜를 베푸셔서 1년에 두 번 부모 기일에 즈음하여 식당에서 모여 사랑의 교제를 나누게 하셨다. 식당에서 모이니까 음식을 준비할 필요도 없고 모이는 날도 굳이 기일을 고수하지 않고 기일 전후해서 적당한 날을 잡아 형제 우애를 돈독히 해 나간다.

지금도 제사 문제로 하나님을 온전히 믿지 못하는 사람들이 상당히 있는데 매우 안타까운 일이다. 사탄은 갖가지 방법으로 수작을 부린다. 신자들은 모름지기 하나님만 섬길 수 있어야 한다. 우상을 숭배하는 것은 영적인 간음이다. 조상 제사는 하나님도 섬기고 조상도 섬긴다는 논리인데 성경은 제사를 금하고 있다. 왜 제사를 지내려고 하는지 이유는 간단하다. 조상을 잘 섬겨 복을 받자는 것이다. 하나님께서 주시는 복만으로는 만족하지 못한다는 것 같은데 하나님은 이런 사람들에게 복을 주시지 않는다.

결국 하나님을 섬긴다고 하면서 제사를 지내는 사람은 가라지 신자 일 수밖에 없다. 하나님은 종말 때 알곡 신자들만을 천국 창고에 들이신다는 사실을 알아야 한다. 많은 사람들이 예수를 믿되 적당히 믿자고 하는데 하나님은 그런 사람들은 필요 없다고 하신다. 여기에서 우리는 온전한 믿음 없이는 구원도 없고 아무 복도 기대할 수 없다는 사실을 잊지 말아야 한다.

22. 천호동 교회

　하나님은 인간들에게 각양 은혜를 베푸시는데 특별히 교회를 섬기면서 하나님과 교통 할 수 있는 은혜를 베푸셨다. 교회는 하나님이 인간들에게 제정하신 두 번째 기관이다. 먼저 가정을 세워 주시고 다음으로 교회를 주셨다. 그럼에도 불구하고 사람들은 가정만 중시하고 교회는 있어도 그만이고 없어도 그만 이라고 생각한다. 가정은 육체를 위하고 교회는 영혼을 위해 반드시 필요하다.

　하나님은 인간을 영혼과 육체가 결합된 존재로 창조하셨다. 여기에서 우리는 그 누구도 하나님을 떠나 존재할 수 없다는 사실을 알아야 한다. 하나님은 우주 만물을 주관하신다. 우주 만물의 중심에 인간이 서 있다. 그런 인간이 영혼을 주관하는 교회를 등한히 한다면 이는 분명 잘못된 것이다. 하나님은 아무도 모르게 인류 역사를 이끌어 가신다. 왜 하나님이 나타나셔서 직접 다스리시면 간단하지 않겠느냐고 할 것이다. 여기에 하나님의 깊은 비밀이 있다는 사실을 알아야 한다.

　하나님은 영이시기 때문에 눈으로 볼 수 없다. 그래서 인간을 창조 하실 때 영혼을 가진 존재로 창조하셨다. 인간은 하나님과 교통할 수 있는 영혼을 가진 존재이다. 그런데 인간이 범죄 함으로 하나님과 교통할 수 없게 되었다. 죄악이 하나님과 인간 사이를 가로 막고 있기 때문이다. 그래서 하나님은 예수 그리스도를 보내셔서 가로 놓인 죄의 담을 허셨다. 이제 예수 그리스도를 믿는 사람은 그 영혼이 거듭나서 하나님과 교통 할 수 있게 되었다.

어느 날 한통의 전화가 걸려왔다. 지금 천호동 교회에 담임 목사가 문제가 생겨 말씀을 증거하지 못하니 오늘 당장 가서 예배를 인도 하라는 것이다. 지체 없이 달려갔다. 예배가 끝난 뒤 교회 사모님이 입을 연다. 교회에서 하계 수련회를 떠났는데 수련회 도중 여중생 하나가 물에 빠져 숨지는 사고가 발생했다는 것이다. 그로 인해 담임 목사는 구속되고 교회는 갈피를 잡지 못하게 되었다는 것이다. 왜 하나님이 이런 시련을 주셨을까 곰곰이 생각해 보았다. 하나님은 교회의 머리이시다. 교회에서 일어나는 모든 일을 모르시는 것이 하나도 없다. 그러면 무사히 수련회를 마치고 돌아오게 하시지 않고 왜 그런 사고가 나게 하셨는지 궁금하다. 하나님은 인간의 생사화복을 주장하신다. 따라서 하나님의 허락 없이는 있을 수 없는 일이 벌어진 것이다.

하나님은 인간들이 미처 생각하지 못하는 것들을 감찰하시고 걸음을 인도하시기도 한다. 여기에서 우리는 교회의 모든 행사가 다 하나님의 뜻이라고 판단해서는 안된다는 것이다. 하나님이 묵묵히 넘어가 주시기도 하지만 필요할 때는 반드시 짚고 넘어 가신다는 사실을 알아야 한다. 교회는 하나님을 사랑하는 자들이 모여 예배와 영광을 돌리는 기관이다. 아무도 교회에 대해 왈가왈부해서는 안 된다. 지금 교회에 뜻밖의 사건이 발생했다고 해도 거기에는 그만한 뜻이 있지 않겠느냐는 것이다. 하나님이 생각하시는 것과 인간의 생각은 다를 수 있다는 사실을 잊지 말아야 한다.

한 생명이 세상을 떠나고 담임 목사가 구속 되었다는 것은 엄청난 일이다. 하나님은 이 일을 통해서 우리가 알 수 없는 어떤 뜻을 이루셨음이 분명하다. 1년 후 담임 목사가 형기를 마치고 돌아왔다 우리는 반갑게 맞이했고 나는 교회에서 1년 동안 예배를 인도하게 하신 하나님께 감사하며 총총히 발걸음을 돌렸다.

23. 부장 승진

하나님은 인간들에게 여러 모양으로 은혜를 베푸신다. 단조롭지 않고 다양하게 은혜를 베푸신다는 것이다. 한 가지 잊지 말아야 할 것은 아무도 하나님께서 하시는 일들을 측량할 수 없다는 것이다. 만약 사람들이 미래를 안다면 큰 혼란에 빠질 것이다. 그래서 하나님은 미래를 감추시고 인류 역사를 이끌어 가신다. 사람들은 한 치 앞을 모른다고 하면서 하나님이 인도하시는 대로 따라 간다. 여기에서 우리는 왜 하나님을 믿어야 하는지 그 이유를 발견할 수 있다. 하나님을 믿지 않으면 금방 무슨 일이 터질지 불안해서 견딜 수 없을 것이다.

그럼에도 불구하고 사람들은 하나님을 믿지 않으려고 한다. 그 이유는 간단하다. 하나님이 없다고 생각하기 때문이다. 사실 하나님이 계시다고 생각하는 사람은 죄에서 멀어질 수 밖에 없다. 그런데 사람들은 죄를 좋아하지 않으면서도 죄를 떠나려고 하지 않는다. 여기에 문제가 있는 것이다. 그러나 엄밀히 살펴보면 해결점이 없는 것도 아니다. 성경은 욕심이 잉태한즉 죄를 낳고 죄가 장성하면 사망을 낳는다고 증거하고 있다. 사람들이 죄를 떠나지 못하는 것은 욕심 때문이다. 겸손한 마음으로 자기 분복만 누리면 되는데 이를 넘어 서기 때문이다.

하나님은 사람들이 죄 가운데 빠져 방황하는 것을 매우 안타깝게 생각하신다. 죄는 인류와 함께 시작되어 오늘에 이르렀다. 인류 역사상 죄가 없었던 때는 없었다. 그만큼 인류는 죄와 불가분리의 관계에 놓여 있다. 하나님은 신자들이 죄악 된 세상에서 어떻게 살아야 하는지 성경을 통해 가르치고 있다. 그래서 성경을 모르면 죄를 지을 수밖에 없다. 신자들도 세상에서 생존 경쟁을 벌이고 있다. 다만 하나님의 도우심을 받아 경쟁하는 것이 다르다고 할 수 있다. 부장 승진할 때가 다가왔다. 마침 교회에서 부흥회가 열렸는데 기도하라고 강조하신다. 신자들은 무슨 일이든지 하나님께 기도하면 전능하신 하나님이 응답해 주신다는 말씀이 마음에 와 닿는다. 기도만 하면 된다고 생각하니 더 이상 기쁠 수가 없었다. 부장 승진이 얼마나 어려운데 기도만 하면 된다니 나는 뛸 듯이 기뻤다.

40일 작정 새벽기도를 택했다. 그렇지 않아도 이런 저런 일로 기도를 해 오고 있었는데 승진 기도까지 겸하게 되니 기도에 불이 붙었다. 온 정성을 기울여 승진되게 해 주시면 하나님께 영광 돌리겠다고 부르짖었다. 얼마 후 직장에서 승진 발표가 있었다. 잔뜩 기대를 가지고 귀를 기울였다. 그러나 승진자 명단에 내 이름은 없었다. 허탈한 마음으로 퇴근 했다. 기도가 부족했나 보다 생각하고 더욱 기도에 박차를 가했다. 여러 번 작정 기도를 드렸지만 승진자 명단에 오르지 못했다.

연중 새벽기도를 드리기로 결심했다. 1년을 새벽 기도를 드려도 감감 무소식이다. 그럼에도 불구하고 금방이라도 응답이 올 것만 같다. 또다시 1년이 지났다. 하나님은 분명히 내 기도를 들으시는데 무엇 때문에 안 들어 주실까 별별 생각을 다 해본다. 3년이 다 되어 간다. 이제는 새벽 기도가 일상이 되어 버렸다. 3년을 한결같이 기도하게 하신 하나님께서 드디어 기쁜 소식을 들려주신다. 출장길에 있었는데 승진의 기쁜 소식을 듣게 하신 것이다.

하나님은 참으로 신비한 분이시다. 내게 필요한 것이 무엇인지를 다 아시고 그것을 구하게 하시고 겸해서 다른 것들까지 얻게 하신다는 것이다. 내가 3년간 부장 승진을 위해 기도하게 하심으로 기도의 사람이 되게 하셨고 비록 부장 승진이 늦어졌다 해도 다른 모든 일들이 모두 형통하게 하셨다는 것이다.

하나님은 신자들이 어떤 생각을 가지고 있고 어떤 형편에 처해 있는지 다 아신다. 아무리 몸부림을 쳐도 하나님의 허락 없이는 열매가 주어지지 않는다. 하나님은 걸음을 인도하실 때 모든 것들을 관련시켜 동시에 필요한 것들이 이루어지게 하시고 영광을 받으신다. 부장 승진을 위한 기도 3년 동안은 나를 온전히 기도하는 사람으로 바꾸셨고 하나님만 의지하는 사람으로 변화되게 하셨다. 그래서 단기간에 굳건한 믿음의 사람이 되었는데 하나님께서는 이 과정을 통하여 나의 삶의 방향을 바꾸기 시작한 것이었다.

후에 목사가 되기로 결심한 가장 큰 이유가 바로 승진 기도 때문이었다는 사실이다. 기도에 몰두하다 보니 이럴 바에는 차라리 목사가 되는 것이 낫겠다는 판단을 했던 것이다. 하나님의 부르심에 감사할 따름이다.

24. 뇌물

사람을 자세히 살펴보면 한 편은 뭔가 주는 편이고 또한 편은 받는 편이라고 할 수 있다. 여기에서 우리는 어느 편이든 상관없이 피차 아무 문제 없이 주고받기 때문에 인간사는 자연스럽게 이어져 가고 있다. 그런데 주고받는 과정에 문제가 있을 경우 사람들은 비로소 어떤 문제 해결의 기준이 필요하다는 생각을 하게 된다. 많은 사람들은 이 기준을 공적으로 인정하고 어기면 제재를 가하도록 해서 사회질서를 유지해 나간다.

오늘날의 법은 이렇게 만들어졌다. 아무도 법을 위반하면 처벌을 받는다. 그런데 법을 어기는 사람들은 사사로이 유익을 취하기 때문에 어긴 만큼 손해를 보게 해 줘야 하는데 교묘한 방법으로 피해 나가기 때문에 날이 갈수록 법이 세분화 되고 있는 실정이다. 한 번은 법을 어긴 사람이 오히려 큰 소리를 치는데 이유는 간단하다. 법대로 하려면 비용이 오히려 더 크기 때문에 손을 쓸 수가 없다는 것이다. 그래서 인간사는 간단하지가 않다. 법대로 하기보다. 편법을 쓰는 것이 유익일 때가 있다. 또 그렇게 해서 넘어 가기도 한다. 여기에서 하나님은 타락한 인간이 어쩔 수 없는 처지에 있음을 다 아시고 걸음을 인도하신다.

뇌물이 통하는 세상이 되고 말았는데 하나님은 세상이 온통 타락했어도 신자들만큼은 법을 지켜 나가기를 원하고 계신다는 사실을 알아야 한다. 편법을 쓰면 안 될일도 되고 그래서 어떤 유익을 얻게 되지만 실상은 얻을 것을 얻은 것뿐이라는 것이다. 아무도 편법을 좋아하지 않을 것 같아도 필요한 사람이 있기에 존재 한다는 사실을 알아야 한다. 신자들도 편법을 쓰기도 한다.

아무리 세상이 깨끗하다 해도 인간이 타락한 이상 편법은 존재할 수밖에 없다. 그래서 생존경쟁에서 낙오된 자들은 편법을 써서 만회하기도 한다. 물론 편법만으로 세상을 살 수는 없을 것이다. 편법이 얼마나 횡행하느냐에 따라 사회 정화 척도가 달라진다고 할 수 있다. 그럼에도 불구하고 갖가지 법이나 제도를 만들어서 편법이 발을 붙이지 못하도록 힘쓴다. 하나님은 적어도 신자들만큼은 편법을 쓰지 말라고 하신다. 필요한대로 구하면 주시겠다는 것이다.

여기에서 우리는 하나님의 은혜에 감사하지 않을 수 없다. 세상은 편법을 써야 앞서 갈 수 있다고 생각하는데 신자는 기도만 하면 된다는 것이다. 나는 한국전력공사에 다닐 때 부장 승진을 하려고 심혈을 기울였는데 뾰족한 방법이 없었다. 초조하게 하루하루 흘렀다. 그런데 교회 부흥회를 인도하는 목사님이 신자들은 무엇이든지 필요하면 하나님께 구하면 된다고 기도하라고 강조한다. 어찌나 그 말씀이 마음에 와 닿는지 기도만 하면 된다니 더 이상 염려할 필요가 없다는 생각이 마음을 온통 뒤흔들어 놓는다.

지체 없이 기도를 시작 했다. 한동안 기도를 드리는데 살며시 한 생각이 자리를 잡는다. 부장 승진이 되면 도와준 사람들에게 감사를 해야 하는데 이왕이면 교회에 헌금을 하면 교회도 좋고 나도 좋겠다는 생각이 들었다. 참으로 어처구니가 없는 생각이지만 신앙이 깊지 못한 나는 헌금의 의미를 제대로 깨닫지 못하고 어리석은 기도를 드리기에 이르렀다. 하나님 아버지 부장 승진할 때가 되었는데 제가 부장으로 승진하게 되면 교회에 700만 원을 헌금 하겠으니 부장으로 승진되게 하여 주옵소서. 하나님이 전지전능하시니까 구하기만 하면 승진이 될 줄로 여겼는데 왜 하나님 앞에 헌금을 하겠다고 했는지 지금 생각해 보면 참으로 어리석기 짝이 없다.

하나님은 신자들의 기도를 응답하실 때 거저 주시고 다만 감사로 하나님께 영광을 돌리도록 은혜를 베푸신다. 많은 사람들이 하나님의 이러한 사랑을 깨닫지 못하고 하나님을 사업 대상으로 잘못 생각하고 투자하는 경향이 있다. 헌금은 철저히 금액의 다소를 막론하고 자원하는 마음과 감사하는 마음으로 드려야 한다. 하나님은 뇌물을 받지 않으신다. 하나님을 상대로 투자하는 사람은 하나님을 욕되게 하는 것이라는 사실을 알아야 한다.

아무도 하나님 앞에 바로 서지 못하면 하나님을 하나님 되게 섬기지 못한다. 그래서 하나님을 알아야 한다. 하나님은 신자들이 하나님을 제대로 알지 못하고 인간적인 생각으로 나올 때 안타깝게 여기신다. 아무리 많은 것을 드려도 그것이 성령의 인도하심이 아니면 하나님은 받지 않으신다. 많은 사람들이 하나님 앞에 많이 드리면 많이 받을 줄로 착각한다. 물론 심는 대로 거두게 하시지만 하나님의 세계는 인간의 머리로 측량할 수 없다. 그래서 신자들은 겸손하지 않으면 안 된다. 하늘나라는 이 세상과 차원이 다르기 때문에 신자들은 철저히 성령의 인도하심을 따라야 한다.

내가 어떤 생각을 가지고 헌신하느냐에 따라 하늘나라 보화가 좌우된다는 사실을 알아야 한다. 단도직입적으로 말하면 하나님의 영광을 위하는 것이 아니면 어떠한 희생도 소용이 없다는 것이다. 여기에서 우리는 아무도 모르게 오른손이 하는 일을 왼손이 모르게 헌신하면 하나님께서 받으시고 보응하신다는 사실을 잊지 말아야 한다. 성령으로 인도하심을 따르는 자들은 은밀히 행하고 자랑하지 아니한다. 하물며 뇌물을 주거나 받는 일은 하나님께서 싫어하시는 일이기 때문에 신자들은 각별히 유의해야 한다.

사람들은 하나님을 섬길 때 겸손한 마음으로 섬겨야 한다는 사실을 알고 있지만 나도 모르는 사이에 겸손과 거리가 먼 생각을 가지고 따르기도 한다. 하나님을 제대로 섬기려면 겸손이 온전히 사로잡도록 자신을 맡기지 않으면 안 된다. 왜 사람들이 겸손해지지 못하는지 그 이유는 간단하다. 겸손은 자신을 부정하는 것이기 때문에 남을 나보다 낮게 여기는 마음을 갖지 않으면 안 된다. 아무도 하나님의 도움을 받지 않고서는 겸손해질 수 없다.

뇌물은 편법을 써서 이기려고 하는 것이기 때문에 하나님께서 반대 하신다. 그러나 믿음이 없는 사람은 하나님의 인도하심을 온전히 따르지 못하고 편법을 택하는 경우가 많다. 이러한 경우 불필요한 비용과 수고가 따르기 때문에 신자들은 믿음으로 인내하며 기다릴 줄 알아야 한다. 아무리 힘들어도 하나님의 방법을 따르지 않는 사람은 진정한 승리를 얻을 수 없다. 겸손한 사람은 하나님이 인도하실 때까지 참고 기도하면서 마지막 주어지는 알곡을 쟁취한다.

25. 한신 교회

직장에서 부장으로 승진된 나는 신제천 전력소 소장으로 발령을 받았다. 교회 담임 목사님에게 제천으로 발령 받아 가게 되었다고 이야기를 하였다. 목사님은 서슴없이 제천에 있는 한신 교회로 나가라고 한다. 한신 교회로 찾아갔다. 조그마한 교회인데 교인이 셋뿐이다. 지금까지 큰 교회에서 신앙생활을 해 온 나는 너무나 어처구니가 없었다. 가만히 기도 하면서 생각해 보았다. 묘안이 떠오르지 않는다. 그렇다고 가만히 있을 수도 없었다. 같이 전도하러 나가자고 목사님을 이끌었다. 말없이 따라온다. 몇몇 주택가를 방문 했으나 문조차 열어 주지 않는다. 온종일 헛수고를 하고 돌아왔다.

목사님과 나는 머리를 맞대고 대책을 논의했다. 먼저 새벽 기도를 드리자고 뜻을 모았다. 지금까지는 새벽기도가 없었는데 교회는 2층에 있고 1층은 여관 이어서 새벽기도를 드리면 시끄럽다고 1층에서 쫓아 올라 온다는 것이다. 그래서 목사 사모님은 기도할 때 장농 속에 들어가서 기도 하곤 했다고 한다.

어쨌든 새벽 기도를 드리기로 결심하고 실행에 들어갔다. 하나님만 믿고 기도하기로 한 것이다. 기도 소리가 우렁차게 울려 퍼진다. 아니나 다를까 아래층에서 올라와 누구 망하는 꼴 볼려고 하느냐고 아우성이다. 아무 대꾸도 하지 않고 다음날도 새벽 기도를 드렸다. 그리고 다음날도 또 다음날도 기도는 끊이지 않았다. 얼마 동안 기도가 지속 되었는데 이상하게도 아래층이 잠잠하다. 알고 보니 여관이 다른 곳으로 이사를 갔던 것이다. 하나님이 새벽 기도를 드리도록 손을 들어 준 것이다. 힘을 얻은 우리는 계속 기도 하면서 이 모양 저 모양으로 복음을 전했다.

하나 둘씩 모이기 시작했다. 참으로 놀라운 일이 벌어졌다. 전혀 알지 못하는 사람이 교회에 나온 것이다. 새벽기도가 은혜가 된다는 소문이 퍼진 것이다. 대여섯 명이 모여 뜨겁게 기도 했다. 하나님은 우리들의 기도를 외면하지 않으셨다. 그 결과 교회는 점점 부흥되어 어느새 10여 명으로 성장했다. 담임 목사님은 전격적으로 교회 이전을 단행한다. 역전 부근에 교회가 있었는데 시내 중심가로 옮기자는 것이다. 모두가 대찬성하고 하나님께 기도 드렸다. 하나님은 좋은 위치에 2층 상가를 예비하셨다. 교인들이 손수 내부 공사도 하고 깔끔히 청소도 하였다. 새롭게 단장하고 하나님께 감사 예배를 드렸다.

얼마나 교회가 사랑스러운지 시내에 나오면 일부러 교회에 들려서 잠깐씩 기도 하곤 했다. 그럭저럭 성도 수가 20여 명이 넘어선다. 성가대도 구성했다. 부흥 강사를 청빙해서 교회 부흥회도 열었다. 믿고 따르는 자의 수가 끊임없이 더하게 하신다. 교회가 부흥되게 해 달라고 새벽마다 눈물로 기도했다. 심지어 서울에서 제천까지 질풍 같이 달려가 새벽기도를 드리기도 하였다. 40여 명이 모였다. 하나님은 성도들이 서로 뜨겁게 사랑하게 하셨다.

하나님을 모르고 살 때는 세속적인 일이 전부였지만 이제는 하나님도 알아야 하고 세상일도 해야 되기 때문에 보다 더 부지런 하지 않으면 안 되었다. 한 가지 이상한 것은 하나님을 가까이 할수록 더욱 생동감이 넘치고 세상일도 열심히 하게 된다는 것이다. 세상 일이 바로 하나님께서 맡겨 주신 일이라는 사실을 깨달았기 때문이다. 다만 하나님께서 맡겨 주시지 않은 일은 거부감이 생겨 피해 갈 수 있도록 하시고 죄 가운데 빠지지 않도록 지켜 주심을 깨닫게 하신다.

여기에서 우리는 신자들이 죄를 짓지 않도록 인도하시는 하나님께 감사 드려야 한다. 반면에 성실한 신자들의 삶을 통해 형통케 하시는 복을 받아 누리게 하신다는 사실을 잊지 말아야 한다. 그런 의미에서 교회는 성도들을 바른 길로 인도하는 사명을 가진 기관이라는 사실을 알아야 한다. 교회는 아무도 모르게 하나님의 뜻을 이루어 가기도 하며 세상에 많은 사람들이 갈 길을 찾아 방황하지 않도록 길을 인도하기도 한다.

한신 교회가 비록 규모가 작을지라도 한 생명을 천하보다 귀히 여기시는 하나님께서 한 사람 한 사람을 소중히 여기시고 은혜 가운데 붙들어 주셨다. 지금도 그때 일을 생각하면 가슴이 뛴다. 3년 동안을 수개월 같이 느끼도록 헌신하게 하신 하나님께 감사와 영광을 돌린다.

26. 이 산지를 내게 주소서

하나님은 인간이 어떻게 살아야 할지 성경을 통해 가르쳐 주고 있다. 여기에서 우리는 왜 하나님이 인간에게 이래라 저래라 하시는지 알아 둘 필요가 있다. 인간은 하나님의 형상을 닮은 존재이다. 다시 말하면 하나님의 자녀라는 것이다. 따라서 부모가 자녀에게 이래라 저래라 하는 것은 지극히 당연한 일이다. 그래서 신자들은 하나님을 아버지라 부르며 따른다. 이 진리를 모르고 나는 내 마음대로 살 테니 상관하지 마시오 한다면 되겠는지 생각 해 보아야 한다. 자식이 부모를 떠나 방황할 때 부모는 회개하고 돌아오라고 부르지 않겠느냐는 것이다. 하나님은 영이시다. 그리고 인간은 영혼과 육체를 가진 존재이다. 하나님과 인간은 영적인 자녀 관계에 있다. 아무리 부인을 해도 부자 관계가 소멸 되는 것은 아니다. 하나님은 인간들을 새롭게 하시고 영광을 받으신다. 그 어떠한 댓가를 지불해도 천국행 열차의 티켓은 살 수 없다. 다만 예수 그리스도를 믿는 믿음으로 천국행 열차에 오를 수 있다.

나는 3년간의 기도 끝에 부장으로 승진되어 신제천 전력소 소장으로 부임했다. 직원들이 반갑게 맞이 해 준다. 관사에 여장을 풀고 한신 교회를 찾았다. 그리 멀지 않은 거리에 위치해 있었다. 다음날 취임식을 가졌고 사업장 개요도 파악했다. 103명의 직원을 거느리게 되었다. 단신 부임했기 때문에 혼자 생활을 하면서 비교적 시간적 여유가 있었다. 밤에 조용히 기도했다. 직장을 위해서 두고 온 가정을 위해서 그리고 교회를 위해서 기도했다.

하나님은 계속해서 새벽 기도를 드리도록 인도 하셨다. 어떻게 해야 교회가 부흥 될 수 있을지 신경이 쓰인다. 지난번 주택가 전도를 나갔을 때 문을 열어 주지 않았던 생각이 머리를 스친다. 어떻게든 만나야 복음을 전하든지 할 텐데 하고 생각하는데 103명의 부하 직원이 떠올랐다. 나는 간절히 기도하면서 골똘히 생각에 잠겼다. 하나님이 지혜를 주신다. 직원들 가정을 방문하면 회사도 좋고 복음도 전할 수 있겠다는 생각이 들었다.

생일 축하 방문을 택했다. 월별로 전 직원의 생일을 파악했다. 조그마한 선물을 들고 차례로 직원 가정을 방문했다. 먼저 생일을 축하하고 자연스럽게 기도하고 복음을 전했다. 분위기가 어색하지 않고 오히려 감동을 받는 자들이 상당히 많았다. 생일 축하 방문은 매우 환영을 받은 유익한 방문이 되었다. 누가 생일날 축복 기도를 해줄 수 있겠는지 또 생소해도 복음을 듣고 같이 구원 받아 천국에 가자고 권하는 말을 거부하는 자가 있겠는지 생각해 볼 일이다.

여기에서 우리는 왜 하나님께서 이렇게 복음을 듣게 하시는지 깨달아야 한다. 다만 아무도 사업소장을 통해 복음을 들으리라고 예측하지 못했다는 것이다. 전적으로 하나님의 일방적인 은혜라는 사실을 알아야 한다. 공중에 나는 참새 한 마리도 하나님의 허락 없이는 떨어지지 않는다고 성경은 증거하고 있다. 이 세상에 우연이 없다. 우리의 만남은 하나님의 철저한 계획 속에 이루어진 것이다.

나는 하나님의 인도하심을 믿어 의심치 않는다. 그래서 담대하게 복음을 전할 수 있었다. 하나님은 나를 통해 많은 사람들이 구원의 기쁜 소식을 듣고 돌아오도록 역사하셨다. 하나님을 모르는 사람들은 아무리 좋은 복음을 들어도 그것이 자기에게 유익이 되는 줄 깨닫지 못한다. 여기에 문제가 있는 것이다. 우리들은 내게 유익이 된다고 판단되면 받아들이지만 그렇지 않고 손해가 된다고 생각되면 외면한다.

지금 예수 그리스도를 믿지 않는 사람들은 예수를 믿으면 손해가 된다고 생각하기 때문에 믿지 않는다는 것이다. 그래서 하나님께서는 복음을 전할 때 선물을 주게도 하신다. 그러나 불신자들은 그것을 낚시밥으로 여길 뿐 성의를 받아들이지 않는다. 따라서 복음 전도는 사람의 힘으로는 불가능하다. 마음 문이 열려야 하는데 마음 문을 여는 키가 바로 기도라는 것이다. 그래서 나는 틈나는 대로 하나님께 기도한다. 아무리 완고한 사람이라 할지라도 하나님께서 마음문을 여시면 복음을 받아들인다. 이 진리를 깨닫지 못하면 복음을 전할 수가 없다. 기도 없는 복음 전도는 계란으로 바위 치는 것과 같다. 사탄은 집요하게 신자들의 기도를 가로 막는다. 아무도 뼈를 끊는 기도 없이는 복음 사역을 감당할 수 없다.

멈춰 섰던 한신 교회가 성장할 수 있었던 것은 새벽 기도등 기도 때문이었다는 사실을 알아야 한다. 시내 중심가로 옮긴 한신교회는 기도에 박차를 가했다. 교회 부흥을 위해 눈물로 기도했다. 교회는 간절히 기도했고 나는 생일자 방문 등을 통해 힘써 복음을 전했다. 얼마지 않아 교회는 갑절로 부흥 되었고 활기가 넘치게 되었다.

나는 전하고 기도해 찬송하면서 날마다 복음 전도에 힘을 쏟았다. 낮에는 근무하고 저녁에는 복음을 전하며 하루하루 이어간다. 이 무렵 한 가지 기쁜 소식이 들려왔다. 직원 한명이 지난밤에 절도 혐의로 경찰서에 잡혀 갔다는 것이다. 내용을 들은 즉 세탁기를 훔쳐 손수레에 싣고 나오던 중 붙잡혔다는 것이다. 참으로 어처구니가 없었지만 사실이었다. 조용히 기도하고 면회를 신청했다. 왜 그런 짓을 했느냐고 물어 보니까 잠을 자는데 누가 깨워서 일어나 보니 따라 오라고 하더라는 것이다. 그래서 따라가 시키는 대로 했을 뿐이라는 것이다. 알고 보니 몽유병 환자였던 것이다.

경찰서에 잘 얘기해서 데리고 나왔다. 그리고 그 직원의 집을 방문했다. 그리고 복음을 전했다. 예수 믿고 몽유병을 이겨 나가도록 권했다. 온 가족이 대 찬성하고 교회에 나왔다. 교회는 크게 기뻐하고 그를 위해 간절히 기도했다. 이 산지를 내게 주소서. 기도는 멈추지 않았다. 기도가 탄력을 받으면서 믿는 자의 수가 더해졌다.

어떤 직원은 교회에 나오는 것이 어색했던지 성경책을 대 봉투에 넣어 가지고 나오기도 했다. 직장 분위기가 밝아졌다. 독실한 기독교 신자가 사업소장으로 오니까 자연스럽게 기독교 신앙에 대한 이야기가 꽃을 피운다. 아무튼 기도하면서 매사에 신중을 기하니 직원들도 든든하게 생각했을 것이다. 어느덧 3년 임기가 다가 와 온다. 교회를 생각하니 감회가 새롭다. 3년간 정든 교회를 뒤로하고 서울로 향했다.

27.목사가 되다

하나님께서 범죄한 인간들을 불쌍히 여기시고 죄와 사망에서 구원하시기 위해 교회를 세우시고 복음 사역자들을 부르셨다. 많은 신학생 들이 매년 쏟아져 나오지만 하나도 남김없이 어디에선가 일을 하고 있다는 것이다. 우리는 하나님의 하시는 일에 왈가왈부해서는 안 된다. 아무도 세상이 어떻게 돌아가는지 알 수 없다는 사실을 잊어서는 안 된다. 하나님은 신비한 방법으로 세상을 다스리신다. 누구한테 무슨 일이 벌어질 지 아무도 모른다. 그러나 하나님은 한 치의 착오도 없이 정확하게 세상을 이끌어 가신다. 그래서 하나님을 제대로 아는 사람은 어떠한 일에도 불평하거나 원망하지 않는다.

여기에서 우리가 알아야 할 것은 겸손한 마음으로 최선을 다 할뿐 그 결과를 감사함으로 받아 들여야 한다는 것이다. 많은 사람들이 하나님을 믿고 따르지만 하나님께 감사하며 따르는 자는 그리 많지 않다. 왜 하나님이 모두가 감사하며 하나님을 따르도록 하시지 않고 일부만 감사 하도록 하시는지 생각해 볼 필요가 있다. 한 마디로 말하면 하나님이 어떤 분이신지 구체적으로 알지 못하기 때문이라는 것이다. 그래서 하나님은 신자들에게 은혜를 구할 때 막연하게 구하지 말고 구체적으로 구하라고 하신다. 어떤 사람은 하나님께서 알아서 주시지 않겠느냐고 하기도 하지만 성경은 분명히 구체적으로 은혜를 구하라고 가르치고 있다.

하나님은 신자들이 기도할 때 무엇을 원하는지 다 아시고 응답해 주신다. 중심을 감찰하기 때문에 매끄럽게 은혜를 구하지 못해도 원하는 대로 주신다는 것이다. 전능하신 하나님께 은혜를 구할 수 있다는 것은 큰 축복이 아닐 수 없다. 많은 사람들이 앞 다투어 기도를 하고 있는데 천국은 침노하는 자의 것이라고 성경은 가르치고 있다. 물론 열심만 낸다고 은혜를 많이 받는 것은 아니다. 말씀과 성령의 인도하심을 좇아 은혜를 구할 수 있어야 한다. 하나님은 신자들의 믿음 상태를 간파하시고 은혜를 베푸신다. 그래서 온전한 믿음을 갖도록 노력해야 한다. 다시 말하면 믿고 구해야 한다는 것이다.

1992년 4월, 마침내 목사가 되었다. 직장에 다니면서 목사가 되는 것이 합당하냐 하는 것이 제기된다. 그럼에도 불구하고 하나님은 목사가 되도록 인도 하셨다. 후에 안 일이지만 일반 목회보다 특수 목회를 하도록 인도 하셨던 것이다. 다시 말하면 선교나 교도소 전도나 군목 등으로 헌신하게 하셨는데 나는 일반 목회를 염두에 두고 있었기 때문에 직장에 있으면서 딴 꿈을 꾸고 있었던 것이다.

아무튼 일반 목회나 특수 목회 모두 하나님께서 주신 사명임에는 틀림없으나 사역 내용은 다르다. 성경은 특수 목회자는 씨를 뿌리는 자에 비유하고 일반 목회자는 물 주는 자로 비유하고 있다. 특수 목회자의 경우 직장을 가지거나 사업을 할 수도 있다고 성경은 암시하고 있다. 사도 바울은 선교를 위해 천막 짓는 일로 생계도 유지하고 선교비도 조달한 것을 볼 수 있다. 물 주는 자인 일반 목회자는 교회를 통해 생계를 보장 받는다. 한 마디로 말하면 특수 목회자는 스스로 모든 문제를 해결하지 않으면 안 된다는 것이다.

나는 직장생활을 오래했기 때문에 비교적 생활에 얽매이지는 않았다. 그러나 하나님의 인도와 보호가 멈추지 않았기 때문에 의식주에 구애 받지 않고 생활하고 있다. 하나님은 나에게 참으로 놀라운 은혜를 베풀어 주셨다. 왜냐하면 특수 목회에 필요한 대로 은사가 주어져야 하기 때문에 다양하게 성령의 역사가 나타나야 했던 것이다. 많은 사람들이 목회 현장에서 뛰고 있지만 아무도 똑같은 일을 하는 사람은 없다. 다시 말하면 모방 사역을 하게 하시지는 않는다는 것이다. 목회자는 나름대로 특색이 있고 맡은 사명도 각기 다르다.

한 영혼이 천하보다 귀하기 때문에 하나님은 다양한 목회자를 통해 한 영혼 한 영혼을 모두 구원의 길로 인도하신다. 신자들이 비록 열심을 품고 하나님을 섬기고 있는 것 같아도 하나님의 손 안에 있다. 알파요 오메가이신 주님을 찬송하지 않을 수 없다. 목회자들이 부단히 노력하는 것은 누군가를 위해, 하고 있다는 사실을 잊지 말아야 한다. 목회자로 부르심 받은 것을 감사하며 모든 영광을 하나님께 올린다.

28. 고사

하나님은 때때로 이해하지 못할 일들을 체험하게 하신다. 왜 그런지 알 수도 없고 물어 볼데도 없다. 그러나 하나님은 필요할 때는 반드시 깨닫게 하신다. 물론 묻혀 넘어가는 경우도 있다. 여기에서 우리는 하나님의 세계에 대해 부분적으로 알 수 있을 뿐 비록 체험 했다 하더라도 다 알 수 없다는 점을 인정하지 않으면 안 된다는 것이다. 많은 사람들이 하나님의 세계를 억지로 밝히려다가 문제를 일으키기도 한다.

하나님은 사람들이 겸손한 자세로 신앙생활을 하도록 요구하신다. 아무리 성경을 많이 안다고 해도 하나님의 깊은 곳까지 다 알 수는 없다. 하나님은 성경을 아는 만큼 믿음을 강조하신다. 아무리 성경을 많이 알고 있어도 믿음이 없으면 아무 유익도 없다. 성경을 배우고 믿는 것은 동시적 이라고 할 수 있다. 많은 경우 믿음보다 지식이 앞서 있는 것을 볼 수 있다. 이에 하나님께서는 체험 등을 통해 지식과 믿음이 같아지게 하신다. 그래서 신앙 간증이 매우 중요하다. 왜 하나님이 직접 나타나 주시지 않고 신앙 간증 등을 통해서 자신을 보여 주시는지 알 수 없다. 우리는 겸손히 하나님을 섬길 뿐 더 이상 하나님이 하시는 일에 대해 이렇다 저렇다 해서는 안 된다. 하나님의 하시는 일은 인간의 머리로는 전혀 측량할 수 없다.

하나님이 인도 하실 때 감사하는 마음으로 순종하면 하나님은 기뻐하시고 은혜를 베푸신다. 하나님을 섬기려면 무엇보다 먼저 하나님을 알아야 한다. 하나님을 모르면 우상을 하나님이라고 부르며 섬긴다는 것이다. 기독교는 천지만물을 창조하신 삼위일체 하나님을 섬기는 종교이다. 많은 사람들이 창조주 하나님을 섬기지 못하고 피조물을 하나님이라고 부르며 섬긴다는 것이다. 여기에서 우리는 피조물이 피조물을 섬기는 촌극을 연출하고 있다는 것이다. 사탄 마귀는 인간들이 피조물을 섬기도록 수작을 부린다.

원주 전력소장으로 근무할 때의 일이다. 새로 부임해서 전력소 구내를 순시하게 되었다. 부하직원 둘이 수행했다. 구내 설비를 차례로 순찰하던 중 큰 변압기 앞에 이르렀다. 그런데 그 변압기에 명태 한 마리가 매달려 있다. 무어냐고 물어 보니 멈칫 멈칫 하면서 변압기 공사가 끝나고 안전사고가 나지 않게 해 달라고 고사를 지내고 매달아 놓은 것이라고 한다. 순간 반사적으로 당장 떼어 버리라고 호통을 쳤다. 부하들이 선뜻 나서질 않는다. 뭔가 두려워하는 눈치다. 매달아 놓은 명태를 뗄 기미가 보이지 않는다. 그러면 내가 떼겠다 하고 서슴없이 명태를 떼어 내동댕이쳤다.

하나님은 사탄 마귀가 인간들이 고사를 지내게 하는 등 갖은 수작을 부리는 것을 안타까워 하신다. 사람들이 고사를 지내면서 무사고 운전을 기원했는데 정말로 어처구니없는 일이 아닐 수 없다. 사탄은 하나님을 모르는 사람들이 막연한 불안감과 공포심을 갖게 하여 제사도 지내고 고사도 지내게 하는 등 허무맹랑한 일을 저지르게 한다. 여기에서 우리는 사탄이 아무리 발버둥을 쳐도 하나님의 뜻을 거스를 수 없다는 사실을 잊지 말아야 한다.

　하나님은 묵묵히 신자들을 도와 주실 뿐만 아니라 담대히 하나님을 섬기도록 은혜를 베푸신다. 아무도 하나님이 하시는 일을 가로 막을 수 없다. 고사 사건을 통해서 한 가지 교훈을 얻을 수 있다. 왜 사람들이 건설 공사 등을 시작하거나 마칠 때 고사를 지내는지 생각해 볼 필요가 있다. 한 마디로 말하면 신적 존재를 의지하여 안전을 도모하자는 것이다. 다만 막연한 생각으로 고사를 지내는데 하나님은 이를 안타깝게 여기신다는 것이다. 하나님의 형상을 닮은 인간이 비참하게 고사를 지내는 등 공포에 사로 잡혀 있다는 사실이 참으로 안타까울 뿐이다.　결코 하나님을 알기 전에는 그 공포를 지워 버릴 수 없다. 많은 사람들이 고사도 지내고 하지만 문제가 해결되기는커녕 공포는 여전하다. 하루 속히 문제 해결의 근본적인 대책이 절실히 필요하다.

29. 예언의 은사

하나님의 은사는 다양해서 단적으로 기록할 수 없다고 해야 할 것이다. 성경은 은사에 대해 간략하게 언급하고 있다. 수많은 사람들이 나름대로 은사를 받아 하나님 앞에 헌신하고 있다. 교회나 선교지 등의 현장에서 사명을 감당하고 있는 사람들은 모두 은사를 받은 사람이라고 할 수 있다. 아무도 모르는 사이에 은사가 주어지고 은사를 받으면 헌신하게 된다.

여기에서 우리는 왜 은사를 받아야만 하는지 생각해 보아야 한다. 한마디로 말해서 은사는 일을 하는데 필요한 도구라고 할 수 있다. 맨 손으로 일을 하려면 힘들거나 불가능 한 일도 도구를 사용하면 쉽게 할 수 있듯이 은사를 따라 일을 하게 되면 쉽게 할 수 있다. 그런데 은사는 아무에게나 주어지지 않는다는 것이다. 그러므로 은사는 사명과 함께 주어진다는 사실을 알아야 한다. 아무리 크고 많은 은사를 받았다고 해도 사명을 제대로 감당하지 못하면 무용지물이다.

하나님은 신자들이 헌신하려고 할 때 은사를 주시고 걸음을 인도하신다. 하나님의 일은 영적인 것이기 때문에 은사 또한 영적인 것임은 말할 것도 없다. 여기에서 우리는 세상에서 유능한 사람과 하늘나라에서 유능한 사람은 엄연히 다르다는 사실을 알아야 한다. 만일 세상에서도 유능하고 하늘나라에서도 유능 할 수 있다면 금상첨화라고 할런지 모른다. 그런 사람이 전혀 없다고는 할 수 없지만 매우 드물다는 것이다. 왜냐면 세상과 하늘나라는 가치관이 다르기 때문에 동시에 양쪽을 충족시키기가 어렵다는 것이다.

여기에서 우리는 왜 하나님이 하늘나라도 위하고 세상을 위하는 그런 사람을 많이 세우시면 간단하지 않느냐고 할 수 도 있다. 여기에 하나님의 지혜가 있다는 사실을 알아야 한다. 만일 하나님의 일을 하려면 세상 것을 내려놓아야 하는데 한 손에는 하나님의 일을 또 한 손에는 세상일을 붙잡고 있어 어찌 해야 할지 망설일 수밖에 없다는 것이다. 물론 세상 일이 우선시 될 수도 있다. 그러나 하나님은 세상 것도 주셨기 때문에 아주 무시하시지는 않는다. 다만 세상으로 기울어져 하나님을 떠나지 않는 선에서 허락하신다는 사실을 알아야 한다.

많은 사람들이 하나님 한 분으로 만족하지 못하고 두 마리 토끼를 잡으려 하는데 이는 어리석은 일이다. 하나님은 인간의 앞날을 다 아신다. 그럼에도 불구하고 베일 속에 감추시고 걸음을 인도하신다. 다만 필요한 경우 하나님은 앞날을 미리 보여 주시고 영광을 받으신다. 아무리 인간이 몸부림을 쳐도 하나님은 묵묵히 걸음을 인도하신다.

많은 사람들이 앞날을 미리 알고 싶어 한다. 미래에 적절히 대처 하겠다고 하는 것 같은데 전혀 잘못된 생각이다. 오히려 악용하여 문제만 야기할 것이다. 그만큼 인간이 타락되어 있고 개인주의적으로 흐르고 있다. 예언은 미래를 내다보고 현재의 방향을 바로 잡아 하나님의 뜻 가운데로 나가게 하는 하나님의 은혜이다.

하나님의 은사 중에 예언의 은사가 있다. 하나님은 꼭 필요한 사람에게 예언하게 하신다. 사무엘 선지자는 목동 다윗이 장차 왕이 될 것이라고 예언하였고 그대로 성취되었다. 일반적으로 예언자는 함부로 입을 열지 않는다. 하나님이 그렇게 훈련하신다. 아무도 하나님의 은혜 없이는 앞날을 측량할 수 없다. 예언은 그 자체가 어떤 뜻을 내포하고 있기 때문에 겸손히 받아 들여야 한다. 예언은 세상에서 흔히 얘기 하는 인간의 길흉을 얘기하는 그런 것과는 차원이 다르다.

많은 사람들이 점도 치고 해몽도 한다. 그러나 그러한 것들은 하나님의 영광과 전혀 무관하다. 오히려 하나님의 영광을 가린다는 사실을 알아야 한다. 여기에서 잊지 말아야 할 것은 사사로이 점을 치는 행위는 당사자들에게 해로운 것이라는 사실을 잊지 말아야 한다. 예언과 달리 점을 치는 행위 등은 인간의 영혼을 병들게 한다. 사탄이 교묘한 방법으로 인간의 영혼을 사냥하고 있는 것이다. 그래서 하나님은 우상을 숭배하지 말라고 경고 하셨다. 그럼에도 불구하고 인간들은 불나비처럼 달려든다. 요즘에는 일종의 종교라고 아예 간판을 내걸고 유혹 하기도 한다. 사람들이 어려움을 당할 때 오죽하면 행여나 하고 우상을 찾겠느냐고 할지 모르지만 하나님은 전혀 용납하지 않으신다.

세상을 다스리시는 하나님은 타락한 인간들을 구원하시려고 복음 사역자들을 내셨다. 누구든지 필요하면 사역자들을 찾아 문제 해결을 받으라는 것이다. 문제는 있는데 답을 찾지 못한다면 그보다 더 황당한 일은 없을 것이다. 여기에서 우리는 문제 해결과 함께 형통케 하는 길을 모색하지 않으면 안 된다는 것이다. 그래서 하나님은 아무도 모르게 은사들을 주셔서 사람들로 하여금 문제 해결을 받고 하나님께 영광을 돌리도록 하셨다.

은사 중에 예언의 은사가 있다. 예언의 은사는 인간의 미래를 내다보고 현재와 연결시켜 하나님의 뜻 가운데로 나가게 하시는 은사이다. 따라서 하나님의 뜻과 무관한 은사는 있을 수 없다. 많은 사람들이 사사로운 일로 예언을 원하나 하나님은 결코 응답하시지 않는다.

나는 나도 모르는 사이에 예언의 은사가 주어져 있음을 발견 할 수 있었다. 종종 앞날을 알게 하시는 일들이 나타나 이상하다고 고개를 갸우뚱했다. 날이 갈수록 점점 더 빈도가 잦아지고 명확하게 나타나 기도에 기도를 거듭하면서 확인을 하기에 이르렀다. 혹시 예언의 은사가 아닌가 하여 조심스럽게 예언하는 소리를 지켜 결과를 확인해 보곤 하였다. 헤아릴 수 없는 예언과 확인을 거듭한 결과 하나님께서 주신 예언의 은사라는 확신을 갖게 되었다.

하나님은 은사를 주실 때 각자의 믿음을 보시고 주신다는 사실을 알아야 한다. 우리는 모두 겸손해야 한다. 어떠한 은사가 주어지든지 맡겨 주신 사명을 성실히 감당해야 한다. 믿음 위에 주어진 은사이기 때문에 믿음도 은사도 하나님의 선물 이라는 사실을 잊지 말아야 한다. 한 가지 잊지 말아야 할 것은 주신 달란트를 갑절로 남기라고 성경은 증거하고 있다.

예언의 은사를 필요로 하는 사람은 반드시 하나님께 간절히 기도하고 겸손히 하나님께 영광을 돌리겠다는 의지가 확고한 사람이어야 한다는 것이다. 만일 예언을 원하는 자가 사사로운 생각이나 이해관계에 얽혀 있다면 하나님은 응답하지 않을 것이다. 만일 하나님께서 예언을 하게 하시면 예언자는 깨끗한 마음으로 오직 하나님의 영광을 위하여 예언하고 도와주어야 한다. 하나님은 예언을 통해서 많은 사람들이 은혜를 받고 영광을 하나님께 돌리기를 원하신다.

30. 사랑과 보응

하나님은 인간의 생사화복을 주장하신다. 많은 사람들이 하나님을 믿고 따르면서 복 받기를 원한다. 물론 신자들은 모두 하나님의 복을 받고 있다. 다만 특별한 경우 하나님은 어떤 목적을 위해서 복을 주시기도 한다. 나는 목사가 된 후 직장을 정리하고 교회를 개척하기 위해 기도할 때였다. 간절히 기도하는데 비몽사몽간에 부동산을 사라고 하는 소리가 들린다. 상당한 유익이 있을 거라는 느낌이 든다. 그러나 나는 어느 정도 재산도 있고 해서 굳이 부동산 투자를 할 필요를 느끼지 못할 때였다. 그럼에도 불구하고 계속 부동산을 사라는 느낌이 머리에 맴돈다.

며칠 전에 동생이 찾아와서 상가 건물을 건축 했는데 조금 싸게 줄테니 분양을 받으라고 권했는데 그것을 받아들이라는 것이다. 그런데 그 상가에 하자가 있어서 살 마음이 전혀 없었다. 그런데 그 상가 분양을 받아들이지 않으면 동생이 큰 피해를 입게 되어 있어 난감했다. 나는 하나님께 기도했다. 하나님이 상가를 분양 받아도 되는지 저는 판단 할 수 없으니 신학교 교수에게 물어서 결정하겠습니다 하고 신학교 교수에게 전화를 걸었다. 상황을 설명하고 답을 구하니 뜻밖에 상가를 분양 받는 것이 좋겠다고 이야기 한다. 내가 상가 분양을 받아들이지 않으면 동생이 큰 피해를 입는다는데 동생을 사랑 하는 마음으로 일을 처리해야 한다는 것이다.

하나님께 감사하고 상가 분양을 받았다. 조그마한 상가를 소유하게 된 것이다. 임대를 놓았다. 하나님이 좋은 임차인을 연결시켜 주셨고 임대료로 생활비를 공급 받았다. 하나님께서 생활비에 구애 받지 않고 하나님의 일을 할 수 있도록 은혜를 베푸신 것이다. 몇 년이 흘렀다. 상가 재건축 사업이 대두 되었다. 만장일치로 재건축 사업이 시작되었다. 말로만 듣던 재건축 사업 이만저만 어려운 게 아니었다. 2년 넘게 산전수전 겪으면서 가까스로 재건축 사업이 완성되었다. 나는 조그마한 상가 두개를 분양 받았고 지금은 임대료를 받아 생활하고 있다. 왜 하나님이 구하지도 않은 상가를 분양 받도록 인도하시고 생활비를 책임져 주시는지 궁금하기도 하다.

하나님의 생각은 우리의 생각과 다르고 하나님의 뜻은 우리의 뜻보다 높다고 성경은 증거하고 있다. 아무리 생각해 봐도 인간의 생각엔 한계가 있다. 따라서 겸손한 마음으로 하나님을 의지하지 않으면 안 된다. 물론 하나님만 바라보고 아무것도 하지 말라는 것은 아니다. 다만 하나님께서 은혜를 베푸실 때 거저 주시는 은혜를 거절하지 말라는 것이다. 하나님은 사랑하시는 자녀들이 어떤 처지에 있는지 다 아신다. 그래서 필요한 대로 주시지만 때로는 은혜를 강권하시는 때도 있다는 것이다. 지금 당장 필요하지 않아도 멀리 보시는 하나님께서 인도하신다면 반드시 어떤 뜻이 계신다는 사실을 알아야 한다.

하나님은 우리들의 미래를 준비하시고 따르라고 하신다. 순종이 제사보다 낫다. 하나님을 제대로 따르려면 자기를 부인할 줄 알아야 한다. 아무리 확실해 보여도 인간은 한치 앞을 모른다. 여기에서 우리는 하나님의 깊은 사랑을 알아야 한다. 많은 사람들이 하나님을 믿고 따르지만 하나님의 사랑을 제대로 깨닫는 사람은 많지 않다. 비록 믿음이 약한 신자라도 하나님은 무척 사랑하신다.

하나님은 사랑이시기 때문에 따르는 자들을 무조건적으로 사랑하신다. 따라서 신자들은 조금도 염려할 필요가 없다. 간혹 하나님의 책망을 받기도 하지만 이 또한 사랑에서 비롯된 것이기 때문에 감사로 받아 들여야 한다. 어느 누구도 그 무엇도 하나님의 사랑에서 우리를 끊을 수 없다. 그럼에도 불구하고 때로 하나님은 신자들을 잊으신 것처럼 침묵 하시기도 한다. 겸손케 하게 하시기도 하고 하나님의 은혜가 얼마나 소중한지 깨닫게도 하신다.

하나님을 모르는 사람은 참된 사랑을 알 수 없다. 왜냐하면 참된 사랑은 하나님께만 있기 때문이다. 내가 오직 하나님만 섬기는 이유가 여기에 있다. 하나님은 미쁘시고 신실하시다. 내 생각대로 하나님을 따랐다면 큰 어려움을 당했을 것이다. 그러나 하나님은 강권하시는 은혜로 사는 날 동안 어려움 당하지 않고 기쁨과 감사로 생활할 수 있게 하셨다. 형제가 어려움을 당할 때 사랑하게 하시고 그 보응으로 하나님의 은혜를 힘입게 하신 하나님께 감사와 영광을 올린다.

31. 개척 교회

하나님께서는 사랑하시는 종들이 교회를 섬기도록 은혜를 베푸신다. 많은 사람들이 교회에 모여 예배드리는 일은 매우 아름다운 일 이라고 할 수 있다. 목사 안수를 받은 나는 교회를 섬기고 싶은 마음이 간절했다. 그러나 좀처럼 기회가 주어지지 않는다. 드디어 금식기도를 통해서 하나님의 뜻을 헤아리기로 결심했다. 10일 작정 금식기도를 드리기로 했다. 오산리 금식 기도원을 찾았다. 일주일쯤 되었는데 꿈에 음식을 먹는 꿈을 꾸었다. 금식을 하고 있는데 음식을 먹는 꿈을 꾸었으니 금식이 깨진 것이라고 직감적으로 알 수 있었다.

금식기도 10일을 채우고 허탈한 심정으로 하산했다. 교회를 섬기고 싶은 마음이 불같이 솟아 올랐다. 집에서 밤낮으로 하나님께 매달렸다. 왜 교회를 섬기도록 허락하지 않는지 이유를 알 수 없었다. 계속 매달리던 어느 날 꿈에 전북여객 버스를 보았다. 지푸라기라도 잡고 싶은 심정이었는데 전북여객 버스가 보이니 전주에서 교회를 개척하라고 하는 줄로 생각하고 전주에 내려가서 교회 부지를 찾아보았다. 며칠 만에 부지를 매입하여 예배당 건축에 들어갔다.

하나님께 간절히 기도 하면서 한 걸음 한 걸음 단계를 밟아 나갔다. 과거 주택을 건축한 경험이 있는지라 그 경험을 살려서 성전을 직접 건축하기로 결심했다. 인력사무소에서 그때 그때 필요한 사람들을 불러서 일을 하도록 했다. 자재 공급하랴 일꾼들 수배하랴 눈코 뜰새 없이 바쁘다. 그래도 성전을 건축한다는 기쁨으로 지칠 줄 몰랐다.

하나님께서 지켜주셔서 하루하루 무사히 일을 마치곤 했다. 가족들의 만류에도 불구하고 성전을 건축했기 때문에 혼자 힘써 건축하지 않으면 안 되었다. 드디어 10개월 만에 성전 건축이 완공되었다. 너무나 아름다운 성전이 건축되어 지난 10개월간의 고된 여정이 씻은 듯이 사라졌다. 예배가 시작되고 전도에 힘을 쏟았다. 한두 명씩 모이기 시작했지만 양이 차지 않았다. 1년이 지나고 2년째 접어들었다.

하나님은 아무도 모르게 걸음을 인도하신다. 개척 교회를 섬기려면 기도를 전심으로 해야 한다는 사실을 누구도 부인하지 못할 것이다. 그런데 이상한 것은 아무리 기도를 해도 영적인 능력이 주어지지 않고 마음에 자신감이 생기지 않는다. 지금까지 생각했던 것과는 정 반대의 현상이 나타나는 것이었다. 영적으로 위축이 되고 하루하루 초조해 져만 간다. 계속되는 이해 할 수 없는 상태에 대책이 서지 않는다. 결국 견디다 못한 나는 비장한 결단을 내리지 않으면 안 되었다. 더 이상 교회를 섬겨야 되는지 포기해야 되는지 1주일 금식 기도로 하나님의 뜻을 헤아리기로 하였다.

금식 기도가 끝날 무렵 사탄이 교회를 장악하고 있는 환상을 보여 주신다. 하나님이 더 교회를 섬기지 못하도록 응답을 주신 것이다. 지금도 왜 하나님이 아예 교회를 섬기지 못하도록 가로막지 않으셨는지 안타깝다. 교회를 섬기려고 몸부림을 쳤지만 결국 2년 만에 교회를 정리하고 하나님의 뜻이 어디 계신지 다시 헤아리게 되었다. 후에 안 일이지만 하나님이 내게 주신 사명이 특수 목회였던 것이다.

32. 중국 선교

하나님께서 신자들에게 은혜를 베푸실 때 깨닫게 하실 때도 있지만 거의 대부분은 전혀 모르게 은혜를 베푸신다는 사실을 알아야 한다. 하나님을 간증하는 사람들을 보면 자기가 하나님의 은혜를 받았다고 이야기 하지만 사실상 하나님의 은혜가 아닌 것이 하나도 없다는 사실을 알아야 한다. 다만 하나님께서 특별히 간증하도록 걸음을 인도하셨을 뿐이다. 그러면 왜 간증하도록 인도하셨느냐 하는 이유를 먼저 깨달아야 한다는 것이다. 그래야 하나님의 뜻에 초점을 맞추어 제대로 간증을 할 수 있다는 것이다.

하나님을 체험한 사람은 수도 없이 많다. 그러나 모두가 다 간증을 하는 것은 아니다. 따라서 간증을 통해 하나님의 뜻을 이루도록 해야 한다. 하나님은 복음 사역자들을 통해 신자들이 하나님의 뜻 가운데로 나가게 하신다. 또한 생생한 간증을 통해 듣는 자들이 하나님의 뜻 가운데로 나가게 하신다는 사실을 알아야 한다.

나는 전주에서 개척교회를 섬기다가 상경한 후 하나님의 인도하심으로 육군 9166부대 충정교회를 섬기게 되었다. 그리고 틈나는 대로 중국 선교에 열중하였다. 중국에서 목회를 희망하는 사람들에게 신학을 가르치는 사역을 감당했는데 나는 웨스트민스터 신앙 고백서를 강의하기로 했다. 신학생 수는 20명에 달했는데 모두가 열심이 이만저만이 아니었다. 하나님은 참으로 신비한 분이시다. 어떻게 그들에게 신학 과정을 가르칠 수 있게 선교팀을 구성하게 하셨는지 감사할 따름이다. 하루에 8시간 강의를 하는데 지칠 줄을 몰랐다. 교수나 신학생들이 혼연일체가 되어 가르치고 배웠다.

중국은 기독교가 공인되지 않아서 경찰의 눈을 피해 몰래 수업이 진행되었다. 교수진 모두가 자비량 선교를 하였고 선교 과정은 보통 1년씩 해서 신학생들을 배출했다. 나는 웨스트민스터 신앙 고백서를 2회에 걸쳐 전 과정을 이수하게 해줬고 특별히 성령이 충만하게 역사 하셔서 인기 과목이 되기도 하였다.

중국은 인도와 더불어 인구가 많기로 유명한 나라이다. 기독교가 중국에 상륙 한지 오래지 않고 공산국가여서 제약이 심하다. 그럼에도 불구하고 하나님은 중국 선교에 힘쓰도록 걸음을 인도하신다. 많은 사람들이 선교 사역에 동참하고 있지만 하나님의 뜻을 제대로 감당하기에는 역부족이다. 특히 중국은 지역이 넓고 인구가 많아서 장기적인 대책이 필요하다. 더욱이 기존 교회가 선교에 중점을 두고 사명을 감당하도록 촉구 할 필요가 있다. 여기에서 우리는 평신도 선교사가 절실히 필요하다는 사실을 알아야 한다. 교인들이 모두 선교에 앞장선다면 기하급수적으로 복음화가 이루어질 것이다. 복음 전도야 말로 그 무엇보다 우선적 이어야 할 것이다. 지금 중국은 복음을 받아들이기에 좋은 여건이라고 할 수 있다. 비록 정부의 통제가 있긴 하지만 어느 정도 숨통이 트여 있다는 것이다. 외부 선교사를 배척하고 있는데 반해 자체적으로 복음 전하는 일 만큼은 허용되고 있는 실정이다. 따라서 이 점에 초점을 맞추어 지혜롭게 대처한다면 머지않아 복음의 불길은 중국을 휩쓸 것이다. 지금은 중국이 선교의 문을 열지 않고 있지만 계속 기도 하면 반드시 하나님께서 문을 열게 하실 것이다.

중국 선교를 위해 많은 희생이 요구된다고 할 수 있지만 하나님은 그 희생을 감수하라고 하신다. 중국과 한국은 인접 국가이자 상당한 교류가 진행되고 있는 실정이다. 알게 모르게 중국은 복음화에 물들고 있다. 먼 훗날 중국을 돌아보며 후회함이 없는 사명을 감당해야 할 것이다. 나로 하여금 중국 선교로 선교의 눈을 뜨게 하신 하나님께서 많은 사람들이 중국 선교의 꿈을 갖게 하시기를 바란다.

하나님은 내가 중국 선교 시 전한 말씀을 들은 제자들이 복음 사역의 일익을 잘 감당하도록 은혜 베풀어 주실 줄 믿는다. 겸손히 말씀을 경청한 제자들의 모습이 눈에 선하다. 그들의 건투를 기도한다.

33. 간증과 신앙

사람이 태어나서 한평생을 사는 동안 헤아릴 수 없는 많은 일들을 묵묵히 받들어 하루하루 살고 있다. 어떻게 사는 것이 최선의 삶인지 사람들은 알지 못한다. 그때그때 선택하면서 최선의 길로 나아간다고 하는데 하나님 편에서 보면 아슬 아슬 하다고 한다는 것이다. 많은 사람들이 미래를 알고 싶어 하는 이유가 여기에 있다. 미래를 알면 마음 놓고 발을 내 딛을 수 있기 때문에 사람들은 한결같이 미래에 집착한다. 여기에서 우리가 알아야 할 것은 사람들이 미래를 몰라야 좋다고 하나님은 생각하신다는 것이다. 미래를 알면 이기적이어서 서로 자기 유리한 대로 걸음을 걷기 때문에 타협점이 나타나지 않고 평행선을 그어 세상이 문제투성이가 될 수밖에 없다는 것이다.

어떤 사람은 남이야 어떻게 되든 우선 내 문제부터 해결해야 되겠다고 하는데 한 번 예언을 맛본 사람은 계속적으로 예언을 원한다는 것이다. 다시 말하면 내 자력으로 문제를 헤쳐 나가려고 하지 않고 쉽게 해결해 나가려는 타성에 젖어 온상의 꽃과 같이 된다는 것이다. 하나님은 사람들이 예언을 필요로 하지 않는 삶을 살기를 원하신다. 다만 예언을 필요로 하는 경우가 있다. 하나님은 하나님이 살아 역사하고 계심을 보여 줄 필요가 있을 경우 예언자를 통해 예언하게 하신다.

예언은 상당한 이해관계가 결부된다고 할 수 있기 때문에 조심스럽다.

그럼에도 불구하고 성경은 예언을 허용하고 있다. 세상에 우연이 없다는 사실을 알아야 한다. 예언은 반드시 하나님의 뜻을 전하는 것이어야 한다. 점쟁이 들은 하나님의 뜻을 전하지 않고 사사로운 이해관계를 사탄의 힘을 빌어 전하기 때문에 해로운 것이다. 지금 예언은 성경이 예언이기 때문에 예언이 필요 없는 시대라고 하기도 하지만 그 성경에서 예언을 언급하고 있다는 사실을 간과해서는 안 된다. 하나님은 성경을 통해 구원의 역사를 이루시고 계시지만 엄밀히 말하면 성경을 기록하게 하신 성령님의 역사하심으로 구원이 이루어진다는 사실을 알아야 한다.

따라서 성령님께서 성경을 조명할 때 제대로 이해하고 따라야 한다. 여기에서 우리는 성령님의 역사에 대해 겸손한 마음으로 순종하고 따르면 반드시 은혜를 받고 하나님의 영광을 나타내게 된다. 많은 사람들이 하나님의 은혜를 사모하고 있는데 실제로 하나님의 은혜는 사모 하는 자에게 임하고 그래서 기도가 중요하다는 것이다. 기도는 사모 할 때 하게 된다.

하나님은 전지전능 하다고 이구동성으로 이야기 한다. 그 분이 전지전능 하다고 하면서 은혜를 구하지 않는 사람은 믿음이 없다고 할 것이다. 그런데 많은 사람들은 기도를 해도 하나님의 뜻이 어디 계신지 잘 모르겠다고 토설한다. 여기에 인내가 필요하고 전적으로 하나님께 맡기는 믿음이 있어야 한다는 것이다. 아무도 하나님의 은혜 없이는 온전한 믿음을 가질 수 없다.

성경은 믿음이 하나님의 선물이라고 증거하고 있다. 따라서 사람의 마음대로 믿음이 주어지지 않고 오직 하나님의 손에 달려 있기 때문에 믿음 얻기를 간절히 구해야 한다. 어떤 사람은 나는 왜 말씀이 믿어 지지 않는지 모르겠다며 믿음 좋은 사람을 부러워 한다. 열심히 주님을 섬기고 있는 사람은 복을 받은 사람이다. 세상에 믿음보다 더 귀한 복은 없다고 할 것이다. 믿음으로 구원받고 믿음으로 은혜 받는다. 믿음 없이는 아무것도 받을 수 없다. 신자들은 모름지기 믿음을 구하는 지혜가 있어야 한다. 믿음이 없이 무엇을 얻었다면 깊이 생각해 보아야 한다. 불신자들은 믿음도 없고 기도도 하지 않는다. 그런데도 나름대로 세상을 살아간다, 신자들과 다른 점이 있다면 그들은 자기 힘으로 얻었다고 생각하기 때문에 하나님께 영광을 돌리지 않는다는 것이다. 하나님께서 주셨다고 믿을 때 비로소 하나님께 영광을 돌리지 않겠느냐는 것이다.

금으로 믿음을 살 수는 없지만 믿음은 금을 살 수 있게 한다. 그래서 금보다 좋은 믿음이라고 노래한다. 다윗은 믿음이 좋은 사람이었다. 골리앗을 넘어뜨릴 때 두려움 없이 물맷돌을 던졌다. 물맷돌로 골리앗을 이길 수 있다는 확신을 가졌다. 하나님은 그 믿음을 보시고 승리하게 하셨다. 믿음이야 말로 하나님을 하나님 되게 하기 때문에 신자들은 온전한 믿음을 갖도록 자신을 다스려야 한다. 하나님을 믿는 믿음은 그 무엇과도 바꿀 수 없다. 믿음은 하나님의 손을 움직이는 원동력이다. 믿음 없는 기도는 하나님이 외면하신다. 정금 같은 믿음을 가질 때 하나님은 함께 하여 주신다.

어떻게 하면 이런 믿음을 가질 수 있는지 성경은 말한다. 믿음은 들음에서 난다고, 하나님의 말씀을 들을 때 믿음을 얻을 수 있다. 마음 문을 열고 말씀을 들으면 믿음이 쑥쑥 자란다. 그래서 성경은 열심을 내라고 강조한다. 게으른 자는 아무것도 얻을 수 없다. 하나님이 사랑하시는 자녀들은 때로 믿음을 보시려는 시험이 오기도 한다. 아브라함도 아들, 이삭을 번제로 드리라는 시험을 받았고 그 시험에 통과되어 믿음의 조상이 되었다.

신자들은 하나님의 각별한 보살핌 아래 있기 때문에 아무 염려할 필요가 없다. 믿음으로 사는 자들은 수시로 성령을 체험한다. 이 체험을 증거하는 것을 간증한다고 말한다. 하나님을 이렇게 믿었더니 이렇게 성령님께서 역사하시더라고 고백하는 것이다. 왜 성령님께서 간증하게 하시는지다는 알 수 없지만 하나님을 만났다고 증거 함으로써 살아 계신 하나님을 나타내고 또 하나님을 사모하는 마음을 품게 하시기도 한다. 다만 믿음이 약한 자들이 믿음이 더하게 하시고 하나님을 만난 일을 간증함으로 자신의 믿음을 고백하는 행위이기도 한다.

그래서 신앙 간증은 간증자나 듣는 자 모두의 믿음을 증가 시킨다는 것이다. 간증 집회에 참여하면 먼저 하나님이 간증자에게 어떻게 나타나셨는지 헤아릴 수 있어야 한다. 그리고 내게는 어떻게 나타 나셨는지 비교해볼 수 있어야 한다. 하나님은 간증자에게 겸손한 마음과 정직한 마음을 갖으라고 요구하신다. 지금도 수많은 사람들이 하나님이 살아 계시다고 간증하고 있다. 비록 부족하지만 여러 사람들에게 내가 만난 하나님을 증거할 수 있어야 하겠다. 여러분 모두 간증하는 믿음 가지시기를 기도한다.

34. 선교지 선물

　하나님은 사람들에게 무엇이든지 거저 주신다. 다른 말로 표현하면 선물로 주신다고 표현할 수 있다. 그럼에도 불구하고 사람들은 하나님께 제대로 감사할 줄을 모른다. 여기에서 우리는 하나님께 대한 감사뿐만 아니라 인간 사이에 감사도 잊지 말아야 한다. 왜 하나님이 아무 대가도 없이 인간들에게 모든 것을 거저 주시는지 생각해 볼 필요가 있다. 하나님은 온 우주 만물의 창조주이시다. 아무것도 부족한 것이 없고 무슨 대가를 받을 필요도 없다. 그러나 인간들은 선물에 인색하고 행한 일에 상응한 보응을 기대한다.

　하나님을 모르는 사람들은 세상에 공짜가 어디 있느냐고 한다. 그러나 신자들은 하나님께로부터 모든 것을 거저 얻는다고 고백한다. 공기를 마시면서 그 공기를 누가 주시는지 생각조차 못한다. 하나님은 사람들에게 이것저것 필요한 대로 맡기신다. 다시 말하면 인간들은 청지기에 불과하다는 사실을 알아야 한다. 그리고 주신 달란트 갑절로 남겨서 하나님께 영광 돌리라고 하신다. 무조건 주는 것이 옳은 것은 아니지만 하나님은 가난한 자에게 베푸는 것은 하나님께 꾸이는 것이라고 하신다.

　소유를 잘 관리하는 청지기는 주인에게 칭찬을 받는다. 사람마다 받은 은사가 다르고 믿음도 다르다. 다만 우리는 하나님 앞에서의 삶을 산다는 사실을 알아야 한다. 우리에게 스쳐가는 모든 일들은 비록 작은 일일 지라도 우연이 없다는 것이다. 그렇다면 우리는 어떠한 삶을 살아야 할지 자명해 진다. 하나님 사랑과 이웃 사랑이 우리의 할 일인데 과연 나는 어떻게 살았는지 되돌아보아야 한다.

내가 중국 선교를 할 때의 일이다. 중국에 가면 나는 호텔에 머물고 신학생들은 신학교 강의실에서 잠을 잤다. 선교회 총무가 호텔에 찾아왔다. 매우 추운 겨울이었는데 총무가 이야기 한다. 신학생들이 강의실에서 잠을 자는데 이불이 부족해서 잠을 제대로 자지 못한다는 것이다. 선교팀장에게 이야기 했는데 예산이 부족하여 어쩔 수 없다는 것이다. 순간 나는 가진 돈을 헤아려 보았다. 지갑을 열어 있는 대로 건네주면서 이불을 사라고 했다.

다음날 이었다. 강의 도중 휴식 시간인데 갑자기 하나님의 음성이 들려온다. 내가 너 때문에 따뜻하게 자게 되었다. 나는 깜짝 놀랐다. 그리고 하나님께 감사했다. 신학생들의 고충을 해소할 수 있도록 쓰임을 받았기 때문이다. 신자들은 하나님의 부르심을 받은 자들이다. 따라서 하나님의 영광을 위해 쓰임을 받을수록 감사할 따름이다.

나는 일찌기 감전사고로 사경을 헤맬 때 나를 원상복구 시켜 주시면 하나님 뜻대로 살겠습니다. 하고 서원 기도를 드린 사실을 항상 잊지 않고 초점을 맞추어 살고 있다. 물론 기도가 상달되어 하나님 뜻대로 살게 하신다고 믿어지기도 하지만 그러나 더욱 중요한 것은 스스로 하나님 뜻대로 살게 하옵소서 기도 하면서 살고 있는 나의 모습을 바라 볼 때 깜짝 놀라지 않을 수 없다는 것이다. 결국 기도가 상달된 것을 삶으로 나타내는 것이 되었기 때문이다.

우리는 흔히 기도가 상달되면 그 자체로 모든 것이 끝났다고 생각하는 경향이 있다. 그러나 기도가 상달 될수록 일이 지속적으로 진행된다는 사실을 알아야 한다. 한 가지 잊지 말아야 될 것은 사람들이 기도 해 놓고 결과가 어떻게 주어지는지 챙기지 않는다는 것이다. 여기에서 우리는 하나님께 많은 것을 구하고 많은 응답을 받고 있지만 일일이 챙기지 않아서 기도가 얼마나 정확히 응답되는지 잘 모른다는 것이다.

사실 기도 한 것을 모두 기억하기는 불가능 할 것이다. 그러나 하나님을 믿고 기도했다면 반드시 응답이 되었다는 것을 알아야 한다. 하나님은 사소한 것이라도 그냥 지나치지 않으신다. 따라서 신자들은 필요한 것은 무엇이든지 구하는 것이 좋다는 것이다. 필요한 것을 구할 줄 모르고 신앙생활을 한다면 그만큼 복을 거절하고 사는 셈이 된다. 많은 사람들이 하나님을 믿되 사람의 생각대로 믿기 때문에 하나님은 안타깝게 여기신다. 복받기를 원하면서 왜 은혜를 구하지 않는지 알 수 없다. 나는 기도를 통해서 엄청 난 은혜를 받았다. 이 비밀을 많은 성도들에게 알리고 싶어 기도하면서 간증도 하고 설교도 한다. 한 번도 잘못된 기도를 드렸다고 후회한 적이 없다

기도는 할수록 유익하다. 아무도 모르게 주어지는 영적인 은혜는 기도를 통해서만 온다. 신자들은 모름지기 영적인 은혜를 사모해야 한다. 신학

생들에게 이불을 사 준 것은 육적인 것으로 영적인 것을 얻게 되는 행위로써 영혼을 위해 사는 신자들에게는 매우 바람직한 행동인 것이다. 성경은 영혼이 잘 될 때 범사가 잘되고 강건해 진다고 증거하고 있다. 선행과 구제 등이 신자들의 영혼이 잘되게 하고 하나님께 영광을 돌린다는 사실을 알아야 한다. 선행으로 하나님께 영광을 돌리도록 은혜를 베풀어 주신 하나님께 감사드린다.

35. 충정교회

하나님은 나로 하여금 특수 목회를 담당하게 하시고 영광을 받으신다. 아무리 일반 목회를 하고 싶어도 하나님의 뜻은 변하지 않는다. 내게 주신 은사가 특수 목회에 대한 것이어서 특수 목회를 할 때 비로소 빛을 발한다는 것이다. 전주에서 개척교회를 섬기다가 상경해서 다음 사역지를 찾고 있을 때였다. 중국 선교팀의 같은 멤버였던 한 목사님이 군목이 어떠냐고 넌지시 제의한다. 군목은 사례비가 없기 때문에 아무나 할 수 없다. 그러나 나는 지금까지 사례비를 받고 사역을 한 적이 없다. 특수 목회 사명을 받았기 때문에 생활비 문제는 달리 해결 되게 하시곤 하셨다.

군목 제의를 받고 곰곰히 생각해 봤다. 몇 년 전에 1년 정도 사역을 담당한 바 있는 9166부대 충정 교회가 떠올랐다. 지체 없이 연락해 보니 마침 목사님이 떠나고 공석이라고 한다. 하나님이 인도하신다는 확신을 가지고 부임했다. 30여 명의 성도가 출석 중이었다. 간절히 기도하면서 복음을 외쳤다. 마침 대대장이 신자여서 같이 손잡고 합심해서 교회를 부흥시켜 나갔다.

대대장은 새신자 들을 교회로 모으고 나는 힘껏 복음을 전했다. 하나님께서 강하게 역사하셔서 믿는 자의 수가 더하여 졌다. 어느덧 100명이 넘는다. 교회 좌석이 모자랐다. 간이 의자를 사서 통로에 놓고 앉게 하였다. 많이 모일 때는 150명이 넘었다.

참으로 하나님은 신비한 분이시다. 하나님은 택하신 백성들을 모으실 때 인간들의 여건이나 주어진 환경 등 현실을 무시하지 않으신다는 사실을 알아야 한다. 그러므로 우리들은 각기 주어진 모든 위치에서 최선을 다해야 한다.

여기에서 우리는 겸손한 마음으로 내가 지금 할 수 있는 일이 무엇인가 돌아보고 하나님께 기도 하면서 추진해 나가면 반드시 하나님의 인도하심을 받게 될 것이다. 물론 영적인 차원에서 생각 되어질 일이지만 성령님께서 인도하시지 않는 일은 지속성을 잃게 되고 하나님의 뜻 만이 지속 된다는 것이다.

왜 우리는 하나님 앞에 쓰임을 받지 못하는지 곰곰히 생각해 보아야 한다. 아무도 알 수 없다고 하겠지만 그러나 자세히 살펴보면 하나님의 인도하심이 보인다는 것이다. 사람들은 하나님의 뜻을 받들려고 하기 보다는 자신의 생각을 이루려고 하기 때문에 하나님의 인도하심을 받지 못한다는 것이다. 따라서 하나님의 뜻을 받들려면 자신을 내려놓아야 한다.

아무리 열심을 내도 열매가 없다면 깊이 생각해 보아야 한다. 왜냐하면 하나님은 반드시 심는대로 거두게 하시기 때문이다. 헛수고 하지 않도록 신중을 기해야 한다. 많은 사람들이 하나님의 일을 하고 싶어 한다. 그 이유는 간단하다. 하나님의 일을 할 때 가장 행복하다는 것이다. 스스로를 희생시켜 가면서 물불을 가리지 않는다. 여기에서 우리가 알아야 할 것은 하나님의 세계 다시 말하면 내세가 없다면 누가 목숨까지 내 걸겠느냐는 것이다. 예수님의 제자들은 거의 모두가 순교를 했다. 그들이 과연 어리석었다고 할 수 있겠는가. 현세를 포기하고 내세를 택한 순교자야말로 가장 현명한 선택을 했다고 성경은 증거하고 있다.

교회는 현세를 부정하지 않는다. 다만 현세를 바로 살아 내세를 준비하라는 것이다. 내가 충정 교회를 7년을 섬기면서 가장 기억에 남는 것은 교인들이 헌금을 할 줄 모른다는 것이다. 헌금은 신자들의 가장 초보적인 헌신인데 헌금이 없으니까 신앙이 자라지 않는다는 것이다. 헌금을 하도록 강조하여 신앙을 붙잡아 주지 못한 것이 안타깝다.

몇 년이 흘렀다. 성전 건축이 대두 되었다. 선교 지원처인 염창중앙 교회에서 선교비 예산을 편성하여 성전을 건축하겠다는 것이다. 교회는 간절히 기도 하였고 성전 건축은 구체적으로 진행되었다. 이 무렵 나는 인천에 있는 고려 신학교에서 웨스트민스터 신앙 고백서를 강의 하고 있었다. 하나님의 섭리는 참으로 오묘하다. 고려 신학교에서 상담학을 담당했던 이재경 목사님을 만났는데 그에게 충정 교회를 넘겨주었던 것이다. 나는 이렇게 정년퇴임을 하고 물러났다. 얼마 후 충정 교회에서 성전 준공 및 봉헌식을 한다고 연락을 받았다. 참석하여 하나님께 감사와 영광을 돌렸다.

36. 사탄이 노리는 것

우리들은 하나님이 왜 이 세상에 사탄이 득실거리게 하셨는지 생각해 보아야 한다. 사탄은 그 수를 헤아릴 수 없다. 성경 어디에도 사탄이나 천사의 수를 언급한 곳이 없다. 여기에서 우리는 하나님의 지혜에 놀라지 않을 수 없다. 왜냐하면 만약 사탄이나 천사의 수를 밝혔다면 사람들이 쓸데없는 일에 신경을 쓸 수밖에 없기 때문이다. 한 가지 예를 들면 사탄이나 천사의 수가 많고 적음에 따라 안심도 하고 불안하게 생각하기도 한다는 것이다. 영의 세계에 대해서 잘 모르는 인간은 모르기 때문에 오히려 평안할 수 있다는 것이다.

하루 강아지 범 무서운 줄 모른다는 말이 있다. 하나님은 모르는 것이 유익할 때는 모르게 하신다는 사실을 알아야 한다. 세상 사람들은 사탄 마귀를 모르지만 막연한 불안감에 제사도 지내고 굿판도 벌리고 고사도 지낸다. 그러나 그런 것들이 영의 세계에서 어떻게 적용되고 있는지 전혀 모른다. 다만 그런 행위들을 통해서 마음을 안심시켜 나가기도 한다는 것이다. 신자들은 하나님을 믿고 전혀 그런데 마음을 쓰지 않는다. 아무리 몸부림을 쳐도 하나님께서 붙잡아 주시지 않으면 사탄의 손에서 벗어 날 수 없다.

하나님은 예수 그리스도를 믿는 자들을 붙들어 주신다. 불신자들은 하나님을 모르고 스스로 살 수 있다고 생각한다. 엄청난 착각이다. 하나님께

속하지 않고 마귀도 따르지 않는 그런 인생은 존재하지 않는다. 성경을 보면 인간은 하나님의 피조물이라고 기록되어 있다. 그런데 그런 인간이 하나님을 배반하고 마귀를 좇고 말았다. 다시 말하면 마귀에게 속해 있다는 것이다. 이제 예수 그리스도를 믿고 마귀의 손에서 벗어나지 않으면 더 이상 구원의 길이 없는 실정이다. 하나님은 인간들을 사랑하셔서 구원의 길을 여셨다. 더 이상 머뭇거릴 이유가 없다. 내가 충정 교회를 섬길 때의 일이다. 매주 예배를 인도하러 가는데 9166부대 진입로에 천하 대장군 지하 여장군 두 개의 장승이 세워져 있다. 어느 날 문득 충정 교회 형제 자매들이 장승을 의지하는 마음을 가질 수도 있겠구나 하는 생각이 들었다. 곰곰이 생각한 끝에 충정교회 신자들이 하나님만 의지하도록 해 줘야겠다고 생각했다.

지체 없이 대대장을 만났다. 마침 대대장이 충정 교회 집사 였는데 영적인 측면에서 바람직하지 못하니 장승을 제거하는 것이 좋겠다고 신중히 얘기했다. 그 다음 주 교회에 들어가는데 장승 두 개가 모두 사라졌다. 나중에 알고 보니 대대장 지시로 장승을 뽑아 불태웠다는 것이다. 사탄이 장승을 세워 놓고 9166부대원을 지켜 주는 것처럼 생각하게 하면서 실상은 그들의 영혼을 얽어매었던 것이다. 여기에서 우리는 사탄의 간교한 계략을 간파해야 한다. 사탄은 항상 위하는 척 하면서 영혼을 사냥하고 있다는 사실을 알아야 한다. 세상의 모든 사람들이 이 계략에 넘어가 영혼을 도둑 맞고 방황하고 있는 것이다.

하나님은 신자들에게 하나님을 경외하는 믿음을 가지라고 촉구하신다. 하나님을 겸손히 섬기는 자들은 두려워할 것이 없다. 왜냐하면 하나님은 자기를 경외하는 자들을 지키시기 때문이다. 사탄이 노리는 것은 우리들의 영혼이다. 영혼을 사냥하고 인생이 두려움에 사로잡혀 허덕이며 캄캄한 흑암의 세계로 들어가게 만들고 있다. 뿐만 아니라 사단의 계교는 필설로 형언하기 어렵다.

많은 사람들이 사탄의 수작에 넘어가 엄청난 어려움을 당하고 있다. 여기에서 우리는 사탄 마귀가 어떻게 수작을 부리고 있는지 간파하지 않으면 안 된다. 사탄 마귀가 인간의 영혼을 사냥할 때 얼마나 교묘한 방법을 쓰는지 하나님을 의지하지 않으면 넘어 질 수밖에 없다. 사탄은 하나님도 없고 사탄도 없다고 배수진을 치면서 사람이 선행을 하면 내세에서 영생할 수 있다고 부추긴다. 어떤 수단 방법을 써서라도 예수 그리스도를 못 믿게 하자는 것이다. 사람들이 여기에 귀를 기울이고 하나님께 나오지 않는다. 자기 존재까지 감추면서 얼마나 가증한 수작을 부리는지 정신 바짝 차리지 않으면 언제 함정에 빠질지 모른다.

사탄 마귀는 인간들을 유혹해 놓고 계속해서 세속적인 것들에 여념이 없게 만든다. 사업이다 직장이다 오락이나 취미에 몰두하게 만들어서 영혼을 돌 볼 여유가 없게 만든다. 어느 날 갑자기 하나님의 부르심을 받게 되면 아차 하는데 돌이킬 수 없다는 것이다. 하나님의 형상을 닮은 인간이 비참하게 생을 마감하는 것을 하나님은 매우 안타깝게 여기신다. 왜 이렇게 되었느냐고 한탄하지만 두 번 다시 돌아올 수 없는 인생 방법이 없다.

하나님은 말씀하신다. 예수 그리스도를 믿으라고, 구원의 유일한 길로 나오라고 애타게 기다리신다. 사탄은 인간의 영혼을 사냥하려 광분하고 있다. 한 영혼이라도 더 구원하려고 먼저 부르심을 받은 성도들이 몸부림치고 있다. 지체 없이 회개하고 하나님 품으로 돌아와 영생 구원과 예비하신 복을 받아 누리시기를 간구한다.

37. 새벽기도

우리들은 어떻게 해야 하나님의 뜻대로 살 수 있는지 깊은 관심을 갖고 있다. 하나님을 모르는 사람들은 자기 생각대로 살기 때문에 어떻게 살든 행한대로 보응을 받으면 그만이다. 여기에서 우리는 왜 신자들의 삶이 경건해야 되는지 살펴볼 필요가 있다. 신자들은 반드시 하나님의 뜻을 따라 살아야 한다. 왜냐하면 예수님을 구주로 영접했기 때문에 마땅히 주님을 따라야 한다. 예수님을 구주로 영접하는 순간 신자들은 하나님의 자녀가 된다. 하나님은 자녀들이 비록 하나님을 잘 알지 못해도 하나님의 인도와 보살핌 가운데 살도록 은혜를 베푸신다.

갓난아이가 태어나면 부모의 인도와 보살핌 가운데 있듯이 하나님을 잘 모르는 신자들도 마찬가지이다. 물론 아이가 자라서 부모를 알아보고 말도 배우는 것처럼 거듭난 영혼도 하나님의 존재를 깨닫게 되고 기도도 하게 된다. 기도는 영혼이 하나님과 대화하는 것이다. 영혼이 마음을 움직여 인간의 말로 기도하게 하지만 하나님은 중심을 감찰하시고 응답하신다. 한 가지 잊지 말아야 할 것은 어린 아이가 유창하게 말을 못해도 부모는 무슨 뜻인지 다 알아채고 대답해 주신다는 것이다.

하나님은 신자들이 기도할 때 기특하게 여기시고 은혜를 베푸신다. 기도는 필요한 것을 하나님께 달라고 하는 것인데 무엇을 원하는지 소원을 이야기 하면 된다. 하나님은 아무도 모르게 신자들의 필요를 채워 주신다.

물론 기도를 할 줄 몰라도 묵묵히 은혜를 베푸신다. 그러나 말 할 때가 됐는데 말을 안 하면 부모가 답답해하듯이 신자들이 기도하지 않으면 하나님이 안타까워하신다. 무엇이 필요한지 말을 하라는 것이다. 기도는 하나님과의 대화이다. 기도 없는 신앙생활은 벙어리 삶이나 다름없다. 기도는 신앙생활의 척도라고 할 수 있다. 기도를 잘하는 사람은 하나님과의 대화를 통해 어떻게 행할 바를 알기 때문에 최선의 삶을 이끌 수 있다. 여기에서 우리는 신자들의 기도가 왜 필요한지 깨달아야 한다.

결국 하나님께서 기도를 들으시고 응답해 주시기 때문에 신자들의 기도는 하나님의 뜻이 이루어지게 하는데 절대적이다. 많은 사람들이 기도가 필요하다고 느끼고 있지만 기도를 하는 사람은 그리 많지 않다. 기도를 할 때 알아야 할 것은 먼저 무엇을 구할지 정하고 겸손한 마음으로 구하면 되는데 조급하게 서둘러서는 안 된다. 하나님은 신자들이 기도를 시작하면 걸음을 인도 하신다. 그리고 가장 좋은 때에 이루어지게 하신다. 사람들은 왜 빨리 응답 하지 않느냐고 조바심을 치는데 꼭 빠른 것이 좋은 것은 아니다. 기도 할 때 인내심을 가지고 끝까지 기다릴 줄 알아야 한다.

아무것도 염려하지 말고 믿고 기도하면 반드시 응답된다. 하나님은 기도를 통해 은혜를 베푸시기 때문에 기도하는 사람은 염려할 필요가 없다. 우리의 기도는 전능하신 하나님의 손을 움직이는 것이기 때문에 무엇을 구하든지 못 이룰 것이 없다. 다만 구하는 것이 유익이 되게 응답하신다는 사실을 알아야 한다. 기도할 때 지속적으로 하지 않으면 반드시 필요한 것인지 알 수 없다고 할 것이다. 따라서 꼭 필요한 것을 구해야 하고 기도가 응답될 때까지 계속해야 한다.

나는 하나님이 기도하도록 붙잡아 주신다는 사실을 깨닫고 감사하는 마음으로 기도를 시작했다. 지금까지 수십 년 동안 쉬지 않고 기도를 하고 있는데 지금은 무슨 일이든지 기도로 해결하고 있다. 내가 생각하는 것과 하나님의 생각이 너무도 다르다는 사실을 발견 할 수 있다. 그리고 하나님의 뜻대로 행할 때 가장 좋은 길이라는 것을 확신하게 되었다. 주어진 생이 얼마인지 알 수 없으나 어쨌든 최선의 생을 살아야 하겠다는 것이다. 날마다 하나님과 교통하면서 끊임없는 희열을 맛보면서 하루하루 살아간다.

성경은 "내가 새벽을 깨우리로다" 말씀하시고 나의 새벽을 깨우신다. 새벽기도 참으로 감미롭다. 나는 일찍이 기도에 관심이 많았다. 어떻게 사람이 하나님과 교통 할 수 있을까 몹시 궁금했다. 그리고 교회에서 가르치는 대로 단순하게 따랐다. 특히 기도는 아무도 모르게 할 수 있어서 수시로 한 마디씩 하곤 했다. 여기에서 우리는 기도가 하루아침에 아무나 할 수 있는 것이 아니라는 사실을 알아야 한다. 어린아이가 말을 배울 때 쉬지 않고 앞뒤가 맞지 않는 말을 반복하면서 차츰 바로 잡아가듯이 기도도 중언부언하면서 계속하면 하나님께서 조리 있게 기도하도록 이끌어 주신다. 한 가지 강조하고 싶은 것은 아무리 기도를 해도 하나님의 뜻을 헤아리는데 한계가 있다고 주장하기도 한다는 것이다. 물론 그런 논리를 펼 수도 있겠지만 그러나 하나님은 쉬지 않고 기도하는 자에게 하나님의 뜻을 확신 할 수 있도록 인도하신다. 자칫 하나님의 뜻을 잘 못 헤아리는 경우도 생각해 볼 수 있는데 이런 경우에도 문제가 되지 않도록 인도하시기 때문에 기도하고 가지는 확신은 믿고 따르도록 해야 한다. 기도를 충분히 하지 않거나 건성으로 기도하면 확신이 오지 않는다. 충분한 기도는 확신이 생길 때까지 드리는 기도라고 할 수 있다. 건성으로 드리는 기도는 믿음이 없이 드리는 기도인데 응답 여부에 별 관심을 갖지 않는 기도이다.

새벽기도는 다른 기도보다 바람직하다고 할 수 있다. 특히 우리나라에서는 새벽기도가 조명을 받고 있는데 그만큼 효과가 크기 때문이 아닌가 생각된다. 기도로 하루를 연다는 것은 먼저 하나님의 도움을 받아 살겠다는 각오이고 또 구하는 것을 간절히 바란다는 의사의 표현이라고 할 수 있다. 아무리 기도를 해도 응답이 더딘 사람이 있고 쉽게 응답을 받는 사람도 있다. 하나님은 사람을 차별하는 것이 아니라 성경을 따라 은혜를 구하는 기도를 들으신다는 것이다.

따라서 말씀을 의지하고 드리는 기도는 신속하게 응답이 된다고 할 수 있다. 그러나 기도의 응답은 반드시 때가 있다는 사실을 알아야 한다. 성경은 천하의 범사가 기한이 있고 모든 목적이 이루어 질 때가 있다고 증거하고 있다. 아무리 몸부림을 쳐도 정하신 때가 있다는 말씀이다. 일반적으로 기도는 신자라면 누구나 할 수 있다고 할 수 있다. 그러나 하나님과 주고 받는 기도는 오랜 기도 생활을 통해 주어지는 영적인 능력이 있어야 하고 말씀을 듣고 실행할 수 있는 믿음이 있어야 한다.

하나님은 신자들이 어떤 믿음을 갖고 있는지 다 아신다 믿음이 없는 기도는 외면하시고 믿고 구할 때 응답하신다. 새벽기도는 상당히 힘들다고 할 수 있다. 그럼에도 불구하고 우선적으로 기도하기 때문에 하나님은 기쁘게 받으신다. 많은 사람들이 앞 다투어 기도를 시작하지만 지속적으로 기도하는 사람은 많지 않다. 신자들의 하루가 새벽기도에 달려 있다고 할 수 있다. 왜냐하면 새벽기도를 통해 하루를 하나님께 맡기기 때문에 새벽기도는 매우 중요하다.

지금도 새벽기도를 작정하는 사람들을 볼 수 있다. 어떤 문제를 해결하려고 하는데 거의 대부분 해결 된다는 사실이다. 물론 해결 안 되는 경우도 있는데 2차 3차 계속 작정기도를 드리면 반드시 해결된다. 나는 평생 새벽기도를 드리게 해 달라고 은혜를 구하면서 쉬지 않고 기도한다. 아무도 모르게 하나님과 교통하면서 문제를 해결해 나간다. 특히 하나님은 문제가 있을 때 어떻게 행할 바를 깨닫게 하시고 걸음을 인도 하신다.

기도할 때 조금도 의심하지 않고 깨닫게 하시는 대로 실천에 옮긴다. 기도는 제목에 따라 이루어 질 때 까지 하고 어떤 제목은 성령의 인도하심을 따라 간헐적으로 하기도 한다. 기도 시간은 사람에 따라 다를 수밖에 없지만 나는 보통 서 너 시간 정도 한다. 그리고 기도가 끝나면 주기도문이 주어진다.

하나님은 주기도문을 주시기 전에 모든 기도 제목을 점검하게 하신다. 기도가 누락되지 않도록 은혜를 베푸시는 것이다. 가정과 자녀들의 가정과 형제자매 친지들과 특별히 기도가 필요한 자들과 복음 방송 사역과 나라와 민족 복음화와 세계 선교를 위해 기도한다. 하나님이 기도하도록 은혜 베풀어 주심을 감사드린다.

기도와
응답

제2부 PART

하나님을 경외하는 믿음

1. 여자의 후손

창 3:14-15

하나님께서는 인류에게 커다란 은혜를 베푸시고 계신다. 사람들이 비록 범죄로 말미암아 돌이킬 수 없는 불쌍한 신세가 되었지만 하나님께서는 자신의 형상대로 만드신 사람을 아주 내버리지 않으시고 구속의 은총을 베풀어 주셨다. 만일 아담과 하와가 하나님의 명령을 어기지 않았다면 그들은 행복한 삶을 살게 되었을 것이다. 물론 하나님이 아담과 하와를 지으실 때 장차 그들이 범죄 할 것과 사단 마귀의 흉계로 비참한 삶을 살게 될 것이라는 것을 모르실리 없었다. 그럼에도 불구하고 하나님께서는 아담과 하와를 지으셨던 것이다.

혹자는 왜 하나님이 그렇게 미리 아셨다면 마귀가 유혹하지 못하도록 대책을 세우시던가 아니면 아담과 하와가 마귀의 유혹을 물리치도록 은혜를 베푸시지 않았느냐고 할 것이다. 여기에 하나님과 인간이 다르다는 것을 알아야 한다. 하나님이 인류 역사를 이끌어 오신 것을 보면 어떤 때는 그렇구나 하고 이해가 되고 또 어떤 때는 왜 그렇게 하실까 하고 의아심을 갖게 될 때도 있다. 그만큼 사람들은 하나님의 뜻을 온전히 헤아리지 못하고 임의대로 살고 있는 것이다.

창3:15을 보면 "내가 너로 여자와 원수가 되게 하고 너의 후손도 여자의 후손과 원수가 되게 하리니 여자의 후손은 네 머리를 상하게 할 것이요 너

140 | **기도와 응답** 간증과 설교 편

는 그의 발꿈치를 상하게 할 것이니라"고 증거하고 있다. 물론 하나님의 깊은 뜻을 모르는 마귀는 이 말씀이 어떻게 성취될 것인지 전혀 모르고 제 멋대로 인간을 괴롭히며 갖가지 방법으로 인간이 하나님을 따르지 못하도록 안간힘을 쓰고 있다.

아담 이래 사람들은 자기도 모르는 사이에 사단의 달콤한 유혹을 좇아 마치 그렇게 사는 것이 당연한 것처럼 살고 있다. 그러나 하나님 편에서 보면 비참한 인생을 살고 있는 것이다. 그래서 하나님께서는 사람들이 이 사실을 깨닫고 겸손한 마음으로 회개하고 빛 가운데 살도록 은혜를 베풀고 계시는 것이다.

1. 여자의 후손의 의미

성경 말씀은 성령의 감동을 입은 사람들이 쓴 것이다. 본문의 "여자의 후손"은 동정녀 마리아에게서 탄생하신 예수 그리스도를 가리킨다. 어떻게 사람이 처녀의 몸에서 태어날 수 있단 말인가 하고 사람들은 믿지를 못하고 성경을 보아도 이성과 과학으로 풀 수 없는 부분은 그저 그런가보다 하고 어물쩍 넘어가 버리고 말기 일쑤이다. 여기에 사단이 교묘하게 수작을 부려 사람들로 하여금 깊은 믿음을 갖지 못하게 하고 이성과 과학을 앞세우는 그럴듯한 신자로 몰아간다는 것이다.

마1:22-23에 "주께서 선지자로 하신 말씀을 이루려 하심이니 가라사대 보라 처녀가 잉태하여 아들을 낳을 것이요 그 이름을 임마누엘이라 하리라 하셨으니 이를 번역한즉 하나님이 우리와 함께 계시다 함이라"고 증거하고 있다. 결국 하나님께서 신자들에게 성경에 기록된 말씀을 믿도록 은혜를 베푸시지 않으면 신자들은 이성과 과학 등으로 성경 말씀을 난도질하여 각기 훌륭한 믿음을 가진 것처럼 보이나 사실은 쭉정이 신자가 될 수밖에 없다.

왜 사람들이 예수 그리스도의 동정녀 탄생을 순수하게 믿지 못하고 갖가지 억측을 자아내는지 안타깝지만 하나님께서 놀라운 경륜 가운데 본문을 주시고 수천 년이 지난 후 그 말씀대로 아기 예수가 탄생되게 하셔서 말씀대로 여자의 후손이 나타나게 하셨다는 사실은 참으로 놀라운 일이 아닐 수 없다. 그러므로 우리들은 하나님께서 행하시는 일들이 때로 이해가 잘 가지 않더라도 겸손한 마음으로 받아들이고 또 믿음으로 말미암아 하나님을 기쁘시게 하는 신자들이 되어야 할 것이다.

눅1:38에 "마리아가 가로되 주의 계집종이오니 말씀대로 내게 이루어지이다 하매 천사가 떠나가니라"고 하였다. 마리아는 이성적으로나 과학적으로 전혀 증거 할 수 없는 일이 자기에게서 일어날 것이라고 천사가 말할 때 의심하지 않고 받아들였다. 그에 비하면 우리들은 훨씬 더 믿기가 쉽다는 사실을 알아야 한다.

2. 메시야 강림 예고

사단 마귀가 온 세상을 다스리는 것처럼 보이기도 하지만 실상은 하나님께서 통치하시고 계시다는 사실을 우리는 알아야 한다. 하나님의 섭리가 너무도 깊고 오묘하여 우리가 때로는 과연 하나님이 계신가 하는 의구심을 갖기도 한다.

롬8:28을 보면 "우리가 알거니와 하나님을 사랑하는 자 곧 그 뜻대로 부르심을 입은 자들에게는 모든 것이 합력하여 선을 이루느니라"고 하였다. 물론 그 결과가 선을 이루게 될 것이라고 믿으면서도 눈앞에 일들이 거꾸로 돌아가는데 어느 누가 합력하여 선을 이룬다고 그대로 따라 가겠는가, 예를 들면 요셉이 노예로 팔려 가면서 이것이 궁극적으로 선을 이루게 될 것이라고 기뻐하면서 팔려 갔겠는지 생각해 보아야 한다.

마찬가지로 우리의 목전에 전개되는 일들이 분명 말씀을 거역하고 있는데 합력하여 선을 이룰 것이라고 순순히 따라갈 수 있겠는가, 따라서 모든 것이 합력하여 선을 이룬다는 말씀은 기본적으로 최선을 다 한다는 전제가 깔려 있다는 것을 알아야 한다.

본문은 여자의 후손이 사단의 머리를 상하게 할 것이라고 증거하고 있다. 그러나 구체적으로 언제 그렇게 될 것이라는 말은 없다. 왜 하나님께서 그 때를 알려 주시지 않았는지 생각해 볼일이다.

행1:6-7을 보면 "저희가 모였을 때에 예수께 묻자와 가로되 주께서 이스라엘 나라를 회복 하심이 이 때니이까 하니 가라사대 때와 기한은 아버지께서 자기의 권한에 두셨으니 너희의 알 바 아니요"라고 했다. 왜 종말의 때를 가르쳐 주시지 않았는지 역시 궁금하다.

이와 같이 하나님께서는 신자들이 알아야 할 것은 알게 하시고 반면에 모르는 것이 좋을 때는 또 모르게 하신다는 사실을 알아야 한다. 하나님께서 감추시는 것을 억지로 알려고 하는 것은 불충일 수 있다. 그러나 하나님은 신자들이 궁금해 하는 것을 다 아시고 때를 따라 알려 주실 뿐만 아니라 끝까지 감추지 않으면 안 되는 것들은 인내 할 수 있도록 은혜를 베푸신다.

본문은 여자의 후손인 그리스도께서 오셔서 뱀의 머리 즉 사단의 권세를 꺾어 버리겠다는 하나님의 약속인 것이다. 이렇게 그리스도의 오심은 벌써 에덴동산에서 아담의 타락 때부터 약속된 것이다. 뿐만 아니라 그리스도께서 이 세상에 인간의 몸을 입고 오실 것(여자의 후손)이 계시되었다는 것을 알 수 있다.

성경은 이미 신자들이 충분히 믿고 따를 수 있도록 기록된 하나님의 말씀이다. 그러므로 신자들은 조금도 염려하지 말고 하나님의 말씀을 굳게 붙들고 승리할 수 있어야 한다.

3. 십자가의 비밀

하나님께서 때가 차매 예수 그리스도를 이 세상에 보내시고 택한 백성들을 위하여 십자가에서 피 흘려 죽게 하셨다. 십자가는 로마의 처형 방법 중의 하나이다. 특히 인류역사상 가장 잔인한 처형 방법으로써 로마 정부는 자국인이 아닌 타국인 그 중에서도 가장 죄질이 나쁜 사람들을 십자가에 매달았던 것이다. 물론 예수님께서 십자가에 매달 릴 것이라고 구약성경은 여러 차례 예언하고 있다. 어떻게 수천 년 후에 로마가 그런 처형방법을 쓸 것을 아시고 그렇게 예언했는지 놀라지 않을 수 없다.

여기에서 우리는 왜 예수님이 꼭 십자가를 지시지 않으면 안 되었는지 깨닫지 않으면 안 된다. 첫째, 예수님은 가장 흉악한 죄인이라도 구원 받을 수 있도록 가장 큰 처벌을 받아야만 했다는 것이다. 만일 예수님께서 십자가를 지시지 않았다면 십자가 형벌을 받아야만 하는 죄인들은 구원하지 못한다는 논리가 성립된다.

두 번째는, 이미 구약성경에서 장차 오실 메시야를 나무에 달려 인간의 저주를 대신 받게 될 것이라는 말씀이 응하게 하려 하심이라는 것이다. 만일 예수님께서 나무에 달리지 않으셨다면 인간에게 내려진 저주는 그대로 남아있어 설사 죽을 때 구원을 받는다 해도 사는 날 동안 비참한 삶을 살지 않으면 안 된다는 것이다. 따라서 예수 그리스도를 믿게 되면 죄사함의 은총과 함께 저주의 굴레도 벗어버리게 된다는 사실을 알아야 한다.

사람들은 왜 하필 예수 그리스도를 믿어야만 하느냐고, 기독교는 독선적인 종교라고 불평들을 하지만 사실 예수 그리스도를 믿지 않고는 구원의 길이 없는데 어찌 하겠는가, 세속적인 종교를 가지고 있는 사람들은 누이 좋고 매부 좋고 하는 식으로 서로 인정을 해주며 기독교도 그렇게 손잡고 같이 나가자고 달콤한 소리를 하지만 "내가 곧 길이요 진리요 생명이니 나로 말미암지 않고는 아버지께로 올 자가 없느니라"(요14:6)하신 말씀을 알고 있는 우리들이 어떻게 그런 터무니없는 소리에 귀를 기울일 수 있겠는가, 우리는 십자가에 숨겨진 비밀을 알아야 한다. 그들 말대로라면 무슨 순교가 필요하고 신앙정절을 지킬 필요가 있겠는가, 신앙은 생명이다. 예수 그리스도를 믿고 영원한 생명을 얻지 못한다면 굳이 신앙생활을 할 필요가 없을 것이다.

사랑하는 성도 여러분, 기독교는 멸망 길로 치닫는 죄인들을 구원의 길로 인도하는 생명의 종교이다. 하나님께서는 독생자 예수 그리스도를 이 땅에 보내시어 죄인들의 형벌과 저주를 담당케 하셨다.

사53:6 "우리는 다 양 같아서 그릇 행하여 각기 제 길로 갔거늘 여호와께서는 우리 무리의 죄악을 그에게 담당시키셨도다" 이제 하나님께서 일찍이 "여자의 후손" 즉 예수 그리스도를 보내 주실 것을 약속하시고 때가 차매 보내주셔서 믿는 자를 구원하시는 은혜를 감사 찬송하여야 하겠다.

여러분 모두 구원의 은총을 노래하며 이 기쁜 소식을 널리 전하여 많은 사람들을 주님께로 인도하는 삶 사시기를 바랍니다.

2. 모세가 부르심을 받다

하나님은 이스라엘 민족을 애굽에서 해방 시키실 때 모세를 쓰신 것을 알 수 있다. 모세는 이스라엘 민족을 구원하실 때 조금도 두려움이 없이 하나님께서 인도하시는 대로 따랐고 이스라엘 민족의 구원은 예언대로 성취되었다. 지금도 이스라엘 민족은 그때의 감격을 잊지 못하고 있다.

왜 하나님께서 모세를 통해 이스라엘 민족을 건지셨는지 생각해 볼 필요가 있다. 모세는 기구한 운명을 안고 태어났다. 그러나 하나님은 그가 바로의 궁정에서 자라게 하시고 때가 이르매 이스라엘 민족을 구원할 마음을 품게 하셨다. 특히 애굽의 왕자로써 가만히 있으면 애굽의 왕이 될 수 있는 입장에 있었다. 물론 애굽의 왕이 되면 이스라엘 민족을 해방 시킬 수 있었을 것이다. 그러나 하나님은 그렇게 걸음을 인도하시지 않았다. 누가보아도 그 방법이 최선의 방법이라고 할 것이다. 그러나 하나님은 그 방법을 쓰시지 않았다. 다시 말하면 하나님의 방법으로 해방 시키셨다는 것이다.

신자들은 때로 하나님께서 이렇게 해 주셨으면 좋을 텐데 하기도 한다. 여기에서 우리는 하나님의 지혜와 능력을 볼 수 있다. 하나님은 신자들이 따르기만 하면 얼마든지 좋은 방법으로 걸음을 인도하실 수 있다. 그러나 사람들은 하나님을 믿는다고 하면서도 막상 인도하시면 주저하고 망설인

PART 2 하나님을 경외하는 믿음 | 147

다. 그래서 하나님은 믿음이 있는 자를 찾으신다.

믿음은 하나님으로 하여금 일하게 하시는 통로이다. 믿음이 있는자는 하나님께 자신을 맡기는 자이다. 하나님은 믿음이 있는 자와 함께 일하시고 영광을 받으신다. 하나님이 모세를 쓰신 이유가 바로 여기에 있다. 모세는 하나님께서 이스라엘 민족을 해방 시키실 것을 믿고 있었다. 그러나 방법은 몰랐다. 많은 신자들이 하나님이 도와주실 때 어떻게 도와주실지 모르기 때문에 전전긍긍 한다고나 할까, 그러나 하나님은 신자들이 하나님을 전적으로 믿고 따르기를 원하신다.

내 방법대로 인도해 주시지 않는다고 조바심을 낼 필요가 없다. 하나님은 항상 사랑하는 마음으로 은혜를 베푸시기 때문에 믿고 맡기는 것보다 더 좋은 방법이 없다. 그럼에도 불구하고 신자들은 혹시 잘못되면 어떻게 하나 하고 염려를 한다. 입술로는 전지전능하신 하나님 운운하지만 실제 문제에 부딪치면 믿음은 어디로 가고 살며시 인간적인 방법을 들고 나온다. 하나님을 믿지 못하면 누구를 믿겠다는 것인지 알 수 없다.

모세가 이스라엘 민족을 인도할 때 모세는 하나님이 어떤 방법으로든지 인도 하시리라는 확신을 가지고 있었다. 모세는 하나님과 교통하면서 과연 하나님의 뜻이 어디 계신지 겸손히 헤아려 백성들을 이끌었다. 여기에서 우리는 하나님의 일을 하려면 무엇보다도 하나님의 뜻을 헤아릴 수 있어야 하고 또 순종할 수 있는 믿음이 있어야 한다. 성경을 보면 하나님께 크게 쓰임 받은 사람들이 나오는데 모두가 한결같이 믿음의 소유자였다는 사실을 알아야 한다. 그들은 하나님을 의심하지 않고 믿고 따르고 인도하실 때 순종했다.

우리는 하나님을 섬길 때 하나님이 무서운 하나님으로 생각될 때가 있다. 그러나 이는 기우에 불과 하다고나 할까, 하나님은 신자들을 대하실 때 사랑으로 대하시지만 신자들은 두려운 하나님으로 느껴질 때가 있다. 그 이유는 하나님의 사랑이 때로는 사랑의 매로 나타나기 때문이다. 우리들은 하나님이 징계하시는 것인지 사랑의 매로 때리시는 것인지 분별할 수 있어야 한다. 그런데 엄밀하게 말하면 징계도 하나님의 사랑에서 비롯되는 것이기 때문에 어떠한 경우든지 하나님의 사랑을 잊지 말아야 한다.

지금도 많은 사람들이 하나님의 사랑에 대해 오해를 하고 있거나 잘못 생각하고 있는 경우가 있다. 아무리 신자들이 부족하고 잘못한다고 해도 하나님은 자비의 하나님이시다. 따라서 하나님은 신자들에게 항상 사랑의 하나님으로 나타난다는 사실을 결코 잊어서는 안 된다. 하나님한테 얻어 맞았다고 해도 하나님이 어떤 경각심을 주시기 위한 것이지 미워서 때리거나 하시는 하나님이 아니라는 사실을 알아야 한다.

그러나 사랑의 매도 맞으면 아프듯이 가급적 매를 맞지 않고 하나님을 섬길 수 있어야 할 것이다. 다만 신자들이 아무리 잘한다고 해도 하나님 편에서 보면 사랑의 매를 때려야 할 때가 있을 수 있다는 것을 또한 알아야 한다. 아무도 하나님 앞에서 온전할 수 없기 때문이다. 그래서 하나님을 따르는 자들은 모름지기 책망도 받고 칭찬도 받고 그러는 가운데 믿음이 성장한다는 사실을 알아야 한다.

지나치게 결벽주의자처럼 만점 신자가 되려고 해서는 안 된다. 만점 신자는 아무도 없다. 모세도 살인을 했고 다윗 같은 사람도 살인에 간음죄까지 범했다. 그런데도 하나님은 그들을 일꾼으로 쓰셨다. 아마 흠 없는 사람을 찾으신다면 아무도 하나님 앞에 쓰임을 받을 수 없을 것이다.

본문을 보면 모세가 하나님께 쓰임 받는 것을 볼 수 있다. 6-7절을 보면 "그러므로 이스라엘 자손에게 말하기를 나는 여호와라 내가 애굽 사람의 무거운 짐 밑에서 너희를 빼어 내며 그 고역(苦役)에서 너희를 건지며 편 팔과 큰 재앙으로 너희를 구속하여 너희로 내 백성을 삼고 나는 너희 하나님이 되리니 나는 애굽 사람의 무거운 짐 밑에서 너희를 빼어낸 너희 하나님 여호와인 줄 너희가 알지라" 하셨다.

하나님은 신자들이 자신이 어떠한 하나님이신 줄을 알도록 걸음을 인도하신다. 우리가 하나님을 모르면 제대로 따를 수도 없고 영광도 돌릴 수 없을 것이다. 그래서 하나님은 자신이 어떠한 존재인지 수시로 가르쳐 주신다. 때로는 기적으로 때로는 인도와 보살핌 등으로 능력과 사랑을 나타내신다. 아무리 하나님이 자신을 가르쳐 주셔도 신자들은 쉽사리 받아들일 줄을 모른다. 하나님을 내 하나님으로 믿어야 하는데 객관적인 하나님으로 믿기 때문에 피부에 와닿지 않는다는 말이다.

본문 7절을 보면 "너희로 내 백성을 삼고 나는 너희 하나님이 되리니" 하는 말씀이 나온다. 얼마나 구체적이고 얼마나 다정한 말씀입니까. 하나님은 그렇게까지 우리에게 말씀하시지만 신자들은 무덤덤하다. 내게 직접 유익이 되지 않으면 선뜻 받아들이려 하지 않는다. 신자들은 하나님을 구주로 영접한 자들이기 때문에 분명 하나님의 백성이다. 그럼에도 불구하고 하나님의 백성으로 살기보다 세상 사람들과 어울려 살려고 한다. 그만큼 하나님의 백성으로 살기가 쉽지 않다는 이야기이다. 하나님의 백성으로 살려면 희생이 따르기 때문이다.

사랑하는 성도 여러분, 하나님은 신자들을 통하여 세상을 다스려 나가신다. 따라서 신자들은 하나님의 뜻을 헤아려 받들어야 한다. 모세가 하나님의 부르심을 받아 이스라엘 민족을 인도한 것은 그가 하나님께 쓰임을 받았다는 것이다. 여러분 모두 하나님의 백성으로서 하늘나라를 위해 쓰임 받는 삶을 사시기 바란다.

3. 애굽에서 인도하여 내심

출 13:11-22

하나님은 이스라엘 민족을 애굽에서 인도하시어 홍해를 건너게 하셨다. 야곱이 70명의 가족들을 거느리고 가나안에서 애굽에 들어간 지 430년 만의 일이었다. 때가 차 매 하나님께서는 애굽에서 종살이 하던 이스라엘 민족을 약속대로 건져내시어 가나안 땅으로 들어가게 하시는 것을 볼 수 있다. 만일 하나님이 이스라엘 민족을 해방시켜 주시지 않았더라면 이스라엘 민족은 애굽에서 빠져 나오지 못했을 것이다.

하나님은 이스라엘 민족이 애굽에서 노예 살이 할 때 한시도 잊지 않으시고 감찰하고 계셨다는 사실을 잊지 말아야 한다. 물론 이스라엘 민족이 고통 속에서 하나님께 부르짖었을 것이다. 이같이 하나님은 기도를 들으시고 잊지 않으신다. 사람들은 기도를 할 때 하나님이 다 듣고 계신다는 사실을 잊지 말아야 한다. 그리고 응답이 더디더라도 인내하고 기다리는 자세를 가져야 한다.

기도는 하나님의 지혜와 능력을 이끌어 내는 유일한 수단이다. 아무리 노력을 많이 해도 기도없는 노력은 헛수고에 불과하다는 것을 알아야 한다. 하나님은 지금도 신자들이 기도를 통해 은혜를 받고 하나님의 뜻을 헤아려 받들 수 있도록 걸음걸음 인도하신다. 신자들이 하나님과 교통할 때 기도보다 더 좋은 방법은 없다. 그만큼 기도가 중요하다. 그럼에도 불구하고 신자들은 기도의 중요성을 소홀히 하는 경우가 적지 않다. 본문에 "너는 무릇 초태생과 네게 있는 생축의 초태생을 다 구별하여 여호와께 돌리라 수컷은 여호와의 것이니라"(12절)고 말씀하고 있는데 이는 하나님이 이스라엘 백성들이 앞으로 어떻게 살아가야 할지 가르쳐 주시는 말씀 이라고 할 수 있다.

한마디로 말하면 이스라엘은 첫 것을 다 여호와께 바치는 삶 즉 전적으로 하나님께 헌신하는 삶을 살아야 한다는 것이다. 사람들이 은혜를 받으면 하나님께 헌신하려고 한다. 바람직한 일이라고 할 수 있지만 그러나 헌신은 아무나 할 수 있는 일은 아니다. 먼저 하나님을 알지 못하면 안 된다. 다음은 희생을 각오해야 한다. 셋째는 겸손하지 않으면 안 된다. 많은 사람들은 이러한 사실을 깨닫지 못하고 헌신하겠다고 나선다. 사람들이 왜 하나님께 헌신하는 삶을 살려고 하는지 깊이 생각해 보아야 한다. 한마디로 말하면 헌신하는 삶을 살 때 가장 큰 행복을 느끼게 되기 때문이다.

이스라엘 민족이 430년 동안 애굽에서 종살이 할 때 하나님은 그들이 간절한 마음으로 하나님을 찾도록 인도하셨다. 왜 하나님께서 이스라엘 민족을 애굽으로 인도하셨는지 생각해 볼 필요가 있다. 애굽은 당시 최고의 문물을 자랑하는 선진국이었다. 하나님께서는 이스라엘 민족이 애굽에서 비록 종살이는 했지만 이 세상 최고의 문물을 맛볼 수 있도록 걸음을 인도하셨다. 그렇지만 이스라엘 민족은 이에 만족하지 않았다. 물론 노예 생활을 했기 때문이기도 했지만 무엇보다도 하나님을 자유로이 섬길 수 없었기 때문이다.

여기에서 우리는 아무리 좋은 환경에서 살아도 하나님을 마음 놓고 섬길 수 없다면 결코 행복 할 수 없다는 사실을 깨달아야 한다. 하나님이 인간들에게 베푸시는 은혜 중 가장 큰 은혜라고 할 수 있는 것은 인간들이 하나님과 교통할 수 있도록 길을 열어 놓은 것이라고 할 수 있다. 그럼에도 불구하고 사람들은 부지런히 하나님을 찾지 않고 소극적인 자세를 취하고 있다. 하나님은 신자들이 하나님을 섬길 때 얼마나 정성을 기울이고 있는지 다 아신다. 따라서 중심으로 하나님을 섬기지 않고 형식적으로 섬기게 되면 진정한 은혜를 받지 못한다.

어떤 사람은 하나님도 섬기고 우상도 섬기면 더욱 좋지 않느냐고 기염을 토하기도 한다. 물론 하나님을 모르니까 그런 소리를 하겠지만 안타깝기 짝이 없다. 심지어 한술 더 떠서 아무 종교든 성실히 믿기만 하면 구원을 받을 수 있다고 주장하는 사람도 있다. 세상이 얼마나 혼탁한지 그런 말이 또 통한다고 할까, 아무튼 정신 바짝 차리지 않으면 언제 구렁텅이에 떨어질지 무서운 세상이다. 왜 하나님께서 십자가에서 피 흘려 죽으셨는지 깨닫지 못하면 그런 엉뚱한 소리를 할 수 밖에 없다. 또 하나님을 알되 지식적으로만 아는 자들도 마찬가지이다. 하나님은 누가 참신자이고 누가 엉터리 신자인지 다 아신다. 아무리 그럴듯하게 포장을 하여도 하나님은 속일 수 없다. 사람들은 교인이 많이 모이면 그만큼 설교도 잘하고 은혜도 많이 받을 수 있을 거라고 생각을 한다. 그런데 다는 아니다.

하나님께서는 신비한 방법으로 신자들을 관리하신다. 계2:5을 보면 "그러므로 어디서 떨어진 것을 생각하고 회개하여 처음 행위를 가지라 만일 그리하지 아니하고 회개치 아니하면 내가 네게 임하여 네 촛대를 그 자리에서 옮기리라" 하셨다. 교회를 설립하여 섬기는 종들은 왜 하나님께서 교인들을 보내 주시지 않는지 모르겠다고 푸념을 하기도 한다. 물론 다 그렇다고 할 수는 없지만 대부분의 경우 주님을 바라보며 안타까워한다. "네 촛대를 그 자리에서 옮기리라" 주님의 말씀이다. 신자들의 이합집산은 전적으로 하나님의 손에 달려 있음을 잊지 말아야 한다. 그렇다면 당시 이스라엘 민족은 하나님의 백성 즉 지금으로 말하면 신자들에 해당된다고 할 수 있는데 그들의 해방이 전적으로 하나님 손에 달려 있음은 말할 것도 없다. 다만 신자에 해당되는 이스라엘 자손들이 체계적으로 하나님을 섬기지 못하고 있었을 뿐이다.

하나님은 신자들에게 은혜를 베푸신다. 물론 잘못하거나 곁길로 갈 때에는 책망하시기도 하고 잘못된 길을 가로막기도 하시지만 아무튼 철두철미 하게 신자들의 걸음을 인도하신다. 따라서 교회를 섬기는 종들은 하나님을 바라보며 사역을 감당해야지 성도들을 바라보아서는 안된다.

사랑하는 성도 여러분, 하나님은 이스라엘 자손을 애굽에서 이끌어 내실 때 모세를 들어 쓰셨다. 그 이유는 모세에게 사명을 감당할 수 있는 믿음과 용기가 있었기 때문이다. 히11:6을 보면 "믿음이 없이는 기쁘시게 못하나니 하나님께 나아가는 자는 반드시 그가 계신 것과 또한 그가 자기를 찾는 자들에게 상 주시는 이심을 믿어야 할지니라" 했다. 모세에게 그런 믿음이 없었다면 바로왕과의 싸움에서 이기지 못하였을 것이다. 신자들은 모름지기 사명에 걸 맞는 믿음이 있어야 한다. 세상 사람들은 능력을 앞세우지만 하나님 나라는 믿음을 보신다는 사실을 잊지 말아야 한다. 여러분 모두 하나님께 인정받는 믿음의 소유자들 되시기를 기원한다.

4. 장자의 재앙

출 12:29-42

모세와 아론은 하나님의 인도하심을 따라 사명을 감당 할 때 철저히 하나님께서 지시하심을 따랐다. 만일 그들이 인간적인 생각을 가지고 바로왕을 대했더라면 히브리 민족의 해방은 자칫 수포로 돌아갔을 것이다. 다시 말하면 바로왕이 제시하는 것들에 귀를 기울이거나 가감 했더라면 문제가 복잡해졌을 것이다. 하나님은 일을 하실 때 정에 끌리거나 계획을 변경하시는 분이 아니시다. 모세도 바로왕이 의견을 제시할 때 적당히 해결하고 싶은 생각이 있었을 것이다. 그러나 모세는 사명자로서 자신의 뜻을 이루려 하지 않고 오직 하나님의 뜻이 이루어지도록 최선을 다 했다. 지금 바로왕이 모세에게 어떤 요청을 해도 전혀 받아들일 수 없는 상황이라는 사실을 알아야 한다. 그 이유는 모세가 자기 마음대로 할 수 없기 때문이다.

모세는 하나님께서 인도하실 때 가감 없이 따를 뿐 자신의 생각이나 어떤 의견을 제시할 수 없는 처지였다. 왜냐하면 히브리 민족은 하나님이 아브라함에게 이미 약속하신 대로 해방을 시켜 주어야 되기 때문이다. 따라서 모세는 어떤 의견도 제시할 수 없었던 것이다. 사람들은 하나님께서 인도하실 때 가장 좋은 길로 인도하신다는 사실을 잊지 말아야 한다. 어떤 사람은 하나님이 혹시 잘못 인도하시게 되면 어쩌나 하는 생각을 갖기도 한다. 이는 기우에 불과하다. 하나님은 전지전능 하실 뿐만 아니라 사랑의 하나님이시기 때문에 실수 할 수도 없고 나쁜 것으로 주실 수도 없다. 이 진리를 믿는다면 아무 걱정도 할 필요가 없다. 다만 우리들이 최선을 다 할것 뿐이다.

모세는 히브리 민족을 해방 시키는데 있어 전적으로 하나님만 의지하였다. 그만큼 모세는 믿음이 깊은 사람이었던 것이다. 지금도 신자들 가운데는 믿음이 깊은 사람이 있고 그렇지 못한 사람도 있다. 그러나 누구든 아무 염려할 필요가 없다는 것이다. 그 이유는 하나님은 신자들을 인도하실 때 믿음대로 인도하시기 때문이다. 하나님께서 모세를 앞세워 히브리 민족을 해방시키는 이유도 모세가 그만한 믿음이 있기 때문이라는 사실을 알아야 한다. 어쨌든 하나님은 바로왕에게 압력을 가하여 히브리 민족을 애굽에서 이끌어 내시고 계심을 알아야 한다. 바로왕은 히브리 민족을 빼앗기지 않으려고 발버둥을 쳤다. 엄청난 피해를 감수 하더라도 히브리 민족만은 빼앗길 수 없다는 것이다.

하나님은 바로왕이 어떤 생각을 가지고 있는지 다 아신다. 그렇지만 침착하게 걸음을 인도하셨다. 하나님은 모세가 바로왕에게 조금도 굴하지 않고 히브리 민족의 해방을 위해 맞서는 것을 보시고 차례차례 재앙을 내리셨던 것이다. 만일 모세가 바로의 권세 앞에 흔들렸다면 재앙의 효력도 그만큼 약화되었을 것이다. 그러나 모세는 조금도 흔들림 없이 바로를 맞서 싸웠던 것이다. 어느 누가 보아도 모세는 바로왕의 상대가 되지 못했다. 그럼에도 불구하고 모세는 오직 하나님만 의지하고 담대히 맞섰던 것이다. 시간이 흐를수록 바로왕은 초조해 질 수밖에 없었다. 결국 바로왕은 모세의 요청대로 히브리 민족과 모든 소유를 내주기로 결심하고 말았던 것이다.

29-30절을 보면 "밤중에 여호와께서 애굽 땅에서 모든 처음 난 것 곧 위에 앉은 바로의 장자로부터 옥에 갇힌 사람의 장자까지와 생축의 처음 난 것을 다 치시매 그 밤에 바로와 그 모든 신하와 모든 애굽 사람이 일어나고 애굽에 큰 호곡이 있었으니 이는 그 나라에 사망치 아니한 집이 하나도 없었음이었더라 밤에 바로가 모세와 아론을 불러서 이르되 너희와 이스라엘 자손은 일어나 내 백성 가운데서 떠나서 너희의 말대로 가서 여호와를 섬기며 너희의 말대로 너희의 양도 소도 몰아가고 나를 위하여 축복하라"고 기록하고 있다. 여기에서 우리는 하나님께서 히브리 민족에게 큰 은혜를 베푸시고 계심을 알아야 한다. 어떻게 그런 무서운 재앙을 내리실 수 있는지 상상조차 할 수 없다. 바로왕은 천만 뜻밖에 장자를 잃고 드디어 히브리 민족에 대한 미련을 버리게 되었다. 하나님이 결성타를 날리셨는데 좀 더 일찍 바로왕이 하나님의 뜻을 깨달았더라면 많은 피해를 줄일 수 있었을 것이다.

사람들은 하나님께서 인도하실 때 주저주저하다가 기회를 놓치고 마는 경우가 많다. 다시 말하면 믿음으로 담대히 따르지 못했다는 말씀이다. 아무리 담대한 신자라 해도 미지의 세계로 인도하시는 하나님을 따른다는 것이 그리 쉽지는 않을 것이다. 그럼에도 불구하고 하나님은 신자들이 믿음으로 따르기를 바라신다.

바로왕은 열 번째 재앙을 만나 어쩔 수 없이 손을 들었지만 마음속으로 완전 항복한 것은 아니었다. 그래서 히브리 민족을 떠나보낸 후 어찌할 바를 모르다가 히브리 민족을 몰살시켜야겠다는 생각을 가지고 군대를 일으켜 뒤쫓기 시작했다. 사실 바로왕이 당한 수모와 재앙을 통해 입은 피해가 이만 저만이 아니었다. 하나님은 바로왕이 전쟁을 일으키자 이스라엘 자손의 안전을 생각하지 않을 수 없었다. 이스라엘 자손은 여자, 어린이, 노약자 등 전쟁을 할 수 없는 사람들이 많아 특단의 대책이 없는 한 패망할 수밖에 없었다. 극도의 공포 속에 이스라엘 자손은 동요되기 시작했다.

이때 모세는 이스라엘 자손에게 부르짖었다. 출14:13-14절을 보면 "모세가 백성에게 이르되 너희는 두려워 말고 가만히 서서 여호와께서 오늘날 너희를 위하여 행하시는 구원을 보라 너희가 오늘 본 애굽 사람을 또 다시는 영원히 보지 못하리라 여호와께서 너희를 위하여 싸우시리니 너희는 가만히 있을지니라" 했다. 모세가 어떻게 해서 이렇게 담대히 부르짖을 수 있었는지 성경에는 기록되어 있지 않지만 어쨌거나 모세는 하나님과 은밀히 교통하는 가운데 하나님께서 이스라엘 자손을 책임지고 지켜 주시리라는 것을 믿고 있었을 것이다. 이스라엘 자손은 모세가 인도하는 대로 따랐고 모세는 지팡이를 들고 손을 바다 위로 내밀어 홍해가 갈라지게 했다. "모세가 바다 위로 손을 내어민대 여호와께서 큰 동풍으로 밤새도록 바닷물을 물러가게 하시니 물이 갈라져 바다가 마른 땅이 된지라"(출 14:21) 결국 이스라엘 자손은 홍해를 육지 같이 건너고 뒤를 따라 홍해에 들어선 애굽 군대는 바다 물이 합해짐과 함께 수장되고 말았던 것이다.

사랑하는 성도 여러분, 이스라엘 자손의 출애굽은 열 가지 재앙을 통해 이루어진 기적 사건이다. 우리는 여기에서 하나님의 능력과 지혜와 은혜를 볼 수 있다. 아무리 이스라엘 민족이 해방을 위해 몸부림을 쳐도 하나님이 도와주시지 않으면 전혀 불가능한 일이었다. 하나님은 이스라엘 민족이 지켜보는 가운데 기적을 일으켜 해방시켜 주었다. 그러나 이스라엘 민족은 해방보다도 당장 먹고 살 것을 염려하였다. 이제 이스라엘 민족의 운명은 온전히 하나님의 손에 맡겨지게 되었다. 이스라엘 민족의 출애굽, 열 번의 재앙으로 이스라엘 민족의 해방은 대단원의 막을 내렸다. 하나님께서는 이스라엘 민족이 온전히 하나님만 의지하도록 만드셨다. 우리들도 전적으로 하나님만 의지하고 따르면 하나님께서 반드시 승리하게 하실 것이다. 여러분 모두 하나님을 의지하여 승리하는 삶 사시기를 바란다.

5. 다른 신들을 섬기지 말라

사람은 어떻게 보면 대단한 존재인 것 같고 어떻게 보면 허무한 존재인 것 같기도 하다. 세상을 지배하는 것을 보면 사람보다 더 위대한 존재가 없는 것 같고 나무도 천 년을 서 있는데 고작 70-80년을 살고 떠나가는 것을 보면 허무하기 짝이 없기도 하다. 이것 저것 다스린다고 벌여 놓고 사람이 먼저 떠나가 버리니 벌여 놓은 것들이 입이 있다면 마무리도 못하려면 무엇 때문에 그렇게 온갖 정성을 다 들여 시작했느냐고 할 것이다. 우리는 여기에서 인생의 존재 의미를 생각해 볼 수 있어야 하겠다.

성경을 보면 사람은 우주 만물이 창조될 때 맨 나중에 지음을 받은 사실을 알 수 있다. 하나님께서 인간을 맨 나중에 지으신 이유는 성경에 쓰여져 있지 않아서 단적으로 말할 수는 없지만 이렇게 추측할 수 있다. 하나님께서 먼저 세상을 만드신 후 다스릴 자로 인간을 만드셨다는 것이다. 다음은 인간이 우주 만물 중 최고 걸작품이 되게 만드셨다는 것이다. 다시 말하면 하나님께서 지으신 만물 중 최신 작품이라는 것이다. 이렇게 인간은 하나님의 특별한 배려 가운데 탄생되었다.

하나님의 특별한 배려 가운데 탄생된 인간! 그러기에 인간에 거시는 하나님의 기대도 크다. 사람은 다른 피조물과 달리 하나님의 형상까지 닮도록 만드셨다. 이는 하나님의 대리자로 다른 피조물들을 다스리게 하시려고 하신 것이다. 얼마나 큰 축복이며 얼마나 큰 특권인가, 그러한 인간이 하나님의 뜻을 따라 다른 피조물들을 다스리지 않고 자기들 마음대로 다스리려고 한다.

아무리 하나님께서 말씀하셔도 알아듣지 못하고 또 알아들으려고도 하지 않는다. 심령이 타락되어 마치 내가 마음대로 주인이고 하나님은 계신지 안 계신지 잘 모르고 설사 계신다 하더라도 나를 도와주시는 분 정도로 생각을 한다. 주객이 전도된 것이다. 그래서 신자들도 그런 가운데서 구원을 받고 보니 입으로는 주여, 주여 하면서도 여전히 하나님을 진정으로 주님으로 생각하지 않고 어떤 때는 주님으로 어떤 때는 도우시는 분으로 생각한다. 물론 하나님은 우리를 도우신다. 그러나 주님으로써 맡겨 주신 일들을 잘 감당하도록 도와주신다는 것이다.

이러한 주님의 도우심을 마치 내가 하고자 하는 것을 옆에서 도와주시는 것으로 착각하고 있다. 그리고 하나님께서 하시는 말씀을 마치 간섭이라도 하시는 것처럼 오해하고 마음에 들면 좋아하고 안 들면 무시하고 받아들이지 않는다. 내 마음에 드는 말씀을 안주시면 소용없고 내 생각대로 맞아야 옳다는 것이다. 그리고 하나님을 찾지 않는다. 너도 나도 달콤한 소리에 귀를 기울인다. 귀가 할례를 받지 못하고 아직도 세상의 허탄한 소리를 좋아 한다. 영생길을 가는 사람은 한 눈을 팔거나 목전의 사소한 것들에 정신을 빼앗겨서는 안 된다. 달음박질 하는 사람은 곁눈질 할 틈이 없다. 전심으로 뛰어도 이길까 말까 하는데 해찰까지 한다면 어떻게 우승을 할 수 있겠는가, 신앙인은 마치 경기하는 사람과 같다. 달음박질 보다 더 치열한 영적 경기자들이다.

트랙은 율법이요, 열 줄로 된 트랙 안에 모두 서서 천국이라고 하는 골인 점을 향해 제마다 힘껏 뛰고 있는 것이다. 때로는 옆 사람의 발에 걸려 넘어지기도 하고 즉 시험에 들기도 하고 때로는 넘어졌다가 일어나기도 한다. 다시 말하면 영적으로 방황할 때도 있다는 것이다. 어떤 때는 부상을 당해 들것에 실려 나가기도 한다. 애석하게 구원에서 떨어지는 자도 있다. 그러나 대다수 신자들은 숨을 헐떡이며 골인 점에 도달한다. 심판석에서 순서를 매기기 시작한다. 트랙 밖으로 달려온 사람은 아무리 빨리 달려왔어도 등수에서 제외된다. 또 트랙을 밟거나 잠깐 한 발을 잘못 디뎠다가 심판이 미처 보지 못한 사이 다시 발을 들여놓고 달려온 사람은 의젓하게도 등수에 들게 된다. 물론 하나님은 모든 것을 아시기 때문에 선수들이 조금만 트랙 밖으로 발을 내 디뎌도 다 아신다. 그러나 신자들이 자기 잘못을 깨닫고 진심으로 회개하면 마치 선수가 한 발을 트랙 밖에 내 디뎠다가 얼른 돌이킨 것을 심판이 미처 못 본 것처럼 눈감아 주신다.

세상에는 많은 종교가 있다. 제각기 트랙이 있고 선수들도 많다. 그러면 그들은 달음박질과 축구 경기가 다르듯이 다른 경기를 하고 있다는 말인가, 어떻게 보면 그럴지도 모른다. 그들이 아무리 우수한 경기를 해도 달음박질에서 주는 상은 결코 받을 수 없기 때문이다. 하나님께서는 이와 같이 달음박질 경기를 펼쳐 놓으시고 이 경기에 참여하면 천국을 상으로 주시겠다고 하셨다.

인류역사 이래 수많은 사람들이 하나님의 이 말씀을 듣고 이 경기 다시 말하면 예수 그리스도를 믿고 신앙의 달음박질 경기에 참여해서 천국에 들어갔다. 그러나 축구 경기 같은 다른 경기 즉 하나님이 개최 하시지 않은 사사로운 경기에 참여한 자들은 단 한 사람도 천국에 들어가지 못했다. 그 이유는 간단하다. 제각기 개최자가 주는 상은 받았을지 모르나 우주 만물을 창조하신 하나님, 천국을 다스리시는 하나님이 주시는 천국을 상으로 받을 수는 없는 것이다.

세상에는 많은 신이라 칭함을 받는 존재들이 있다. 그들도 각기 나름대로 경기를 펼치고 있어 참여하기만 하면 무슨 상이든지 받을 수 있을 것처럼 생각된다. 그러나 그 상은 수치스런 것이요 멸망 열차 승차권 같은 것이다. 어디론가 가는 것 같은데 종점이 분명히 천국은 아니다. 왜냐하면 하나님이 개최하신 경기가 아니기 때문이다. 여러분들이 쥐고 있는 승차권은 천국행 승차권이니 이 열차에서 내리지 않고 가만히 계시기만 하면 차장이신 예수님께서 천국까지 틀림없이 인도하실 것이다. 이와 같이 우리가 천국에 들어갈 수 있는 것은 내가 천국을 찾아 가는 것이 아니라 우리의 인도자이신 예수님께서 천국까지 인도해 주시기 때문이다.

〈고전15:10〉을 보면 사도 바울이 "나의 나 된 것은 하나님의 은혜로 된 것"이라고 고백하고 있다. 사도 바울은 선교에 관한 한 입지전적 인물이다. 그런데 그의 고백을 들어 보면 자신이 무슨 능력이 있거나 노력을 해서가 아니고 순전히 하나님의 은혜라는 것이다. 이 고백은 모든 신자들의 고백을 대표적으로 하고 있는 것이나 다름없다. 사실 구원받은 신자들은 구원이 전적으로 하나님의 은혜임을 알 것이다. 내가 잘나서도 아니고 남보다 착해서도 아니고 무슨 능력이 있어서도 아니다. 다만 나도 모르는 사이에 예수 그리스도를 믿게 되었고 그런가 하면 어느 사이에 예수 그리스도를 사랑하게 되었고 영생 구원의 확신도 가지게 되었다. 그래서 예수님이 좋고 교회가 요람 같고 동료 신자들이 형제자매 같이 되었다. 어느 것 하나 내 힘으로 된 것이 없고 모두 성령님께서 어느 사이에 그렇게 만드신 것이다. 그러니 찬송하지 아니 할 수 있겠는가.

　"나는 여호와니 이는 내 이름이라 나는 내 영광을 다른 자에게 내 찬송을 우상에게 주지 아니하리라"고 하셨다. 하나님은 찬송과 영광을 받으시기에 합당하시다. 하나님은 천지 만물을 말씀으로 창조하셨고 특히 인간을 자신의 형상대로 지으셨다. 왜 사람을 하나님의 형상대로 지으셨는지 아시는가? 찬송과 영광을 받으시기 위해서이다. 따라서 우리가 하나님께 찬송과 영광을 돌려야 하는데 세상에 신이라 칭함을 받는 존재들이 하나님께 돌릴 찬송과 영광을 가로채고 있기 때문에 문제가 되고 있다는 것이다. 물론 전능하신 하나님께서 헛된 신들을 쓸어 버리고 사람들이 하나님 한 분 밖에 섬길 수 없도록 만들면 되지 않겠느냐고 하실 것이다. 이것이 하나님의 생각과 우리의 생각이 다르다는 것이다. 인간은 어찌할 수 없는 상황이 되어야 하나님을 섬기겠다는 것이고 하나님께서는 인간들이 자원하는 마음으로 섬기기를 원하신다는 것이다.

지혜 있는 사람은 형편이 좋을 때 예수님을 섬기고 미련한 사람은 끝까지 버티다가 막다른 골목에 가서야 예수님을 섬긴다. 저는 여러분들이 모두 지혜로운 성도들이 되기를 바란다. 예수님을 믿는 일이 축복받고 구원받는 일이기 때문에 믿는 것 아닌가, 그렇다면 있을 때 잘 믿어서 더 큰 축복 속에서 하나님께 더 큰 영광을 돌려야 되지 않겠는가, 바닥까지 내려간 다음에 천부여 의지 없어서… 하고 나오게 되면 그만큼 힘들지 않겠는가, 아마 예수님을 믿는 일이 손해나는 일이라면 여러분들이 이렇게 나오지 않을 것이다. 그렇다면 예수님을 믿는 일이 유익하다는 것이 입증되지 않았는가, 입증됐으면 더 잘 믿어서 더욱 많은 유익을 얻어야 되지 않겠는가?

예수님을 믿기는 믿되 적당히 믿자는 심사를 알 수 없다. 구원만 받고 세상 것이나 즐기다가 천국에 가야겠다고 한다면 천국에 가서 하나님께 뭐라고 할 터인가, 하나님께서 왜 천국을 좋아 하지도 않으면서 왔느냐고 물으시면 살아서는 세상이 좋고 죽어서는 천국이 좋다고 하실 것인가, 하나님은 세상을 좋아하는 사람이 천국에 들어오면 천국이 도로 세상같이 될 것이니 나가라고 하실 것이다. 아직도 세상이 얼마나 비참하고 험악한지를 깨닫지 못해서 세상을 좋아 하고 있는가, 그런 신자들은 세상의 쓴 맛을 맛보게 해 달라고 하나님의 손을 자청하고 있는 것과 같다. 하나님의 말씀을 듣고도 깨닫지 못하는 사람은 부득불 몸소 체험하게 하시는 방법 밖에 더 있겠는가.

사랑하는 성도 여러분, 하나님을 섬길 때 기쁨과 감사로 섬길 수 있도록 해야겠다. 하나님은 우리를 모태에서 조성하시고 이 세상에 내셨으며 우리의 영혼까지 구원하신 분이시다. 행여 하나님보다 더 좋은 어떤 신이 있지나 않을까 하고 기웃거리지 말고 하나님 한 분 외에는 우리를 구원할 자가 없음을 알고 전심전력을 다하여 섬기자. 우리를 지으신 하나님 외에는 우리를 구원할 자가 없음을 깨닫고 하나님만을 섬기자, "나는 너를 애굽 땅, 종 되었던 집에서 인도하여 낸 너의 하나님 여호와로라 너는 나 외에는 다른 신들을 네게 있게 말지니라"

6. 우상을 숭배하지 말라

출 20:4-6

사람을 두 부류로 나누어 생각할 수 있다. 하나는 사람을 즐겁게 하며 사는 사람들이고 또 하나는 하나님을 기쁘시게 하며 사는 사람들이다. 물론 어떤 신들이라고 칭함을 받는 존재들을 섬기면서 사람도 즐겁게 하지 아니하고 하나님도 기쁘시게 하지 않는 제 3의 사람들도 있다고 할 수 있다. 그러나 이들도 궁극적으로는 사람을 즐겁게 하는 부류에 속하게 된다. 왜냐하면 하나님을 섬기지 않는 모든 사람들은 그들이 내세우는 신들을 섬기는 목적이 사람을 위해서이기 때문이다. 다시 말하면 그들이 어떤 신을 섬긴다고 하지만 그것은 그 신을 섬김으로 말미암아 자기들이 복을 받을 수 있다고 생각하기 때문이다. 따라서 그 신들을 섬기는 자들은 자연이 사람을 위하는 일을 하고 있는 것이다.

그러면 하나님을 기쁘시게 하는 자들은 어떤 사람이겠는가, 두 말 할 것도 없이 기독교 신자들이다. 어떻게 신자들이 하나님을 기쁘시게 한다는 말인가, 신자들도 역시 예수님을 믿고 복을 받으려고 하지 않는가, 물론 그렇다. 그러나 불신자들이 받으려고 하는 복과 신자들이 받으려고 하는 복은 전혀 다르다. 한 가지 예를 든다면 불신자들은 공짜를 복이라고 알고 있는 반면 신자들은 노력한데 대한 응분의 보상을 복이라고 생각한다. 그래서 게으른 사람이 예수님을 믿으면 믿지 않을 때보다 더 가난하게 될 수도 있다. 그만큼 공짜가 줄어들기 때문이다. 간혹 하나님의 은혜로 거저 받는 것도 있지만 따지고 보면 이것까지도 지난날 언젠가 행한 것에 대한 하나님의 보상적 은혜인 것이다.

성경은 분명히 "사람이 무엇으로 심든지 그대로 거두리라 자기의 육체를 위하여 심는 자는 육체로부터 썩어진 것을 거두고 성령을 위하여 심는 자는 성령으로부터 영생을 거두리라"고 증거하고 있다. 다만 하나님께서 행한 대로만 주시지 않고 풍성하게 은혜를 베푸셨을 따름이다. 결국 신자들의 복은 이와 같이 복을 받는 그 자체가 하나님을 기쁘시게 하는 것이 된다. 신자들의 복이 주로 영적인 것들이기 때문에 불신자들의 눈에는 예수님을 믿으면 잘살지 못하는 것처럼 생각하는 것뿐이다. 흔히 기복신앙이라는 말을 듣는다. 신자들이 예수님을 믿으면서 불신자들처럼 공짜 복을 받을 줄로 착각하고 있다는 말이다. 불신자나 신자나 모두 복을 받았다고 하더라도 신자들은 하나님을 기쁘시게 하는 것이 되고 불신자들은 공짜로 얻었다고 스스로 좋아하므로 사람을 기쁘게 하는 것이 되는 것이다.

하나님을 모르는 사람들은 자기들에게 유익이 되게 하려고 공짜적인 것을 찾거나 심지어 우상을 섬기면서 공짜 복을 달라고 빌고 있지만 이 모든 것들은 자신들에게 해가 된다는 사실을 전혀 모르고 있는 것이다. 시 16:48을 보면 "다른 신에게 예물을 드리는 자는 괴로움이 더할 것이라"고 증거하고 있다.

우상을 숭배하는 자는 보이는 어떤 형체를 섬기는 것이 아니라 배후에서 그것을 만들도록 역사한 악한 영들을 믿는 것이다. 따라서 악한 영들은 보이지 않는 것들이지만 보이는 우상을 내세워 사람들로 하여금 보이는 어떤 것들에 절하게 하고, 사람들이 보이지 않는 하나님을 섬기지 못하게 훼방하는 것이다. 그러므로 신자들은 왜 사단 마귀가 그들도 보이지 않는 존재들이면서 그렇게 보이는 것들을 내세워 정체도 모르게 숨어서 그런 짓들을 하고 있는지 간파해야 한다.

고전10:20을 보면 "대저 이방인의 제사하는 것은 귀신에게 하는 것이요 하나님께 제사하는 것이 아니니 나는 너희가 귀신과 교제하는 자 되기를 원치 아니하노라"고 증거하고 있다. 여기에서 우리는 심지어 귀신이 음식물을 차려 놓고 그 앞에서 절하게 하여 마치 아무 형상도 없는 것처럼 위장하여 제사 지내는 사람들이 "이것은 우상숭배가 아니다"고 마음놓고 절하게 수작을 부리고 있다는 것을 깨달아야 한다. 제사는 사람들의 효심을 사단이 교묘하게 이용하여 마치 돌아가신 조상들에게 못 다한 효도를 할 수 있는 기회인 것처럼 생각하게 해서 죽은 후의 세계를 잘 모르는 사람들로 하여금 마치 돌아가신 조상들이 살아 계실 때처럼 음식을 대접받고 그 대신 어떤 복을 준다고 믿게 하고 있는 것이다.

못 다한 효도도 하고 복도 받는 제사! 참으로 달콤하고 멋진 방법이 아닐 수 없다. 여기에 오랜 세월동안 사람들이 속아온 것이다. 얼마나 사람들이 불효하고 사는 세상인지 제사에 지극 정성을 들이고 있는 것을 보면 잘 알 수 있다. 특히 부모 살아생전에 불효한 사람들일수록 그리고 가난한 사람들일수록 제사에 대한 애착은 크다. 못사는 나라, 효도를 강조하는 나라에 제사가 유독이 성행하는 이유가 바로 여기에 있다. 효도는 기독교 종교의 십계명 중의 하나이다. 얼마나 기독교 종교가 효도를 강조하고 있는지 말할 것도 없다. 제5계명에서 구체적으로 다루겠지만 참된 효도는 살아생전에 하지 않으면 안 되는 것이다.

사단이 우상을 숭배하게 하는 방법은 가지각색이다. 부어 만들거나 조각한 신상을 세워 놓고 절하며 섬기게 하는 것이 대표적이지만 앞서 말한 제사, 사주, 관상, 수상, 무당, 심지어 결혼 날짜, 이사 가는 날짜 받는데 이르기까지 세상 풍속의 전반에 걸쳐 거의 미치지 않는 곳이 없다.

시115:4-8을 보면 "저희 우상은 은과 금이요 사람의 수공물이라 입이 있어도 말하지 못하며, 눈이 있어도 보지 못하며, 귀가 있어도 듣지 못하며, 코가 있어도 맡지 못하며, 손이 있어도 만지지 못하며, 발이 있어도 걷지 못하며, 목구멍으로 소리도 못하느니라 우상을 만드는 자와 그것을 의지하는 자가 다 그와 같으리로다"고 증거하고 있다. 신이 무엇인가, 숭배의 대상이 아닌가. 그런데 신이 말도 못하고 보지도 못하고 듣지도 못한다면 그게 무슨 신이겠는가. 그런데도 사람들은 그 앞에서 절을 하고 독백처럼 말도 하고 심지어 무엇을 달라고 소원을 빌고 있으니 그 신상이 얼마나 답답해하겠는가. 제사상 차려 놓고 "조상님 잡수시고 복이나 주십시오" 하고 그 음식을 도로 나누어 먹으니 아까 조상보고 잡수시라고 한 말은 헛소리였다는 말인가. 도무지 앞뒤가 맞지 않고 삼척동자도 웃을 일을 근엄한

표정으로 때로는 의관을 정제하고 정성을 다하는 것을 보면 참으로 딱한 노릇이다.

만약 이 논리대로라면 제사 없는 선진국 국민이나 예수 믿는 사람들은 모두 불효 자요 가난하게 살아야 될 것 아닌가. 여러분 보세요! 세계에서 어느 나라가 잘 살고 어느 나라가 노인 복지 제도를 만들어서 효도하고 있는가. 우리나라 기독교 역사는 140년이다. 기독교 신자가 1,000만 명인데 아직도 제사 때문에 믿음생활을 제대로 하지 못하는 신자가 얼마나 많은가, 사단의 술책이 얼마나 교활한가.

골3:5을 보면 "탐심은 우상숭배니라"고 하였다. 보이는 신상숭배, 제사하는 것, 모두 우상숭배라는 것을 이제 아셨을 것이다. 그런데 성경은 탐심도 우상숭배라고 증거하고 있다. 복권 같은 것도 탐심 때문에 산다. 명분이야 집 없는 사람 주택자금 마련 때문이라고 하지만 어디 복권 사는 사람 치고 집 없는 사람 얼마나 염두에 둡니까. 명분 따로, 내용 따로이다. 사단의 하는 짓이 이런 식이다. 요즘에 울고 웃는 증권도 얼마나 탐심의 요소가 많은가, 사람들이 이렇게 욕심에 끌려 자기도 모르는 사이에 성실한 마음을 빼앗기고 허황된 마음을 품게되어 결국 심는 대로 거두게 하시는 진리를 떠나게 된다.

이와 같이 하나님의 말씀 즉 진리를 떠나 허영심 속에서 살게 하는 탐심은 우상숭배인 것이다. 우상숭배란 한마디로 말하면 하나님을 믿지 않고 헛된 것을 믿도록 하는 모든 것을 말한다. 하나님께서는 그래서 우상을 숭배하지 말라고 하신 것이다. "너를 위하여 새긴 우상을 만들지 말고 또 위로 하늘에 있는 것이나 아래로 땅에 있는 것이나 땅 아래 물속에 있는 것의 아무 형상이든지 만들지 말며 그것들에게 절하지 말며 그것들을 섬기지 말라 나 여호와 너의 하나님은 질투하는 하나님인즉 나를 미워하는 자의 죄를 갚되 아비로부터 아들에게로 삼사 대까지 이르게 하거니와 나를 사랑하고 내 계명을 지키는 자에게는 천 대까지 은혜를 베푸느니 라" 얼마나 복된 말씀인가. 우리들로 하여금 아무 피조물도 섬기지 않는 존재로 오직 하나님만을 섬기게 하셨다는 것은 그만큼 우리 인간들을 다른 모든 피조물보다 격이 높게 지으셨다는 증거이다.

인간은 이같이 피조물 가운데서는 최고의 걸작품인 것이다. 그러나 사단은 인간을 비천한 존재로 격하시켜 훨씬 못한 피조물에게 절을 하며 섬기도록 공포심을 주고 한 걸음 더 나아가 그것들에게 복을 빌게까지 하는 것이다. 하나님께서는 자신의 형상까지 닮게 만드시고 가장 아끼고 사랑하시는 인간이 사단의 궤계에 빠져 우상을 숭배하고 어리석기 짝이 없는 일들에 매여 사는 것을 몹시 안타깝게 여기시고 계시는 것이다. 우상을 숭배하면서 멸망길로 끌려가고 있는 인생들을 불쌍히 여기시고 독생자 예수 그리스도를 십자가에 내어 주사 우리 죄 값으로 피 흘려 죽게 하신 그 놀라우신 은혜와 사랑은 그 무엇과도 비교할 수 없는 은혜이다.

사랑하는 성도 여러분, 우상을 숭배하지 말라고 이 시간 주님께서 말씀하신다. "세상에 공짜가 어디 있느냐"고 하면서 왜 공짜를 찾는가, 한 알의 씨앗을 심으면 많은 열매를 맺게 하시는 하나님의 복을 바라보자. 심는 대로 거두게 하시는 진리는 만고불변의 진리이다. 우상숭배가 공짜 복을 얻게 해 주는 것 같지만 공짜 좋아하는 사람으로 만들어 결국 공짜 인생을 살게 하고 텅 빈 지옥으로 들어가게 만들 것이다. 더 이상 속지 마시기 바라며 오늘 말씀 듣고 하나님을 기쁘시게 하는 참된 복을 받는 성도들 되시기를 예수 그리스도의 이름으로 축원한다.

7. 안식일을 기억하여 거룩히 지키라

출 20:8-11

왜 사람들이 하나님을 섬기는지 그 이유를 생각해 보지 않을 수 없다. 아무도 모르게 구원받은 자가 있을 수 있고 겉보기에는 구원 받은 것 같이 보여도 그렇지 못한 자도 있다. 인생을 살면서 해야 할 일들이 많다고 할 수 있지만 무엇보다도 빼놓을 수 없는 것은 구원 받는 일이다. 하루는 어떤 사람이 영생이 있는지 알아보고 싶은 생각이 들어서 랍비를 찾아 갔다. 마주 앉자마자 질문을 했다. 선생님 정말로 영생이 있습니까? 랍비는 빙그레 웃으면서 "그대는 영생을 알고 있구 먼" 하고 성경책을 건네주었다. 성경을 읽어본 그는 깜짝 놀랐다. 수도 없이 천국에 대한 이야기가 쓰여 져 있음을 발견하고 과연 천국이 있고 죽음으로 인생이 끝나는 것이 아니라는 확신이 생겼다. 그는 이 사실을 사람들에게 열심히 전했다. 그러던 어느 날 하나님의 음성이 들려왔다. "정말로 영생을 원하느냐?" 소스라치게 놀란 그는 "네 그렇습니다" 하고 엉겁결에 대답을 했다. 이후 그는 성경을 가지고 다니면서 증거하다가 천국에 들어갔다. 수많은 사람들이 영생을 갈망하고 있으면서도 영생하는 길을 찾지 않고 있다.

하루도 빠짐없이 교회에 나가는 자매가 있었는데 그는 성경도 많이 보고 기도도 열심히 하는 사람이었는데 너무도 열심을 내다보니 세상보다 천국이 좋아져서 하나님께 기도드리기를 하나님 저를 천국으로 인도해 주옵소서 했다. 하나님은 그의 마음속에 한 가지 확신을 주시고 물어보셨다. "너는 홀로 천국에 살기를 원하느냐"고 하시고 지금 천국을 모르고 방황하는 사람이 얼마나 많은지 아느냐 왜 이웃을 생각지 않고 너만 생각하느냐 하셨다. 이 말을 들은 그 자매는 철퇴를 맞은 것처럼 멍 해졌다. 지금 많은 사람들이 예수 그리스도를 알면서도 이웃에게 전하지 않고 자신의 구원에 만족하고 있는 것을 볼 수 있다.

그 이유는 간단하다. 전해도 듣지 않는다는 것이다. 여기에서 우리는 한 가지 잊지 말아야 할 것이 있다는 것이다. 딤후4:2을 보면 "너는 말씀을 전파하라 때를 얻든지 못 얻든지 항상 힘쓰라" 하셨다. 다시 말하면 아무 반응이 없어도 낙심하지 말라는 말씀이다. 하나님께서 정확히 구원할 자를 구원하시고 영광을 받으실 것이다.

창2:2에 "하나님이 그가 하시던 일을 일곱째 날에 마치시니 그가 하시던 모든 일을 그치고 일곱째 날에 안식하시니라" 하셨다. 이 말씀은 매우 뜻깊은 말씀이다. 전지전능하신 하나님이 안식하셨다니 이해가 안 간다고 할 것이다. 아무리 쉽고 힘이 들지 않는 일이라 해도 휴식이 없으면 재미가 없다. 많은 사람들이 일이 없어서 놀고 있는데 일만 해도 바람직하지 않고 놀기만 해도 좋지 않다는 사실을 알아야 한다. 일과 휴식이 적절히 조화를 이루어야 한다는 것이 성경의 가르침이다.

하루는 어떤 농부가 일을 하다가 너무 힘이 들어서 잠시 쉬는데 하나님의 음성이 들려왔다. "너는 일과 휴식 중 어느 편이 좋으냐" 농부가 "그거야 휴식이 좋지요" 하니까 "휴식만 있으면 농사는 누가 지으라는 것이냐"

여기에서 우리는 한 가지 귀한 진리를 발견할 수 있다. 세상만사 모두가 명암이 있다는 것이다. 낮만 있고 밤이 없으면 안 되고 그 반대도 좋지 않다. 이 진리를 깨달으면 세상 살기가 한결 부드러워 질 것이다. 그래서 하나님은 사람들이 진리를 깨달아 순응하며 살기를 바라신다.

쥐구멍에도 볕들 날이 있다는 속담이 있듯이 비록 지금은 어려움이 있어도 반드시 형통한 날도 있을 것이라고 기대를 안고 사는 것이 인생이다. 하나님을 모르는 사람들은 절망의 순간에 좌절하지만 신자들은 칠전팔기의 정신으로 인생을 헤쳐 나간다. 잠24:16을 보면 "대저 의인은 일곱 번 넘어질지라도 다시 일어나려니와 악인은 재앙으로 말미암아 엎드러지느니라" 하셨다.

하나님이 사람들에게 여러 가지로 복을 주셨는데 사람들은 복을 복으로 받아들이지 못하고 자기 생각대로 행하다 넘어지곤 한다. 그래서 하나님은 인간들에게 성경을 주셨다. 성경을 보고 최선의 삶을 살라고 하신다. 그 누구라도 성경 말씀을 따르면 행복해 질 수 있다. 사람마다 특징이 있고 여건이 다르기 때문에 일률적으로 말 할 수는 없지만 성경은 모든 사람에게 적용될 수 있도록 기록되었다는 사실을 알아야 한다.

하루는 어떤 사람이 정말로 하나님이 계신지 알고 싶어서 골똘히 생각한 끝에 산에 올라가서 하늘을 쳐다보며 큰 소리로 "하나님 계십니까" 하고 외쳤는데 그 소리가 메아리쳐서 "하나님 계십니까" 하고 들려왔다. 깜짝 놀라 멈추니까 메아리도 멈췄다. 결국 메아리 소리만 듣고 내려 왔는데 수년이 흘러 세상을 떠날 때가 가까워지자 또다시 하나님 생각이 떠올랐다. 왜 이 세상의 모든 것이 마치 누가 통치하고 있는 것같이 느껴질까 하는 생각을 떨쳐 버릴 수 없었다. 이때 문득 하나님이 계시다면 그 누군가 만난 사람이 있을 것이다라는 생각이 머리를 스쳤다. 곰곰이 생각하는데 어디선가 아름다운 찬송 소리가 들려왔다. 그렇지 저들에게 물어 봐야 겠다 하고 소리 나는 쪽을 향해 따라갔다.

아담한 교회 앞에 발길이 닿자 마치 이끌리기라도 하듯 안으로 들어갔다. 감미로운 찬송이 교인들의 입을 통해 흘러나오고 있었다. 마치 굳어 버린듯 멈춰서고 말았다. 잠시 후 교인 중 하나가 말을 건네 온다. 어서 오십시오 하는 순간 엉겁결에 하나님이 계십니까 하고 물었다. 그럼문요 지금 저희가 하나님께 찬송을 부르고 있지 않습니까, 여러 모양으로 이야기하는 소리를 듣고 하나님이 계시다는 확신을 갖고 돌아 왔다.

결국 그는 예수 그리스도를 영접하고 하나님을 만나는 삶을 살았다. 누구든지 중심으로 하나님 만나기를 원한다면 하나님은 반드시 만나 주신다. 왜 하나님이 아무나 만나 주시지 않고 간절히 찾는 자를 만나 주시는지 생각해 볼 필요가 있다. 이유는 간단하다. 성경에서 그렇게 약속하셨기 때문이다.

그래서 모름지기 신자들은 성경을 힘써 읽어야 하고 깨닫도록 노력해야 한다. 어떤 사람은 성경을 모르고도 신앙생활을 잘 할 수 있다고 말하기도 한다. 천만의 말씀이다. 성경을 모르는 사람은 하나님을 알 수 없고 영생 구원도 없다. 설교는 성경을 가르치는 것이요 하나님을 증거하는 것이다. 여기에서 우리는 설교를 들을 때 성경을 깨닫도록 성령님께서 역사하신다는 사실을 알아야 한다. 아무리 설교를 유창하게 해도 성령님께서 역사하시지 않으면 한낱 지식의 전달에 불과하다.

교회는 성령 충만할 때 부흥되고 복음도 전파된다. 아무리 성경을 잘 가르쳐도 성령이 충만하지 못하면 지식 전달에 불과하다. 하나님을 안다고 하는 말은 성경을 지식적으로 알 뿐만 아니라 성령의 감화로 믿어질 때 비로소 하나님을 안다고 할 수 있다는 것이다. 본문 8절을 보면 "안식일을 기억하여 거룩하게 지키라"고 했다. 이 말씀은 아무것도 하지 말고 쉬라는 소리가 아니다. 하나님께 예배드리고 하나님과 교통하는 날로 삼으라는 것이다.

많은 사람들이 신앙생활을 하면서 천국 길을 가고 있지만 단 한 사람도 말씀을 떠나 살면서 천국에 들어가는 사람은 없다. 아무리 열심을 낸다 해도 하나님은 열심을 보고 구원하시는 것이 아니라 말씀을 깨닫고 믿는 사람을 구원하신다는 사실을 알아야 한다. 하나님을 사랑하는 사람들은 말씀을 소중히 여기고 믿고 따른다. 사업이나 명예나 지식 같은 세속적인 것을 얻으려고 교회에 나오는 사람들은 천국에 들어갈 수 없다.

사랑하는 성도 여러분, 왜 교회에 나오십니까. 하나님을 믿고 천국에 들어가려고 나오지 않았습니까, 안식일을 기억하여 거룩하게 지키라, 하나님은 인간들에게 안식하도록 은혜를 베푸셨는데 사람들은 쉴 새 없이 일을 하며 하나님이 주시는 복을 제대로 받아 누리지 못하고 있다. 하나님은 사랑하시는 자에게는 잠을 주신다고 하셨다. 그러므로 안식일을 지키는 자들은 복 받은 자들이라는 것이다. 어떤 사람은 할 일이 없어 늘 놀기만 한다고 하는데 이것은 안식을 하는 것이 아니라 하나님께 쓰임을 받지 못한다는 사실을 알아야 한다. 여러분 모두가 안식일을 지키는 복된 성도들이 되시기를 바란다.

8. 네 부모를 공경하라

출 20:12

왜 사람이 다른 피조물과 구분 되는지 살펴 볼 필요가 있다. 무엇보다도 하나님과 교통할 수 있는 유일한 존재가 인간이다. 그런데 문제는 그러한 인간이 타락 되었다는 것이다. 하나님을 떠나 방황하는 비참한 신세가 되고 말았다는 것이다. 참으로 안타까운 일이다. 이러한 인간을 불쌍히 여기신 하나님께서는 한 가지 대책을 예비하셨다. 누구든지 예수 그리스도를 믿기만 하면 구원을 받도록 은혜를 베푸신 것이다. 하나님을 모르는 사람들은 물론이고 하나님을 아는 사람들까지도 과연 예수 그리스도를 믿기만 하면 구원받아 천국에 들어갈 수 있게 되느냐고 질문을 던지기도 한다.

예수 그리스도를 믿는 일은 쉬우면서도 어렵다. 돈이 드는 것도 아니고 힘든 노동을 하는 것도 아니고 무슨 조건을 만족시켜야 되는 것도 아니다. 예수 그리스도께서 십자가에서 나를 위해 죽으셨다는 사실을 믿기만 하면 되는 것이다. 이렇게 보면 구원받아 천국에 들어가는 것은 매우 간단하다. 그러나 자세히 생각해 보면 구원처럼 어려운 것이 없다. 성령의 역사가 없이는 아무도 예수 그리스도의 십자가가 믿어지지 않는다는 것이다. 차라리 돈으로 갈 수 있다면 부지런히 모아서 천국에 갈 것이다. 노력으로 갈 수 있다면 밤을 낮 삼아 몸부림을 칠 것이다. 인간의 힘으로는 불가능 하다는 사실을 알아야 한다. 이런 구원을 우리가 받았으니 어찌 하나님을 찬송하지 않을 수 있겠는가.

많은 신자들이 이 진리를 깨닫지 못하고 구원을 가볍게 생각하고 있는데 안타까운 일이다. 본문을 보면 "네 부모를 공경하라 그리하면 네 하나님 여호와가 네게 준 땅에서 네 생명이 길리라"고 하였다. 하나님은 인간을 향한 계명을 주실 때 맨 처음에 부모를 생각하게 하셨다. 부모보다 더 가까운 사이가 없기 때문이다. 가장 가까운 부모를 몰라 보는 사람은 남을 알아 볼 리 없기 때문이다. 그럼에도 불구하고 사람들은 깊은 생각 없이 부모를 대하고 있다. 부모 공경에는 깊은 의미가 담겨져 있다. 아무리 출세를 하고 존경을 받아도 부모 공경이 따르지 않으면 하나님이 인정하시지 않는다는 것이다. 하나님은 분명히 "네 부모를 공경하라 그리하면 네 하나님 여호와가 네게 준 땅에서 네 생명이 길리라"고 하셨다. 이 약속은 만고불변의 진리이다. 하나님의 약속을 어긴 출세나 장수는 진정한 복이 될 수 없다. 그 이유는 하나님께서 함께 하시지 않기 때문이다.

잠21:4에 "눈이 높은 것과 마음이 교만한 것과 악인이 형통한 것은 다 죄니라"고 하였다. 세상은 악하기 때문에 하나님을 모르는 사람도 출세할 수 있다는 것이다. 하나님 없는 출세, 과연 진정한 출세일까요. 하나님은 만홀히 여김을 받지 않으신다. 하나님 없는 장수, 죄악을 쌓는 것 밖에 무슨 의미가 있을까요. 신자들은 마땅히 부모를 공경해야 한다. 하나님께서 인정하시는 삶을 살아야 한다. 부모 공경은 인간에 대한 하나님께서 주시는 첫 계명이다. 부모 공경을 할 줄 모르면 인간관계가 잘못되고 인간관계가 잘못되면 세상이 어지러워진다. 명심해야 할 일이다. 오죽하면 하나님께서 부모를 공경하면 땅에서 잘 되고 장수하는 복을 약속하셨겠는가!. 십계명 중 여섯 계명이 인간에 대한 계명인데 다른 어떤 계명에도 복을 약속한 계명이 없다는 사실을 알아야 한다.

하루는 임금님이 신하들을 불러 놓고 여러분들 중에 마누라 말을 안듣는 사람은 우측에 서고 마누라 말을 듣는 사람은 좌측에 서시오 했더니 모두가 좌측에 서고 한 사람만 우측에 서더랍니다. 하도 신기해서 우측에 선 사람에게 왕이 정색을 하며 그대는 마누라 말을 안 듣는다는 말이오? 했더니 그런 게 아니라 제가 아침에 집을 나올 때 마누라가 제게 하는 말이 당신은 무슨 일을 결정할 때 많은 사람 편에 서지 말고 적은 사람 편에 서시오 하기에 우측에 선 것입니다 하더랍니다. 여기에서 우리는 한 가지 교훈을 얻을 수 있다. 여자는 약한 것 같지만 남자를 움직일 수 있는 힘이 있다는 것이다. 세상을 남자들이 다스리는 것 같지만 사실상 여자들이 다스린다고 해도 과언이 아니라는 말이다. 그런데 좀 더 깊이 살펴보면 여자는 또한 하나님의 다스림을 받고 있다는 사실을 알아야 한다. 결국 세상은 하나님의 통치 아래 있다는 것이다. 우리가 부모를 공경하게 되면 하나님이 기뻐하신다. 하나님이 창조하신 세상, 질서정연하게 진행 되어야 하는데 그 첫 단추가 부모공경이다.

최근 T.V 뉴스에 서글픈 소식이 방영되었다. 부모가 자식을 향해 소송을 제기 했는데 내용인즉 자식이 부모 재산을 상속 받았는데 자식이 부모를 부양하지 않는다는 것이다. 그래서 부모가 상속 재산을 되돌려 달라는 것이었다. 얼마나 안타까운 일인가. 네 부모를 공경하라 하신 말씀은 날로 퇴색해 가고 나 밖에 모르는 세상이 되어 가고 있다. 핵가족 바람이 불어 노인들이 갈 곳이 없다. 머지않아 재산 상속 제도가 사라지고 새로운 제도가 생길 것 같다. 교회에서 선교 유치원을 경영하는 것처럼 선교 노인 대학을 경영하면 좋을 것 같다. 선교 차원에서 노인 문제를 접근하는 방법이 가장 바람직할 것으로 생각된다.

선교는 시대에 따라 모양을 달리 할 수 있어야 한다. 지금 노인 문제가 사회적 문제로 대두되어 있는 만큼 교회가 나서서 문제 해결의 실마리를 풀어야 하지 않겠느냐는 것이다. 교회의 시선이 노인들에게 향할 때가 왔다. 필요하면 정부와 손을 잡고 보조를 맞추어 나가는 것도 생각해 볼 일이다. 정부에서 노인 복지정책을 펴고 있으니까 돌파구가 전혀 없는 것도 아닐 것이다. 한 가지 잊지 말아야 할 것은 교회가 앞을 내다보고 대비책을 세워 나가는 자세를 가져야 한다는 것이다. 교회가 세상을 따라 가는 것이 아니라 교회가 세상을 이끌어 가야 한다는 것이다. 우리들은 하나님을 따르는 자들이다. 세상을 통치하시는 하나님의 뜻을 받들어 하나님 뜻대로 세상이 움직이게 해야 한다. 부모공경은 아무리 강조해도 지나치지 않다.

사랑하는 성도 여러분, 부모를 공경할 줄 모르면 하나님을 제대로 섬길 수 없다. 왜냐하면 불효자식이 하나님을 잘 섬긴다면 하나님이 욕을 먹기 때문이다. 부모도 모르는 사람이 영의 아버지이신 하나님을 잘 섬기게 하신다고 원망하지 않겠는가. 아무리 세상이 변해도 부모의 사랑은 변치 않는다. 여러분 모두 "네 부모를 공경하라" 하신 말씀 받들어 약속 하신 복을 받아 누리고 하나님께 영광 돌리시기 바란다.

9. 간음하지 말라

출 20:14

하나님은 어제나 오늘이나 영원토록 동일하신 분이시다. 우리는 하나님이 옛날에 하신 것을 보고 그때는 그렇게 하셨지만 지금은 달리 행하실 것이라고 생각하기 쉽다. 언뜻 보면 맞는 말 같기도 하지만 그렇지 않다는 것이다. 하나님을 안다고 하는 학자들도 그렇게 주장하는 경우도 있다. 그러나 성경은 하나님이 그때나 지금이나 동일하다고 증거 한다. 간혹 틀리게 느껴질 때도 있지만 자세히 살펴보면 역시 동일한 하나님이심을 발견할 수 있다. 성경이 증거하는 하나님은 한분 하나님이시지만 삼위일체 하나님이시기 때문에 3위 하나님의 역할에 따라 다른 하나님 같이 보일 수 있다는 것이다.

특히 구약시대는 삼위 하나님이 숨겨져 있는 것같이 기록되어 있기 때문에 혼동할 수 있다. 그러나 3위 하나님은 태초부터 지금까지 변함없이 역사 하신다. 많은 사람들이 성경을 연구하고 있지만 3위일체 하나님을 완전하게 나타내 보이지 못하고 있는 것 같다. 하나님은 한 분이시며 동시에 3위가 계신다고 성경에 기록되어 있기 때문에 그대로 믿을 뿐이다. 한 가지 덧붙이면 영이신 하나님의 세계와 인간세계 사이에 완전히 일치되는 말이 없을 수 있다는 사실을 받아들여야 한다.

하루는 하나님이 과연 살아 계신지 알고 싶어 하는 한 신자가 조용히 하나님께 여쭈었다. 하나님은 그의 기도를 들으시고 침묵하셨다. 한동안 기도를 해도 아무 반응이 없자 그 신자는 하나님이 안 계신가 보다 하고 일어서려는데 갑자기 "네가 누구한테 기도했느냐" 하는 소리가 머리를 스쳤다. 신자들은 찬송하고 기도하면서 왜 하나님을 찾는지 안타깝다. 그러면 기도와 찬송과 예배가 허공 속에 흩어져 버리는 것이라는 말인지 알 수 없다.

아무리 신자들이 하나님을 부인하려 해도 자기도 모르는 사이에 하나님을 인정하고 있음을 볼 수 있다. 하나님이 살아 계시기 때문에 인간들은 마음 놓고 살 수가 있고 어떤 어려움이 닥쳐도 헤쳐 나갈 수 있는 것이다. 여기에서 우리는 하나님이 인류역사를 주관하시기 때문에 극단적으로 잘못될 수 없다는 사실을 잊지 말아야 한다. 하나님은 세상이 잘못되게 걸음을 인도하시지 않는다는 사실을 알아야 한다.

한번은 아무도 모르게 선행으로 하나님께 영광을 돌리는 사람이 문득 생각하기를 세상 사람들이 내가 하는 것을 안다면 왜 그러느냐고 물어 볼 텐 데 뭐라고 대답을 하지 하면서 골똘히 생각하는데 갑자기 하나님의 음성이 들려왔다. 네 선행이 하나님 앞에서 이루어진 것이라면 대답할 필요가 없고 사람 앞에서 행한 것이면 의시대면서 자랑을 늘어놓을 것이다. 많은 사람들이 하나님의 일을 하면서 마치 자기가 한 것처럼 생각하는데 이는 잘못된 것이다. 왜냐하면 사람은 하나님의 일을 할 수 없다. 다만 하나님의 일을 하는 도구로 쓰임을 받을 뿐이다. 이러한 사실을 모르고 하나님의 일을 하게 되면 하나님의 영광을 가로채는 것이 된다.

많은 사람들이 선행과 구제로 하나님께 영광을 돌리고 있는데 일부는 하나님께 영광을 돌리고 일부는 사람에게 영광을 돌리고 있다. 그래서 하나님의 일을 아무 한테나 맡기지 않는다. 그러면 왜 신자들이 교회에서 장로 집사 등 직분을 받으려고 하는지 생각해 볼 필요가 있다. 하나님의 일을 하겠다는 이야기인데 과연 하나님께 영광을 돌리겠다는 것인지 아니면 어떤 직위를 얻겠다는 것인지 신중히 생각해 보아야 한다. 교회 직분에는 상응하는 일들이 주어져 있다. 하나님은 직분자들을 세우시고 일을 맡기신다. 목사 장로 집사 등 모든 직분자는 주어진 일을 잘 감당하여 하나님께 영광을 돌려야 한다. 때로는 직분자가 사명을 망각하고 태만하거나 할 때 하나님은 책망하신다. 그럼에도 불구하고 평신도들은 직분을 받으려고 신경을 쓴다. 교회 직분은 세상의 어떤 직위와 성격이 다르다.

교회에서 하는 일은 아무리 잘해도 자랑할 수 없고 어떤 반대급부도 기대할 수 없다. 순전한 마음으로 헌신할 때 하나님께서 받으시고 은혜를 베푸신다. 그래서 하나님을 모르는 사람은 하나님 앞에 쓰임을 받을 수 없다. 세상일과 하나님의 일은 같은 것 같으면서도 다르다. 세상일은 삯이 따른다. 다시 말하면 일의 대가가 주어진다. 그런데 하나님의 일은 아무 삯이 주어지지 않는다. 다만 하나님께서 은밀하게 보상해 주신다. 하나님의 일과 세상일의 구분은 간단하다. 하나님께 영광 돌리는 일은 하나님의 일이고 하나님께 영광 돌리지 못하는 일은 세상일이다. 하나님은 성경에서 육신의 일을 도모하지 말라고 가르친다.

고전10:31에 "그런즉 너희가 먹든지 마시든지 무엇을 하든지 다 하나님의 영광을 위하여 하라"고 증거하고 있다. 한마디로 말하면 신자들의 삶은 모두 하나님의 영광과 직결되어 있다는 것이다. 여기에서 우리는 하나님의 자녀된 것이 얼마나 소중한 것인지 알 수 있다. 자녀의 일거수일투족은 모두 아버지의 이름과 연결 된다고 할 수 있다. 자녀가 잘되면 아버지의 이름이 빛나고 자녀가 잘못되면 아버지의 이름이 먹칠을 당한다. 마찬가지로 신자들이 잘하면 하나님의 영광이 드러나고 신자들이 잘못하면 하나님의 영광이 가린다. 어떤 사람은 신자라는 사실을 감추고 살면 되지 않느냐고 반문을 한다. 하나님은 신자들을 통해 영광을 받으시려고 하는데 어떻게 그런 말을 할 수 있는지 안타깝다.

얼마 전에 있었던 일인데 부모에게 효도를 하고 싶은데 어떻게 하면 좋을까 생각하다가 한 가지 좋은 생각이 떠올랐다. 그 사람은 부모에게 효도하려면 무엇보다도 마음을 편하게 해 드려야 한다고 생각하고 아침 일찍 일어나 단정히 옷을 챙겨 입고 부모 방에 들어가 문안 인사를 한 후 불편한 것이 없느냐고 여쭈었다. 그런데 뜻밖에 불편한 기색을 보이면서 왜 아침부터 법석을 떠느냐고 짜증을 부리더라는 것이다. 이 사람은 아차 실수했구나 하고 사람의 마음을 편하게 하는 것이 아무나 할 수 있는 일이 아님을 깨달았다는 것이다.

여러모로 쓰임을 받는 사람도 있고 한두 가지 일에 쓰임을 받는 사람도 있다. 특히 전문가의 영역은 좁다. 왜 하나님이 세상에 남녀를 창조하시고 결혼을 해서 살도록 하셨는지 깊이 생각해 보아야 한다. 우선 서로 돕고 살라는 것이다. 다음은 경건한 종족 번식을 위해 필요하다는 것이다. 세 번 째는 성적 충동을 못 이겨 범죄 하지 않도록 하기 위함이라는 것이다. 하나님은 사람들이 절제하지 못하고 간음하는 죄를 범하는 것을 안타깝게 여기신다. 신자들은 사탄과 영적인 싸움을 벌이고 있는 군사다. 이 영적인 싸움은 하나님의 말씀을 따를 때 승리할 수 있다.

삼손은 블레셋 미인 들릴라 라고 하는 기생의 유혹에 빠져 결국 머리털을 깍이우고 두 눈도 뽑히고 맷돌을 돌리다가 그 인생을 비참하게 마쳤다. 우리는 하나님의 말씀을 전적으로 믿고 의지해야 한다. 간음하는 자는 하나님보다 육체의 쾌락을 더 쫓기 때문에 하나님께서 아무리 역사하셔도 막무가내다. 오늘날 사회가 매우 혼탁한데 하나님은 소돔과 고모라 성 심판을 통해 경종을 울려 주셨다. 간음하는 죄는 그 폐해가 크다. 가정이 파괴되고 사회가 무너진다. 간음이 얼마나 무서운 죄인지 깨달아야 한다.

하나님은 출20:14에서 간음하지 말라고 명령하고 있다. 지금도 많은 사람들이 간음하다가 패가망신을 당하고 있다. 한번은 왜 사람들이 간음을 하는지 토의하는 모임이 열렸다. 여러가지 이야기가 오간 뒤 결론이 나왔는데 사람은 정욕을 억제할 수 있는 힘이 없다는 것이다. 그래서 어떻게 하면 정욕을 억제할 수 있을까 생각 끝에 하나님에게 여쭈어 보자고 했는데 하나님이 그들에게 대답해 주셨다. 두 길이 있는데 첫째는 병이 들면 정욕이 없어지고 다음은 하나님을 경외하는 믿음을 갖는 것이라고 가르쳐 주셨다. 모두가 그러면 우리가 하나님을 경외 하는 믿음을 갖는 것이 좋겠다고 결론을 내리고 헤어졌다.

얼마 후 한 사람은 하나님을 경외하는 믿음을 갖게 되고 또 한 사람은 병이 들어 간음하는 죄를 피하게 되었다. 그런데 어떤 사람은 하나님의 말씀을 귀담아 듣지 않고 방심하다가 그만 넘어지고 말았다. 하나님은 십계명에 간음하지 말라고 경고하시고 지킬 수 있도록 도와주신다. 문제는 신자들의 자세이다. 그 어떠한 시험이 와도 하나님께 나아와 겸손히 은혜를 구하면 이겨 나가게 하신다.

사랑하는 성도 여러분, 왜 하나님을 섬겨야 하는가 하나님은 복의 근원이시다. 누구든지 믿고 따르면 반드시 구원받고 복을 받는다. 특히 이시간은 간음하지 말라고 명령하신다. 하나님의 말씀은 듣고 지키는 자에게 복이 되게 하신다. 그래서 하나님의 말씀은 복된 소식 다시 말하면 복음이라고 한다. 하나님의 말씀대로 살면 최선의 삶을 살게 되고 결국 가장 행복한 삶을 영위하게 된다.

10. 순종해서 받을 복

신 28:1-6

우리들은 왜 세상에 태어났는지 생각해 볼 필요가 있다. 어떤 사람은 태어날 때부터 복을 받기도 하고 또 어떤 사람은 불우한 여건에서 태어나기도 한다. 그런데 스타트가 좋다고 해서 반드시 승리하는 것은 아니다. 살아가노라면 형통한 날도 있고 힘든 때도 있다. 여기에서 우리는 왜 인생이 변화무쌍한지 묻지 않을 수 없다. 한마디로 말해서 그 누구도 인생을 장담할 수 없다는 것이다. 어떤 사람은 인생은 아름답다고 하고 어떤 사람은 인생이 고달프다고 한다.

생각하기 나름이겠지만 인생을 정확하게 묘사하기가 쉽지 않고 낙관도 비관도 할 수 없는 그야말로 미지의 세계를 헤쳐 나가는 것이 인생이라고 할 수 있다. 아무리 힘들어도 포기 할 수 없는 것이고 주어진 생을 하나님이 멈추게 하실 때까지 달려가야만 하는 피할 수 없는 마라톤 경주 같은 것이다. 아무도 알 수 없지만 하나님은 다 아시고 인도 하신다는 사실을 알아야 한다.

한 번은 어떤 사람이 인생이 무엇인지 알고 싶어서 스승을 찾았는데 아무도 답을 줄만한 사람을 만나지 못했다는 것이다. 그런데 문득 자기 아들이 생각이 나서 그 아들한테 너는 인생이 무엇인지 알고 있느냐고 질문하자 서슴없이 인생은 아무도 알 수 없지만 모르는 것이 있다면 인생이 아니지요. 하더라는 것이다. 여기에서 우리는 인생을 안다고 할 수도 있고 모른다고 할 수도 있다는 것이다. 하나님을 아는 사람은 인생을 안다고 할 수 있고 하나님을 모르는 사람은 인생을 모른다고 할 수 있다.

성경은 하나님이 인간을 창조 하실 때 하나님의 영광을 위하여 지으셨다고 증거하고 있다. 따라서 하나님의 영광을 위하여 살 때 비로소 인간으로서의 삶을 살게 되는 것이다. 다시 말하면 아무도 하나님의 영광을 위하여 살지 않으면 복을 받을 수 없다는 것이다.

왜 하나님이 신자들에게 하나님의 말씀을 들으라고 하시는지 깊이 생각해 볼 필요가 있다. 아무리 신자들이 복을 받고 싶어도 말씀을 모르면 복을 받을 수 없다. 그 이유는 복은 말씀을 통해 주어지기 때문에 복을 받으려면 무엇보다도 하나님의 말씀이 심령가운데 풍성히 거하게 해야 한다. 말씀은 신자들이 어떻게 행할 바를 가르쳐 주시기 때문에 말씀을 알게 되면 자연히 말씀을 따라 살게 되고 결과적으로 복을 받게 된다. 또 하나님의 말씀을 따라 살면 하나님께서 기뻐하시기 때문에 거리낌이 없는 삶을 살 수 있다.

"네가 네 하나님 여호와의 말씀을 삼가 듣고 내가 오늘날 네게 명하는 그 모든 명령을 지켜 행하면 네 하나님 여호와께서 너를 세계 모든 민족 위에 뛰어나게 하실 것이라"(신28:1-2) 했다. 오늘날 많은 사람들이 생존경쟁 대열에 서서 앞서거니 뒤서거니 하면서 달려가고 있는데 과연 최후의 승자는 누구일까. 말씀의 인도하심을 받는 자일 것이다. 인간의 방법대로 사는 자는 반드시 무너질 것이다. 왜냐하면 성경이 삶의 기준이기 때문이다.

따라서 성경을 모르는 사람은 승리할 수 없다. 이 비밀을 모르고 사는 사람들은 아무리 열심히 뛰어도 헛수고일 뿐이다. 기준을 무시하고 뛰었기 때문에 점수를 매길 수 없다. 일단 아웃이다. 그런데 한 가지 중요한 것은 경기를 잘하는 사람이 기준을 무시하고 뛰는 사람을 부러워하고 있다는 것이다. 참으로 안타까운 일이 아닐 수 없다. 사람들이 인생 경주를 하고 있는데 아예 다른 길로 가는 사람들은 비교 대상이 아니기 때문에 신경 쓸 것이 없고 같은 경주를 하고 있는 사람들끼리 비교를 해야 되는데 이상하게도 성경을 기준으로 해야 되는데 세상적인 기준을 가지고 평가 하려고 하기 때문에 문제가 있다는 것이다.

예수 그리스도를 믿으면 누구나 복을 받는다. 그 복이 어떤 유형의 복이든 하나님은 형편과 처지를 따라 받게 하신다. 그런데 사람들은 예수 그리스도를 믿으면서 세속적인 복을 기대하고 있다는 것이다. 본문 1절을 보면 "네가 네 하나님 여호와의 말씀을 삼가 듣고 내가 오늘날 네게 명하는 그 모든 명령을 지켜 행하면 네 하나님 여호와께서 너를 세계 모든 민족 위에 뛰어나게 하실 것이라" 했다. "세계 모든 민족위에 뛰어나게 하실 것이라" 참 반가운 말씀이다. 그러면 이 복이 세속적인 복인지 신령한 복인지 어떻게 구별 할 수 있느냐 그것은 간단하다. 복을 받고 하나님께 영광을 돌리는 경우는 신령한 복이고 그렇지 못하는 것들은 세속적인 복이라는 말씀이다.

하나님은 이 세상을 통치하신다. 이 통치에 많은 신자들이 동참해서 하나님의 영광을 나타 내기를 원하신다. 어떤 신자들은 예수 그리스도를 믿는 자들은 세상을 등지고 예배나 드리고 선행이나 하면서 살아야 한다고 목청을 높인다. 과연 그런가? 그러면 하나님이 이 세상을 왜 창조하셨겠는가! 예수님은 말씀하시기를 너희는 세상의 소금이요 빛이라고 하셨다. 이 말씀은 세상 사람들과 섞여 살면서 빛과 소금의 직분을 감당해야 한다는 것이다. 신앙생활을 잘 한다고 세상 사람들과 거리를 두고 산다면 어떻게 되겠는가. 심지어 어떤 사람은 불신자들이 만들어 파는 것은 아예 상대조차 하지 않겠다고 한다. 마치 불신자가 없는 세상에서 살고 있는듯 하다.

사람은 모두 하나님의 은혜 가운데 살고 있다. 신자나 불신자나 모두 하나님의 은혜 없이는 살 수 없다. 다만 신자들은 하나님께 영광을 돌린다는 것이고 불신자들은 하나님께 영광을 돌리지 못한다는 것이 다르다는 것이다. 신자라면 누구를 막론하고 성경을 알고 있다고 할 것이다. 여기에서 우리는 성경을 알고 있느냐의 여부로 신자 불신자를 구분할 수도 있을 것이다. 또 신자 불신자를 구분하는 방법으로 기도를 들 수 있는데 일반적으로 신자들은 기도생활을 하고 불신자들은 기도보다는 자신을 더 의지하는 삶을 산다. 예수님은 신자들에게 오직 주님만 바라보고 살도록 가르쳐 주신다. 왜냐하면 그 이상 더 좋은 방법이 없기 때문이다. 어떤 사람은 왜 하나님이 신자들에게 겸손한 마음을 주지 않고 내버려 두셨다가 교만함이 나타나면 책망하시는지 모르겠다고 불평한다. 물론 알파요 오메가이신 하나님께서 다 이루시고 영광을 받으시지만 그러나 항상 영광만 받으시는 것은 아니다.

하나님의 영광은 보통 사람들이 생각하는 것과 반드시 일치 되지는 않는다. 왜냐하면 하나님과 사람은 보는 관점이 다르기 때문에 일치될 수 없다. 따라서 하나님의 영광은 하나님께서 걸음을 인도하시고 영광을 받으시는 것이지 사람의 생각으로 영광을 나타낼 수는 없다. 오늘날 많은 사람들은 하나님께 영광을 돌린다고 애쓰고 있지만 성령님이 인도하시는 것 외에는 하나님의 영광이 되지 못한다.

본문을 보면 "네가 네 하나님 여호와의 말씀을 순종하면 이 모든 복이 네게 임하며 네게 미치리니" 했다. 하나님의 말씀에 순종할 때 복을 받는다고 분명히 말하고 있다. 그런데 하나님의 말씀에 순종하려면 순종케 하시는 성령의 역사가 있어야 하는 것이다. 인간들은 저주를 받아서 하나님께로부터 복을 달라고 요청할 처지에 있지 못하다. 그래서 예수 그리스도를 영접하면 성령님께서 임재하시고 그 성령님의 도우심을 받아 비로소 하나님께 복을 달라고 구할 수 있게 되는 것이다.

따라서 신자들은 구속의 은총과 함께 복을 받게 되고 천국에도 들어가게 되는 것이다. 아무리 복을 받고 싶어도 성령의 임재 없이는 복을 받을 수 없다. 따라서 우리는 성령님께서 인도하실 때 힘써 기도하여 복을 받을 수 있어야겠다. 하나님은 사랑하시는 자녀들이 복 받고 살기를 원하신다. 그런데 한 가지 이상한 것은 신자들이 복은 원하면서도 힘써 기도하지 않는다는 것이다. 물론 기도하기가 쉽지 않다는 점도 있지만 기도를 해도 눈에 띄게 나타나지 않기 때문에 기도를 힘쓰지 않는다는 것이다. 여기에 기도의 신비가 있다. 기도는 눈에 띄게 응답되는 경우도 있고 어떤 때는 수십 년 후에 응답되는 경우도 있기 때문에 기도하는 사람이 실감나게 기도를 하지 못한다고 할 수 있다.

오늘 본문은 하나님의 말씀에 순종하는 자에게 주어지는 복이 열거되어 있다. "성읍에서도 복을 받고 들에서도 복을 받을 것이며 네 몸의 소생과 네 토지의 소산과 네 짐승의 새끼와 우양의 새끼가 복을 받을 것이며 네 광주리와 떡 반죽 그릇이 복을 받을 것이며 네가 들어와도 복을 받고 나가도 복을 받을 것이니라"(신28:3-6)고 했다. 각양 복이 약속되어 있는데 말씀에 순종하기만 하면 다 주신다는 것이다.

사랑하는 성도 여러분, 하나님은 본문을 통해 복을 받으라고 말씀하신다. 복 받는 비결이 나와 있는데 하나님의 말씀에 순종하라는 것이다. 여러분 모두 하나님의 말씀에 순종하여 복 받으시기를 예수 그리스도의 이름으로 축원한다.

11. 기드온의 삼백 용사

삿 7:4-8

사람들은 아무도 모르게 어떤 일을 하기 보다는 누군가가 옆에서 지켜 보거나 응원을 해 줄때 일을 더 잘 하는 것을 볼 수 있다. 왜냐하면 관중이 있을 때 더 신이 나서 일을 할 수 있는 정신적 요소가 있기 때문이다. 그래서 관중이 많은 경기일수록 신기록이 나오고 지칠 줄 모르는 힘이 솟아오르는 것이다. 아무도 없다면 더 정신을 집중하여 경기를 잘 할 수 있을 것으로 생각하겠지만 사실은 그렇지 않다는 것이다. 여기에서 우리는 응원의 필요성을 느끼게 되고 실제로 많은 군중들이 동원되기도 한다.

하나님께서는 사람들이 모여서 일을 하도록 은혜를 베푸신다. 그런데 한 가지 이상한 것은 아무도 이 진리를 눈 여겨 보지 않는다는 것이다. 왜냐하면 하나님이 베푸시는 은혜가 너무 크기 때문에 은혜가 은혜인지 모른다는 것이다. 왜 하나님께서 세상을 창조하셨는지 성경은 분명하게 증거하고 있다. 아무도 이 진리를 부인할 수 없다. 그런데 사람들은 이 세상이 어떻게 돌아가고 있는지 깊히 생각하지 않고 사는 데까지 살다가 죽으면 그만이라고 생각한다. 조금만 관심을 가지면 세상이 아무렇게나 돌아가지 않는다는 사실을 발견할 수 있다.

인류 역사상 전쟁이 끊이지 않고 일어나고 있는데 왜 그런지 생각 해 볼 필요가 있다. 전쟁을 통해서 얻는 것이 있다고 생각하기 때문이다. 그

PART 2 하나님을 경외하는 믿음 | 199

러나 자칫하면 상상조차 할 수 없는 엄청난 피해를 초래한다. 아무리 전쟁을 승리로 이끈다 해도 상처가 만만치 않다. 그래서 최소한의 피해로 최대의 승리를 이끌려고 갖은 지혜를 짜낸다.

사람들이 전쟁을 할 때 우선 생각하는 것이 군대의 수요 무기라고 말할 수 있다. 그러나 전쟁은 그렇게 단순히 병력과 무기에 의해 좌우 된다고 단언할 수도 없다. 역사상 수많은 전쟁이 있어 왔지만 그때그때 마다 승패의 원인이 군대의 수와 무기만은 아니었다는 것이다. 만일 군대의 수와 무기가 전적으로 전쟁의 승패를 좌우 한다면 오히려 전쟁은 간단하다고 할 수 있을 것이다. 여기에서 우리는 한 가지 염두에 두어야 할 것이 있다. 소위 병법이라는 것이 있어서 군대와 무기를 어떻게 활용하느냐에 따라 전쟁은 이길 수도 있고 패할 수도 있다는 것이다. 지금 대한민국은 북한에 비해 병력 수도 적고 또한 무기도 열세에 놓여 있다고 볼 수 있다. 북한은 이것을 믿고 큰 소리를 치고 있는데 과도히 염려할 필요는 없는 것 같다.

본문을 보면 기드온이 전쟁터에 나가기 앞서 병력 수를 조정하고 있는 것을 볼 수 있다. 이스라엘의 사사 기드온은 미디안과의 전쟁을 수행하기 위해 군대를 모집했다. 32,000명이 모여들었다. 그런데 하나님은 기드온에게 두려워 떠는 자들을 돌려 보내라고 하셨다. 22,000명이 돌아갔다. 그들은 전쟁 상황을 설명 듣고 두려워 떤 것으로 생각된다. 만 명이 남았는데 하나님께서는 아직도 많다고 하시며 그들을 시험해 보라고 하셨다.

기드온은 그들을 물가로 데리고 내려갔다. 그리고 그들이 물을 마시도록 하여 두 부류로 구별하여 세웠다. 무릎을 꿇고 마시는 자가 9,700명이요 손으로 물을 움켜 입에 대고 핥는 자가 300명 이었다. 그런데 하나님은 9,700명을 돌려보내고 300명만 남겨두라고 하셨다. 아마 전쟁터에 나갈 사람을 뽑을 때 아무 기준도 없이 뽑는다면 사기에도 영향을 끼칠 것이다. 그런데 최종 선발된 300명은 엄격한 기준 다시 말하면 아무리 목이 말라도 침착하게 손으로 물을 움켜 마신 자들만 뽑았기 때문에 아무도 불평할 수가 없었던 것이다. 이렇게 하나님께서는 전쟁에 직접 개입 하고 있음을 볼 수 있다.

삼상17:47절을 보면 "전쟁은 여호와께 속한 것" 이라고 증거하고 있다. 사람들끼리 싸우는 것 같아 보여도 보이지 않는 하나님이 배후에서 역사하고 계심을 알아야 한다. 따라서 전쟁의 승패는 하나님 손에 달려있다. 아무리 군대가 많고 좋은 무기를 가졌다 해도 그것이 전쟁을 승리로 이끌지는 못한다. 하나님은 얼마든지 자중지란을 일으킬 수 있기 때문에 하나님이 누구의 손을 들어 주느냐에 관건이 달려있다. 물론 하나님을 모르는 사람들은 우연히 그렇게 되었다고 할 수 밖에 없을 것이다.

결국 기드온은 300명의 군사로 수만 명의 미디안 군대와 맞붙어 싸우게 되었다. 전쟁을 할 때 제일 먼저 생각해야 할 것은 과연 이 전쟁이 승리할 수 있는 전쟁인지 잘 판단해 보아야 한다는 것이다. 아무리 계산을 해보아도 승산이 없는 전쟁은 시작해서는 안된다. 물론 상대가 일방적으로 전쟁을 걸어오면 정당방위 차원에서라도 전쟁을 안 할 수 없을 것이다. 말이 전쟁이지 전쟁의 피해는 엄청나고 그 후유증도 심각하다. 애써 쌓아 올린 것들이 하루 아침에 잿더미로 변할 뿐만 아니라 인명피해 또한 막대할 것이다.

그럼에도 불구하고 인류 역사는 전쟁으로 점철되어 왔다. 우스운 이야기지만 전쟁을 통해 유익을 얻는 자들도 있다는 것이다. 전쟁은 쌍방 모두 피해를 입게 되어 있는데 그래도 승자는 어느 정도 본전을 건질 수 있겠지만 패자는 엄청난 피해를 감수하지 않으면 안 된다는 것을 알아야 한다. 그래서 전쟁이 쉽게 일어나지 못하도록 견제 장치도하고 국가 간 연대도 하고 하지만 그럼에도 불구하고 전쟁은 끊임없이 일어나고 있다.

하나님은 인류 역사를 이끌어 가심에 있어서 묵묵히 지켜보고 계시지만 그러나 배후에서 전쟁을 친히 주관하고 계심을 잊지 말아야 한다. 아무도 전쟁을 원치 않을 것이다. 그러면 왜 전쟁이 일어나는지 생각해 볼 필요가 있다. 감정 대립, 이해관계, 그 밖의 이유 등으로 전쟁이 일어난다. 성경은 전쟁을 죄의 심판, 탐심 때문에 일어나는 것으로 설명하고 있다. 그러나 전쟁 요인은 다양할 수밖에 없을 것이다. 사람이 아무리 평온하게 살고 싶어 해도 바람은 멈추지 않는다. 왜 그런지 아무도 말할 수 없다. 하나님의 오묘한 섭리 가운데 인류 역사가 진행되고 있기 때문에 하나님만이 아시는 비밀이라고 할 수 있다. 한 가지 잊지 말아야 할 것은 전쟁이든 그 무엇이든 그것이 꼭 필요하기 때문에 발생된다는 것이다. 따라서 신자들은 매사 긍정적이어야 한다는 논리가 성립되는 셈이다. 부정적인 시각으로 세상을 보는 사람들은 그만큼 하나님을 부정하는 결과가 되기 때문에 바람직하다고 볼 수 없다.

잠16:4에 "여호와께서 온갖 것을 그 씌움에 적당하게 지으셨나니 악인도 악한 날에 적당하게 하셨느니라"고 증거하고 있다. 하나님은 기드온에게 300명의 군사를 붙여 주시고 어떻게 행할 바를 가르쳐 주셨다. 소위 "횃불과 항아리의 전술"이라고 하는 전술로 미디안 군사를 공격하게 하셨다. 물론 야간에 기습작전을 편 것은 사실이지만 적진을 크게 혼란시켜 자기들끼리 죽고 죽이는 희한안 일이 벌어지게 했던 것이다. 사람들이 전쟁을 할 때 나름대로 작전도 세우고 최선을 경주하지만 작전의 성공 여부는 전적으로 하나님 손에 달려 있음을 알아야 한다.

사랑하는 성도 여러분, 아무리 많은 군사와 좋은 무기로 무장 되어 있다고 해도 반드시 전쟁에 승리하는 것은 아니다. 따라서 우리는 과연 하나님의 뜻이 어디 계신지 헤아려 따르기만 하면 나머지는 하나님께서 처리하실 것이다. 그 누구도 전쟁을 장담할 수 없다. 다만 전쟁이 하나님 손에 달려 있음을 믿고 겸손히 하나님의 인도하심을 따르면 될 것이다. 여러분 모두 하나님만 믿고 의지하여 승리하는 성도들 되시기를 바란다.

12. 하나님을 경외하는 믿음

삼상 19:1-7

요나단은 사울의 아들로 다윗과는 매우 절친한 사이였다. 우리는 성경을 통해 다윗과 요나단이 어떻게 우정을 나누며 합심해서 하나님의 뜻을 이루어갔는지 잘 알 수 있다. 요나단은 왕의 아들 즉, 왕자로서 사울의 뒤를 이어 이스라엘의 제2대 왕으로 등극할 수 있는 위치에 있었다. 그리고 다윗은 사울왕의 딸 미갈과 결혼한 사이로 왕의 사위요 요나단의 매형이었던 것이다. 그런데 다윗은 뜻하지 않은 일로 사울왕의 미움을 사게 되었다.

삼상18:6-9절을 보면 "무리가 돌아올 때 곧 다윗이 블레셋 사람을 죽이고 돌아올 때 여인들이 이스라엘 모든 성에서 나와서 노래하며 춤추며 소고와 경쇠를 가지고 왕 사울을 환영하는데 여인들이 뛰놀며 창화하여 가로되 사울의 죽인자는 천천이요 다윗은 만만이로다 한지라 사울이 이 말에 불쾌하여 심히 노하여 가로되 다윗에게는 만만을 돌리고 내게는 천천만 돌리니 그의 더 얻을 것이 나라 밖에 무엇이냐 하고 그날 후로 사울이 다윗을 주목하였더라"라고 증거하고 있다.

이같이 다윗은 전쟁터에 나가서 큰 전공을 세우고 돌아온 것뿐인데 그것이 오히려 화근이 되어 왕의 눈 밖에 나게 되었으니 세상사가 참 묘하다 하지 않을 수 없다. 하나님은 인류 역사를 이끌어 가심에 있어 어떤 사람은 선하게 산 것 같은데 결과가 따라주지 않는 것 같고 또 어떤 사람은 악하게 산 것 같은데 결과가 좋아 보이게 하기도 하신다. 물론 하나님은 심는대로 거두게 하시기 때문에 사람들 눈에 어떻게 보이든 변함없이 뜻을 이루어 가실 것이다. 여기에서 우리는 왜 하나님께서 성경의 상당한 지면을 할애해서 다윗과 요나단의 이야기를 기록하고 계신지 생각해 보아야 한다.

다윗은 이스라엘 역대 왕 중에 가장 성군으로 칭송받는 인물이다. 아마 다윗보다 더 조명을 받는 사람이 없다고 해도 과언이 아닐 것이다. 다윗은 어린 시절 목동으로 묻혀 살다가 선지자 사무엘의 기름 부음을 받으면서 두각을 나타내기 시작한다. 곧이어 블레셋 장군 골리앗을 물맷돌로 쳐 죽이는 사건을 통해 일약 왕의 사위가 되는 행운을 얻었고 정치권 핵심부에서는 요인이 되었던 것이다. 그런데 공교롭게도 오해를 받아서 부귀영화는 고사하고 목숨을 부지 하기 위해 전전긍긍하는 신세가 되고 말았다. 그것도 일국의 왕의 제거 대상이 되었으니 어디 가서 하소연할 수도 없었다.

인간사 새옹지마라는 말이 있다. 아마 여러분들도 살면서 그런 체험을 더러 하셨을 것이다. 극적인 체험은 때로 유익을 주기도 한다. 그렇지만 사람들은 평탄한 길을 대부분 원하고 있다. 그만큼 인간은 나약해졌다고나 할까, 아무튼 다윗은 지금까지와는 전혀 다른 차원의 삶을 살도록 하나님께서 걸음을 인도하시는 것을 볼 수 있다. 우리는 다윗을 보면서 인생을 배워 야 한다. 다윗이 정치를 꿈꾼 것도 아니고 왕의 자리를 넘본 것도 아니다. 어떻게 보면 양이나 치고 소박하게 사는 것이 팔자라고 생각했었을 것이다. 다윗 편에서 보면 왜 가만히 있는 사람 찾아와 가지고 기름을 붓고 또 전쟁터에 심부름을 보내서 골리앗을 보고 싸우게 했는지 언뜻 이해가 가지 않을 것이다. 이렇게 인생사는 내 생각대로 흘러가지 않는다는 사실을 알아야 한다.

하나님께서 인생들을 내려다보실 때 각 사람마다 어떻게 살게 해야 되겠다는 계획이 있는데 사람들은 그것을 모른다는 말이다. 한 가지 하나님의 뜻을 알 수 있는 길이 있는데 그것이 바로 기도입니다. 물론 기도를 통해서 하나님의 뜻을 다 안다는 것은 아니지만 하나님이 어느 정도 알게 해주셔서 인생을 최선의 길로 이끌도록 하신다는 것이다. 다윗도 처음에는 소박한 꿈을 가지고 있었을 것이다. 그런데 한 단계 한 단계 걸음을 걸으면서 점점 꿈이 달라지고 급기야는 왕의 자리까지 내다볼 수 있는 지경에 이르렀다고 볼 수 있다. 지금은 다윗의 생을 한 눈에 내려다 보니까 아 이렇게 살고 하나님께서 이렇게 걸음을 인도하셨구나 하지 다윗이 한 걸음 한 걸음 옮길 때는 얼마나 긴장되고 아슬아슬했겠는지 생각해 볼 수 있어야 하겠다. 사람들은 하나님께서 인도하실 때 깊이 생각하지 않고 이것이 인생인가 하기도 하는데 사실은 하나님의 철저한 섭리 가운데 진행되고 있다는 것을 알아야 한다.

다윗은 누구 못지않게 하나님과 교통하는 삶을 살았다. 그럼에도 불구하고 때로는 실수도 하고 때로는 나약해지기도 했다. 하나님은 다윗이 실

수 할 때 얼마든지 막을 수 있었지만 모르시는 척 했다. 그 이유는 만일 다윗이 전혀 하나님 앞에 온전히 행하게 하시면 그는 자신의 참모습을 볼 수 없었을 것이다. 하나님은 사람들이 범죄 하는 것을 원치 않으신다. 그렇다면 당연히 범죄 하지 않도록 지켜 주셔야 하지 않느냐고 반문할 것이다. 여기에 인생의 풀리지 않는 문제가 있다. 사람들이 범죄 하는 것은 이미 타락한 고로 어쩔 수 없고 다만 하나님께서 지켜 주셔야 하는데 아무리 기도를 해도 신처럼 그렇게 살도록 지켜주시지는 않는다는 것을 알아야 한다. 왜냐하면 죄악 된 세상에서 신처럼 된 인간이 살 수 없을 뿐 아니라 또 하나님께서 그것을 원치도 않으시기 때문이다.

다윗은 하나님을 섬길 때 무엇보다도 자신이 부족한 것을 알고 겸손한 자세로 섬겼다. 하나님 앞에 설 때 이것을 깨닫지 못하면 아직 자신을 모르거나 아니면 하나님을 모른다고 할 수 밖에 없다. 그런데 다윗은 그렇게 겸손하였음에도 불구하고 인구조사를 한다든가 때로 교만하기도 했고 간음하는 죄, 살인죄 등을 범하기도 했다는 사실을 알아야 한다. 다윗뿐만 아니라 사람은 누구나 다 마찬가지이다. 따라서 신자들은 먼저 인간의 현주소를 알고 하나님을 바라보아야 한다. 신앙생활을 한다고 해서 갑자기 신처럼 되는 것도 아니고 물욕이나 정욕이 완전히 사라지는 것도 아니다. 다만 스스로를 절제하거나 잠시 세상 것들을 초월하는 마음을 품기도 할 뿐이다. 그래서 신자들은 수시로 기도하여 성령 충만을 받지 않으면 안된다.

논리적으로 보면 신자들이 항상 성령 충만하면 신처럼은 아니라도 세상적인 것들을 초월하여 살 수 있다고 할 것이다. 그러나 이것은 논리일 뿐 현실은 그렇지 못하다. 그래서 교회가 어떻고 신자가 어떻고 하는 소리가 심심치 않게 들리는 것이다. 하나님은 인간의 속성을 다 아신다. 그러므로 인간이 보는 인간과 하나님이 보시는 인간이 다르다는 것이다. 다윗도 예외가 아니고 그 누구도 예외 일 수 없다. 그럼에도 불구하고 하나님께서는 신자들을 사랑하신다. 그 이유는 신자들이 세상 사람들보다 조금 나아서가 아니라 예수 그리스도를 믿는 믿음을 가지고 있기 때문이다. 다시 말하면 예수 그리스도를 믿고 의롭다 함을 받았기 때문이라는 것이다.

참으로 하나님 앞에 설 수 있으려면 예수 그리스도의 죄사함의 은총을 받아야 한다. 뿐만 아니라 신자들은 이미 죄 사함을 받았으므로 더 이상 죄에 대해 정죄의식을 가질 필요가 없다. 다만 하나님께서 섭리 가운데 때로 죄 가운데 있게 하실 때도 있다는 사실을 겸손히 받아들일 수 있어야 한다. 하나님은 사람들이 세상에서 살 때 무슨 일을 했느냐고 따지시기 보다 왜 그렇게 소극적으로 살았느냐고 하실 것이다. 다시 말하면 적극적으로 살다 실수 할 수 있다는 것이다. 따라서 신자들은 하나님께서 인도하실 때 주저주저 할 필요가 없다.

다윗은 전혀 뜻밖에 사울왕의 정적이 되고 말았다. 다윗이 사울왕에 대해 충성한 것이 오히려 역효과가 될 줄을 누가 알았겠는가, 어떤 사람은 사울 왕이 왜 다윗 같은 사람을 죽이려고 했는지 알 수 없다고 하기도 하지만 그게 바로 세상사라는 것을 알아야 한다. 세상의 아첨배 들이 출세하는 이유를 아시겠는가, 그런데 하나님은 충성된 자를 아끼신다. 다윗의 친구 요나단은 다윗을 무척 사랑했다. 이렇게 하나님은 요나단을 통해 다윗에게 은혜를 베푸셨던 것이다. 사울왕이 다윗을 죽이려고 할 때 요나단은 몇 번이고 다윗을 건져 주었다. 왜 아버지 사울왕의 편을 들지 않고 다윗의 편에 섰겠는가, 여기에 하나님의 신비가 있다. 요나단은 하나님을 두려워하는 사람이었다. 그리고 하나님께서 다윗을 사랑하시는 줄도 알았다. 하나님께서 다윗을 지키는 자로 요나단을 세우셨던 것이다.

하나님의 섭리는 참으로 오묘하다. 다윗이 사울왕의 손에서 살아남을 수 있었던 것은 순전히 요나단의 도움 때문이었다. 하나님께서는 어떤 일을 하실 때 맥을 짚으시는 것을 볼 수 있다. 아무리 사면초가에 처해 있을지라도 하나님의 은혜가 임하게 되면 기적적으로 살아나게 된다. 그러면 다윗의 생명을 건져준 요나단은 무슨 생각으로 다윗을 도왔겠는가, 다윗이 후에 성군이 될 줄을 알고 도왔다는 말인가 그렇지 않다. 요나단은 단지 다윗을 아꼈을 뿐이다. 하나님이 요나단에게 다윗을 아끼고 사랑하는 마음을 주셨던 것이다. 뿐만 아니라 요나단은 다윗이 하나님을 중심으로 섬기는 사람이라는 것을 알고 있었다. 그래서 아버지 사울이 다윗을 치게 되면 하나님의 진노를 사게 될 것을 두려워했던 것이다. 다시 말하면 요나단은 하나님을 경외하는 믿음을 가지고 있었다는 말이다.

이렇게 하나님께서는 믿음을 가진 자를 통해 일을 하신다. 내가 무엇을 할 수 있다가 아니라 어떤 믿음을 가지고 있느냐가 중요하다. 지금도 하나님께서는 믿음이 있는 자를 찾으신다. 히11:6에 "믿음이 없이는 기쁘시게 못하나니 하나님께 나아가는 자는 반드시 그가 계신 것과 또한 그가 자기를 찾는 자들에게 상주시는 이심을 믿어야 할지니라"고 하였다. 믿음을 가진 자는 반드시 하나님께 쓰임을 받는다.

사랑하는 성도 여러분, 다윗이 얼마나 많은 위험과 고난을 당했는가! 그가 이스라엘 왕이 되기까지 겪은 고난은 상상조차 할 수 없을 정도이다. 그리고 왕이 된 후에도 자식 압살롬에게 왕위를 찬탈 당하고 도망하는 등 수모를 당했지만 그는 한결같이 하나님을 바라보는 믿음을 갖고 있었다. 그러기에 그는 하나님께 쓰임을 받는 삶을 살았고 요나단도 하나님을 경외하는 믿음을 가지고 있었기에 다윗의 생명을 지키는 일에 쓰임을 받았던 것이다.

여러분 모두 하나님을 경외하는 믿음으로 하나님께 쓰임 받는 삶을 사시기를 바란다.

13. 엘리야의 가뭄 예언

왕상 17:1-7

사람은 왜 하나님께서 은혜를 베푸실 때 은혜를 은혜로 받아들이지 못하고 꼭 자기가 행한 일을 염두에 두고 그 일의 결과라고 생각 하는지 안타깝다. 아무튼 본문을 보면 엘리야가 왕 앞에서 단호히 예언한 것을 알 수 있다. 사람들은 왕이나 지체가 높은 사람에게는 함부로 입을 열지 않는다는 것을 잘 알고 있다. 왜냐하면 그만큼 미치는 영향이 크기 때문이다. 약 3:6을 보면 "혀는 곧 불이요 불의의 세계라 혀는 우리의 지체 중에서 온몸을 더럽히고 생의 바퀴를 불사르나니 그 사르는 것이 지옥불에서 나느니라" 했다.

하나님께서 왜 엘리야에게 아합왕을 쳐서 예언하도록 하셨는지 얼핏 보면 잘 알 수 없으나 하나님께서는 엘리야를 통해서 아합왕이 잘못을 뉘우치고 선정을 펴도록 촉구하고 있다는 사실이다. 그러나 아합왕은 오히려 엘리야를 죽이려고 했던 것이다. 엘리야는 우리가 잘 아는 대로 선지자이다. 하나님은 선지자인 엘리야가 곤궁에 빠져 있는 것을 아시고 그로 하여금 피신 하도록 은혜를 베푸셨다. 왜 하나님의 뜻을 전해 주었는데 아합왕은 그를 죽이려고 했는지 알다가도 모를 일이다. 여기에서 우리는 지금 사람들이 얼마나 잘못되어 있는지 생각해 보지 않을 수 없다. 물론 하나님은 모든 것을 다 아시고 걸음을 인도 하시지만 그렇다고 해도 사람으로서 할 도리가 있어야 할 것이 아니겠느냐는 것이다.

아합이 비록 선지자 엘리야를 죽이려 해도 한편으로는 살려 두고 싶은 생각이 있었다는 것을 짐작할 수 있다. 그 이유는 어찌된 영문인지 엘리야가 예언한 대로 사실상 일이 진행되기 때문이다. 그러므로 신자들은 핍박을 받을 때 두려워하지 말고 과연 하나님께서 무슨 뜻이 계셔서 이렇게 걸음을 인도하시는지 헤아릴 수 있어야 한다. 우리들은 하나님께서 인도하실 때 설마 하는 생각을 가지고 따르는 경우가 많다. 그도 그럴 것이 하나님은 전혀 예측할 수 없이 걸음을 인도하시기 때문이기도 하지만 그보다도 하나님을 전폭적으로 믿는 믿음이 못되기 때문이다. 하나님이 사람들을 보실 때 무엇보다도 믿음을 보신다는 사실을 결코 잊어서는 안된다. 그럼에도 불구하고 무슨 업적들을 내세우고 또 얼마나 많은 양들을 먹였느냐 하고 과시하기도 하지만 이는 하나님의 평가 기준이 못 된다는 사실을 알아야 한다.

왜 사람들이 목사들을 놓고 이러니저러니 하는지 안타깝지만 머지않아 하늘나라에 가게 되면 비로소 "과연 하나님이시구나" 하고 감탄하지 않을 수 없을 것이다.

하나님은 엘리야에게 아합왕의 눈길을 피해 숨으라고 지시하시고 먹을 것 등 필요한 것들을 얻도록 대비책을 세워 놓으셨다. 하나님은 엘리야를 위해 까마귀를 동원하시고 또 떡과 고기도 준비하셨다. 그러나 하나님은 무엇보다도 엘리야가 하나님의 말씀에 순종하여 위기를 모면 한 것을 기뻐하신다는 사실을 알아야 한다.

어떻게 사람들은 엘리야가 하나님의 말씀을 그렇게 정확하게 알아듣고 따랐느냐고 할 것이다. 본문 2-6절을 보면 "여호와의 말씀이 엘리야에게 임하여 가라사대 너는 여기서 떠나 동으로 가서 요단 앞 그릿 시냇가에 숨고 그 시냇물을 마시라 내가 까마귀들을 명하여 거기서 너를 먹이게 하리라 저가 여호와의 말씀과 같이 하여 곧 가서 요단 앞 그릿 시냇가에 머물매 까마귀들이 아침에도 떡과 고기를, 저녁에도 떡과 고기를 가져왔고 저가 시냇물을 마셨더니" 했다.

하나님은 우주 만물의 창조주이시다. 4절을 보면 "까마귀들을 명하여" 하시는 말씀이 있다. 하나님의 말씀을 까마귀들이 어떻게 알아들었는지 참으로 신기하지 않을 수 없다. 그러나 하나님은 조금도 거리낌 없이 본문을 성경에 기록 되게 하셨다. 우리는 성경을 볼 때 성경 말씀을 깊이 분석하지 않고 읽는 경우가 많다. 성경은 하나님께서 우리들을 구원하시려고 주신 책이다. 기록된 한 말씀 한 말씀이 그렇게 오묘할 수가 없다. 여러분들이 오늘 말씀을 통하여 은혜를 받으려면 무엇보다도 하나님이 어떤 분이신지 깨닫지 않으면 안 된다.

엘리야는 하나님의 명하심을 받고 그대로 따랐다. 지금도 수많은 사람들이 하나님을 따른다고 주장하면서 거꾸로 가는 경우가 있는데 하나님은 그런 사람들을 다 아신다. 아마 천국에 가게 되면 예상치 못한 일이 많을 것이다. 따라서 신자들은 목전의 현상에 너무 왈가왈부 할 필요가 없다.

그러므로 신자들은 묵묵히 자기의 길을 갈 수 있어야 할 것이다. 하나님은 때로 성도들이 해서는 안 될 일을 하도록 허용하시는 경우가 있다. 그렇다고 아무 뜻 없이 침묵하시는 분이 아니시다. 요셉이 애굽으로 팔려갈 때 하나님은 침묵하셨다. 그러나 하나님은 벌써 400년 후를 내다보시고 침묵하셨던 것이다.

지금 엘리야가 아합 왕에게 불길한 예언을 하고 몸을 피하여 그릿 시냇가에 숨었는데 왜 하나님이 쓰시는 선지자가 이렇게 어려움을 당하도록 하셨는지 생각해 볼 필요가 있다. 하나님이 쓰시는 사람들은 대체로 어려움을 당하기 일쑤이다. 그 이유는 그러한 연단이 없이는 하나님의 일을 할 수 없기 때문이다. 따라서 신자들은 주의 종들이 고난을 많이 당한다고 이상하게 생각해서는 안 된다. 엘리야는 하나님께서 인도하실 때 순종했을 뿐만 아니라 전적으로 모든 것을 하나님께 맡겼다는 사실을 주목해야 한다. 다만 혼자였기 때문에 결단하고 행하기가 신속할 수 있었을 것이다.

교회는 일을 처리할 때 그것이 하나님의 뜻이라고 판단되면 지체 없이 처리해야 한다. 요즘에는 당회가 있어 일을 처리할 때 편리 하다고 할 수 있다. 그러나 하나님은 때로 당회가 하나 되지 않도록 하시는 경우도 있다. 그 이유는 다양하겠지만 당회원들이 겸손히 사명을 감당 하도록 하시기 위함이라고 할 수 있다.

우리들은 하나님께서 은혜를 베푸실 때 과연 하나님의 은혜로구나 하고 바로 깨닫기도 하지만 일반적으로는 한참 지난 후에야 깨닫게 된다는 사실을 알아야 한다. 하나님은 무엇보다도 신자들이 전적으로 하나님을 믿고 의지하기를 바라신다. 그리고 엘리야가 아합왕을 반하여 예언을 하고 감쪽같이 사라진 것은 하나님께서 엘리야를 통해 이루시고자 하시는 뜻이 계시다는 것, 다시 말하면 아직 엘리야가 희생될 때가 아니라는 것을 알아야 한다. 사람들은 엘리야가 무슨 특별한 사람이 아닌가 하기 쉽다. 그러나 약5:17-18을 보면 "엘리야는 우리와 성정이 같은 사람이로되 저가 비오지 않기를 간절히 기도한즉 삼년 육개월 동안 땅에 비가 아니 오고 다시 기도한즉 하늘이 비를 주고 땅이 열매를 내었느니라"고 증거하고 있다.

여기에서 우리가 생각해야 할 것은 성경에 등장하는 모든 사람들이 다우리와 다를 바 없는 사람들이라는 사실을 알아야 한다. 그러므로 우리는 하나님께 크게 쓰임을 받았다고 해서 이상하게 생각해서는 안 된다. 그 이유는 사람이 무엇을 한 것이 아니고 다만 하나님께서 어떻게 쓰셨느냐에 달려있기 때문이다. 본문을 보면 엘리야가 하나님의 말씀을 마치 옆에서 사람이 이야기 하는 것을 알아듣는 것처럼 알아듣고 있다는 것이다.

하나님은 사람을 쓰실 때 필요한 은사들을 주셔서 하나님의 뜻을 깨닫게 하시고 받들게 하신다는 사실을 알아야 한다. 따라서 엘리야가 하나님의 지시를 받을 때 조금도 차질 없이 받은 것은 당연하다고 할 것이다. 성도들은 엘리야처럼 쓰임을 받았으면 좋겠다는 생각을 더러 하기도 한다. 그러나 하나님은 일률적으로 사람을 쓰시지 않고 필요에 따라 쓰신다는 것을 잊지 말아야 한다. 그래서 사람마다 받은 은사가 다르고 쓰임새도 다르다는 것이다.

그럼에도 불구하고 신자들은 큰 교회를 섬기거나 크게 하나님의 일을 하는 종들을 우러러 보며 부러워하기도 하고 존경하기도 한다. 물론 하나님께 크게 쓰임 받으면 보람을 느끼게 될 것이다. 그러나 달리 생각해 보면 꼭 그런 것만도 아니다. 왜냐 하면 하나님께서는 모두를 사랑하시기 때문에 골고루 헌신할 수 있도록 은혜를 베푸시기 때문에 각기 감사하며 충성할 수 있다는 것을 알아야 한다.

본문의 엘리야도 하나님께 크게 쓰임을 받은 선지자였다. 아마 성경에 기록된 사람들 중 엘리야만큼 크게 쓰임을 받은 사람도 드물 것이다. 그렇지만 누구도 왜 엘리야처럼 나를 들어 쓰시지 않느냐고 불평불만 하는 사람이 없다. 그것은 모두가 그 나름대로 쓰임을 받고 있다는 사실을 인식하고 있기 때문이다. 사실 엘리야가 왕 앞에서 엄청난 예언을 했는데 이는 아무라도 할 수 있는 일이 아니다. 경우에 따라서는 목을 내 놓아야 하는 매우 위험한 일인 것이다. 많은 사람들은 하나님께 크게 쓰임 받는 것만 생각했지 그에 수반되는 어려움은 놓치기 쉽다. 따라서 신자들은 하나님께서 인도하실 때 겸손한 마음으로 순종할 수 있어야 한다.

사랑하는 성도 여러분, 하나님은 엘리야를 통해서 아합왕이 우상을 버리고 하나님께로 돌아 오도록 기회를 주셨지만 아합왕은 하나님의 뜻을 알아차리지 못하고 오히려 강퍅해져서 결국 큰 고난을 당하지 않으면 안 되었던 것이다. 사람들은 하나님이 은혜를 베푸실 때 아, 하나님의 은혜로

구나 하고 직감적으로 느낄 수 있게 하시는 줄로만 생각하기 쉽다. 그런데 어떤 은혜는 수년 아니 수십 년 후에 은혜라는 사실을 깨닫게 되기도 한다는 것을 알아야 한다. 여러분 모두 하나님께서 기회를 주실 때 겸손과 감사로 받들어 하나님께 영광 돌릴 수 있기를 예수 그리스도의 이름으로 기원한다.

14. 사르밧 과부

왕상 17:8-16

하나님은 사르밧에 사는 과부에게 하나님의 선지자 엘리야를 공궤하도록 하셨다. 본문을 보면 사르밧 과부가 일부러 엘리야를 만나려 한 것도 아니고 극심한 가뭄을 만나 하루라도 더 생명을 연장하려고 전전긍긍 하고 있을 때 갑자기 나타난 엘리야로 말미암아 하나님의 은총을 받게 되었다는 내용이 기록되어 있다. 그리고 엘리야는 하나님이 말씀하신 대로 순종하여 기근에 굶어 죽지 않고 살아남을 수 있었다.

1. 엘리야를 보내신 하나님

하나님은 엘리야가 사명을 감당할 수 있도록 걸음을 인도하시고 계심을 알 수 있다. 왜 하나님께서 엘리야에게 사르밧 과부를 찾아 가도록 지시를 하셨는지 본문은 간략하게 기록하고 있다. 다시 말하면 극심한 가뭄을 당하여 더 이상 버틸 수 없는 상황이 되자 하나님께서는 선지자 엘리야를 사르밧 과부에게 보내어 먹고 사는 문제를 해결하도록 하셨다는 말이다. 여기에서 우리는 하나님의 종들이 교회를 섬길 때 먹고 사는 문제를 교회에서 해결하도록 하신다는 것을 알 수 있다. 물론 교회는 교역자들이 생활할 수 있도록 적절한 조치를 취하지 않으면 안된다. 겉으로 보면 교회 헌금에서 교역자 생활비를 지불하고 있는 것처럼 보이지만 실상은 하나님께서 그렇게 교역자들을 먹이신다는 사실을 알아야 한다.

본문의 과부는 주의 종을 섬김으로 말미암아 또한 은혜를 받아 통에 가루가 다하지 아니하고 병에 기름이 없어지지 아니하는 복을 받게 되었던 것이다. 이렇게 하나님께서는 교회를 보살핀다는 사실을 알아야 한다.

왜 하나님이 엘리야를 사르밧 과부에게 보내셨는지 또 다른 뜻은 엘리야가 사르밧 과부를 통하여 하실 일이 있었다는 것이다. 사르밧 과부는 엘리야가 하나님의 종이라는 사실을 알고 있었다. 아마 엘리야가 하나님의 종이 아니었더라면 엘리야나 사르밧 과부 모두 극심한 가뭄을 견디지 못하고 죽었을 것이다. 여기에서 우리는 왜 하나님께서 기적을 행하면서까지 그들을 먹여 살리셨느냐 하는 점을 주목해야 할 것이다.

하나님은 인간의 생사화복을 주장하신다. 따라서 지금 내가 살아 있다는 자체가 하나님의 은혜라는 사실을 깨닫지 않으면 안 된다. 특히 하나님께서 원하시는 것은 사르밧 과부가 엘리야를 감쪽같이 숨겨 주어서 아합의 눈에 띄지 않게 해주는 것이었다. 하나님은 전능하시지만 자신이 내 세우신 섭리를 무시하시지 않는다는 사실을 명심해야 한다. 그러므로 신자들은 전능하신 하나님만 생각하지 말고 하나님께서 세상을 어떻게 통치하고 계신지 내다 볼 수 있는 안목을 가져야 한다.

하나님은 신자들이 어떤 형편에 처해 있든 다 아신다. 따라서 신자들은 아무 염려 할 것이 없다.

2. 기적을 행하시는 하나님

기적이란 인간의 힘으로는 어찌 할 수 없는 일을 하나님이 행하시는 것을 일반적으로 가리킨다. 어떤 사람들은 암 병이 고침을 받으면 기적이 일어났다고 야단이다. 물론 현대 의학으로 고치지 못하는 병이라면 기적을 바랄 수밖에 없을 것이다. 그러나 하나님 편에서 보면 기적도 없고 문제될 것도 없다. 왜냐하면 세상 모든 일들이 하나님의 손에 있기 때문이다. 그러므로 신자들은 무슨 일이든 하나님께 고하고 도움을 받을 수 있어야 한다. 때로 신자들은 하나님이 어떤 분인지 잘 알지 못하고 어떻게 사사건건 도움을 청할 수 있느냐고 오히려 미안하게 생각하기도 한다. 그러나 하나님은 신자들이 어떤 문제를 가지고 와도 조금도 개의치 않으시고 다 받아 주신다. 하나님은 모든 문제의 열쇠를 가지고 계신 분이시다. 아무리 어렵고 복잡한 문제라도 하나님 앞에 나오면 해결이 된다.

지금 극심한 가뭄이 들어 어떻게 할 수 없는 상황인데 엘리야와 사르밧 과부는 모두 문제의 해결을 받았다는 사실을 알아야 한다. 이렇게 하나님께서는 상황에 따라 문제를 해결 하신다는 것이다. 일반적으로 사람들은 하나님께 은혜를 구할 때 기적을 요구하지만 하나님은 기적보다도 주어진 여건에 맞게 은혜를 베풀어 주신다는 사실을 알아야 한다. 그럼에도 불구하고 엘리야와 사르밧 과부는 기적을 통해 문제 해결을 받았다. 다시 말하면 기적을 행할 수밖에 없는 상황이었다는 것이다.

어떤 사람은 하나님은 능치 못할 일이 없으니까 무조건 요구를 들어 줘야 한다고 주장한다. 그러나 엄밀히 살펴보면 요구대로 들어주면 오히려 문제가 된다는 것을 깨달아야 한다. 특히 신자들은 하나님께서 은혜를 베푸실 때 목전의 것만 생각하지 않고 멀리 내다보신다는 사실을 잊지 말아야 한다. 아무튼 하나님은 우리가 어떻게 하든 유익하게 하신다는 것을 알아야 한다.

3. 은혜를 베푸시는 하나님

은혜는 거저 주시는 하나님의 호의라고 말할 수 있다. 그래서 신자들은 은혜를 받으려고 애를 쓰고 있는데 이상한 것은 아무에게나 은혜가 주어지지 않는다는 사실이다. 본문의 경우만 하더라도 전혀 뜻밖에 사르밧 과부가 하나님의 은혜를 받게 되었다는 것이다. 물론 하나님께서는 사르밧 과부가 엘리야에게 먹을 것을 주고 또 감쪽같이 엘리야를 숨겨 줄 수 있을 것이라는 것을 아시고 엘리야를 사르밧 과부에게 보내셨을 것이다. 그러나 사르밧 과부 외에도 그런 일을 할 수 있는 사람은 또 있었을 것이다. 그러면 왜 하나님이 사르밧 과부를 택하셨을까? 여기에서 우리는 하나님의 하시는 일을 조금 살펴 볼 수 있어야 하겠다.

하나님은 신자들이 헌신하려고 할 때 무엇을 가지고 있으며 어떻게 헌신하려고 하는지 다 아신다. 따라서 신자들은 하나님 앞에 은혜를 구할 때 막연히 은혜를 구하지 말고 구체적으로 구할 수 있어야 한다.

본문을 보면 사르밧 과부가 마지막 남은 한 움큼의 가루와 기름 조금을 가지고 버틸 때까지 버티다가 죽으려고 할 때 엘리야를 만나게 되었다. 아마 사르밧 과부는 더 이상의 방법이 없다고 판단했을 것이다. 그러나 하나님께서는 엘리야를 보내어 가뭄이 끝날 때까지 양식이 떨어지지 않게 은혜를 베푸셨다. 이렇게 하나님은 벼랑 끝에 선 사람에게 은혜를 베푸셨던 것이다.

기도를 하고 응답을 받은 사람들의 경우 간증을 들어 보면 많은 사람들의 경우 막다른 골목에 가서야 비로소 응답을 받았다는 이야기를 듣게 된다. 하나님은 은혜를 베푸실 때 사람들이 정말 필요로 하는지 아니면 그다지 필요하지 않은지 내다보시고 은혜를 베푸신다는 것이다. 극한 상황에 이르러서 은혜를 받게 되면 그만큼 효과적이라고 할 수 있다. 그러면 하나님은 기도를 응답하실 때 꼭 그렇게 하신다는 뜻이냐 반드시 그런 것은 아니지만 어쨌든 효과적으로 응답하신다는 것만큼은 사실이다. 왜 하나님께서 세상을 다스리실 때 일방적으로 다스리시지 않고 굳이 신자들의 기도를 들으시려고 하시는지 우리는 생각해 볼 수 있어야 하겠다. 기도는 하나님께 은혜를 구하는 것인데 신자들이 하나님께 은혜를 구하지 않으면 피동적인 삶을 살게 되고 그렇게 되면 하나님은 지금의 형태와는 전혀 다른 또 하나의 세계를 만들지 않으면 안 된다는 논리가 성립된다. 그러므로 성도들은 왜 하나님이 기도를 강조하시는지 깨달아야 한다.

하나님은 마치 가정에서 아버지가 자녀들의 의견을 들어가면서 가정을 이끌어 나가시듯 세상을 이끌어 나가신다는 것을 알아야 한다. 따라서 성도들은 하나님이 왜 세상을 이렇게 이끌어 나가시느냐고 불평해서는 안 된다. 때로 하나님은 성도들이 생각하는 것과 정 반대의 길로 걸음을 인도하기도 하신다. 그러나 알고 보면 그것이 은혜라는 것이다. 사람들은 하나님께서 은혜를 베푸실 때 꼭 자기에게 유익이 되게 하셔야만 한다고 생각하기 쉽다. 물론 하나님께서는 궁극적으로 유익하게 하신다. 다만 건별로 보면 유익하지 않을 때도 있다는 말이다.

사랑하는 성도 여러분, 엘리야가 사르밧 과부에게 가서 기적을 행한 것은 피차 은혜를 받게 하시는 하나님의 보살피심이요 사랑이다. 결국 하나님은 신자들 상호 모두 유익하도록 걸음을 인도하신다는 사실을 결코 잊지 말아야 한다. 여러분들 모두 하나님의 속성을 잊지 마시고 담대히 은혜를 구하는 성도들 되시기를 예수 그리스도의 이름으로 축원한다.

15. 네 아들이 살았느니라

왕상 17:17-24

왜 사람들은 신앙생활을 하면서 하나님이 함께 하시는 줄을 모르고 있는지 안타깝기만 하다. 물론 하나님이 함께 하신다고 말은 하지만 실제 행동하는 것을 보면 그렇지 않다는 것을 볼 수 있다. 여기에서 우리는 하나님이 어떤 분이신지 알 수 있어야 하겠다. 하나님은 전지전능하신 분이라고 웬만한 신자들은 다 알고 있다. 그러나 그 분이 어떻게 자신이 전지전능하심을 나타내시는지 사람들은 잘 모르고 있다. 한마디로 말해서 하나님은 무조건 모든 것을 마음대로 하시는 분이신 줄 오해하고 있다는 것이다. 만일 그렇다면 신자들의 노력이나 수고가 아무 의미도 없게 될 것이다.

성경을 보면 수많은 신앙 선배들이 각고의 노력과 희생으로 하나님께 자신을 드리는 삶을 산 것을 알 수 있다. 왜 그들이 그렇게 살았을까 거기에 신비가 있고 깨달아야 할 진리가 있는 것이다. 하나님은 인생들을 돌아보실 때 아무 기준도 없이 일방적으로 돌아 보시는 분이 아니시다.

갈6:7을 보면 "사람이 무엇으로 심든지 그대로 거두리라"고 했다. 하나님께서는 성경을 통해 어떻게 하시겠다는 뜻을 밝히시고 그대로 행하신다는 사실을 알아야 한다. 따라서 성경을 모르면 왜 하나님이 어떤 때는 복을 주시고 어떤 때는 침묵하시는지 알 수 없다. 그래서 우리는 성경을 배워야 하고 또 믿고 따라야 한다. 성경은 끊임없이 신자들의 걸음을 인도하신다. 아무리 신자들이 부르짖어도 성경을 따르지 아니하면 아무 소용도 없다. 따라서 기도할 때 우리는 성경에 근거를 둔 기도를 드릴 수 있어야 한다.

본문을 보면 엘리야가 사르밧 과부의 아들을 살려 달라고 기도하는 것을 알 수 있다. 그런데 사르밧 과부는 엘리야가 기도할 때 자기 아들이 살아날 것이라고 믿었던 것 같다. 왜냐하면 19절을 보면 "엘리야가 저에게 그 아들을 달라 하여 그를 그 여인의 품에서 취하여 안고 자기의 거처하는 다락에 올라가서 자기 침상에 누이고" 했는데 그 과부가 전혀 믿지 못했다면 엘리야에게 아이를 내어 주지 않았을 것이라는 것이다. 사르밧 과부는 이미 엘리야를 통해 하나님이 기적을 행하신 사실을 생생하게 기억하고 있었기 때문에 또 하나님이 기적을 행하시면 자기 아들이 다시 살아날 수 있을 것이라고 믿었다는 것이다.

하나님이 신자들에게 때로 상상치도 못할 은혜를 베풀어 주시는 이유는 그 은혜로 말미암아 믿음을 갖게 하시려는 것이라는 사실을 알아야 한다. 그런데 문제는 모든 신자들에게 일일히 기적을 체험케 하시기보다 성경에서 기적을 행하시고 그로 말미암아 믿음을 갖도록 은혜를 베풀어 주신다는 것이다. 따라서 우리는 성경을 읽을 때 그 기사가 객관적인 기사가 아니라 바로 나에게 해당되는 기사라는 사실을 알아야 한다.

믿음이 깊은 사람과 그렇지 못한 사람과의 차이는 성경 기사를 어떤 자세로 보느냐에 따라 달려 있다고 할 수 있다. 물론 사르밧 과부는 하나님의 기적을 체험했기 때문에 남달리 믿음이 깊었을 것이다. 그래서 엘리야에게 "하나님의 사람이여 당신이 나로 더불어 무슨 상관이 있기로 내 죄를 생각나게 하고 또 내 아들을 죽게 하려고 내게 오셨나이까"하고 응석 섞인 질문을 했던 것 같다. 다시 말하면 내가 하나님의 사람인 당신을 만나지 않았더라면 아무 것도 모르고 죽었을 터인데 당신을 만남으로 말미암아 죄를 깨닫게 되고 그 죄 값으로 아들을 데려가는 일을 당케 하셨느냐고 하소연을 하고 있는 것이다.

1. 엘리야는 하나님의 사람

하나님의 사람이라는 말은 하나님께서 복음을 위해 쓰시는 사람을 가리킨다. 지금도 많은 사람들이 복음을 위해 하나님께 쓰임을 받고 있다. 물론 모든 신자들이 다 복음을 위해 쓰이고 있지만 특별히 교역자들을 가리켜 하나님의 사람이라고 부르기도 한다. 하나님은 모든 성도들이 어떻게 헌신하든 다 받으신다. 그러나 그 헌신이 가납되려면 반드시 하나님의 영광을 나타내는 것이어야 한다는 것이다.

엘리야는 하나님의 사람이라고 본문은 기록하고 있다. 다시 말하면 하나님이 쓰시는 사람이라는 것이다. 특히 구약에서는 특별한 일을 위해 하나님께 쓰임 받는 사람을 가리켜 하나님의 사람이라고 부르고 있는 것을 볼 수 있다. 하나님은 엘리야를 쓰실 때 그의 기도를 들으셨다는 것이다. 만일 기도 없이 어떤 기적을 나타내신다면 그 기적이 무슨 기적이라고 할 수 있겠는가 사람들은 그런 기적을 가리켜 기적이라고 말하지 않고 보통 기상이변 이라고 한다.

성경에서 말하는 기적은 하나님께서 사랑하시는 자녀들의 기도를 들으시고 나타내시는 일반 섭리를 초월하는 현상을 가리킨다. 그런데 엘리야는 "통에 가루가 다하지 아니하고 병의 기름이 없어지지 아니 하는" 기적을 나타낸데 이어 이번에는 죽은 사람을 살려내는 기적을 행했던 것이다. 이런 기적을 아무나 나타낼 수 있는가, 엘리야는 하나님의 사람이라고 18절은 기록하고 있다. 성경은 자연스럽게 진리를 증거하고 있다.

2. 다시 살아난 과부의 아들

왜 하나님께서는 과부의 아들이 죽게 내버려 두셨다가 다시 살리셨는지 성경은 구체적으로 언급하고 있지 않다. 그런데 자세히 살펴보면 엘리야가 과부로부터 "당신은 하나님의 사람이시요 당신의 입에 있는 여호와의 말씀이 진실한 줄 아노라" 라는 고백을 듣게 하신 것을 알 수 있다. 한마디로 말하면 엘리야는 과부의 죽은 아들을 다시 살림으로 말미암아 하나님의 존재를 증거했다는 것이다. 물론 과부는 앞서 행한 기적을 통하여 하나님이 계신다는 것을 누구 못지않게 믿고 있었을 것이다. 그러나 과부에게 필요한 것은 하나님은 죽은 자 까지도 다시 살리실 수 있는 분이시라는 것을 믿는 믿음이었던 것이다. 왜냐하면 하나님의 사람을 섬기고 있는 과부가 그런 믿음을 갖지 못하면 목숨을 내어 놓고 엘리야를 숨겨 줄 수 없기 때문이다. 하나님은 신자들이 어떠한 믿음을 가지고 있는지 그 믿음에 따라 복을 주신다. 선지자는 하나님께로부터 특별한 사명을 받은 사람이다. 따라서 하나님께서는 그 사명을 잘 감당할 수 있도록 지키시고 인도하신다. 왜 하나님이 엘리야를 들어 쓰시는지 한 번 생각해 볼 필요가 있다. 엘리야는 예수 그리스도의 예표라고 할 수 있다. 그가 과부의 아들을 살린 것은 예수 그리스도께서 죽은 영혼들을 구원하시는 것을 상징하고 있기 때문이다.

3. 엘리야의 기도를 들으시는 하나님

왜 엘리야가 과부의 아들이 죽었을 때 "나의 하나님 여호와여 주께서 또 내가 우거하는 집 과부에게 재앙을 내리사 그 아들로 죽게 하셨나이까" 하고 기도를 했는지 살펴보고자 한다. 엘리야의 기도를 얼핏 보면 엘리야가 섭섭한 심정으로 기도한 것 같이 보인다. 그러나 하나님은 엘리야의 기도를 들으시고 죽은 과부의 아들을 살려 주셨다. 기도할 때 우리는 감사한 마음으로 기도하라고 배운다. 그러나 때로는 그렇지 못할 때도 더러 있음을 부인할 수 없다. "항상 기뻐하라" 이 말씀은 일반적으로 그렇게 살라는 것이지 무조건 기뻐하라는 그런 말씀은 아니다. 사람은 누구에게나 감정이 있고 또 이성도 있다. 그런 인간이 항상 기뻐할 수 만은 없을 것이다.

하나님은 우리의 기도를 들으신다. 신자들은 선지자나 교역자들의 기도를 더 잘 들으시는 줄로 생각하기 쉽다. 그러나 반드시 그렇다고 할 수 만도 없다. 다만 선지자나 교역자들은 기도할 때 하나님의 말씀에 근거하여 기도를 드리기 때문에 효과적이라고 할까 하는 생각을 할 수 있다. 기도는 신자라면 누구나 할 수 있다. 다만 어떤 자세로 기도를 하느냐에 따라 응답도 받고 하나님의 뜻을 깨닫기도 한다.

엘리야는 기도를 할 때 마치 하나님이 옆에 계시는 것 같이 생각하고 기도를 한다. 지금도 그렇게 기도하는 사람들이 상당히 있다. 아마 성경을 분석해 보면 왜 엘리야가 하나님의 능력을 그렇게 나타낼 수 있었는지 알 수 있었을 것이다. 엘리야는 무엇보다도 하나님께서 자신을 통해 일을 하고 계신다는 사실을 확신하고 있었다. 그렇기 때문에 그는 신중히 하나님의 뜻을 헤아려 받들었던 것이다.

사랑하는 성도 여러분, 오늘 엘리야는 죽은 과부의 아들을 다시 살리는 기적을 행했다. 이는 하나님의 사람으로서 마땅히 할 일이라고 할 수 있다. 왜냐하면 사르밧 과부가 생명을 걸고 엘리야를 숨겨 주지 않으면 살아남을 수 없는 심각한 상황이었기 때문이다.

여러분 모두 오늘 말씀을 통하여 하나님께서 어떻게 일을 하시는지 기억하시고 두려움 없이 하나님의 일을 받드시기 바란다.

16. 비를 지면에 내리리라

왕상 18:1-15

아합왕은 이스라엘의 역대 왕 중 가장 악하다고 할 만큼 사악한 왕이었다. 특히 그의 아내 이세벨은 간교한 여자로서 하나님을 거역하고 우상을 숭배하는 자였다. 왜 하나님이 이스라엘에 3년 반 동안 비를 주시지 않았느냐 하면 아합왕이 이세벨을 좇아 우상을 숭배 할 뿐만 아니라 하나님의 선지자들을 죽이고 악정을 펼쳤기 때문이다. 아합은 마땅히 엘리야의 충고를 받아들여 선정을 펼쳤어야 함에도 불구하고 선지자보다도 아내의 말을 더 우선시 하여 그릇된 길로 행했던 것이다.

하나님은 사람들이 잘못 갈 때 돌이킬 수 있도록 기회를 주시기도 한다. 물론 다는 아니지만 많은 사람들이 기회를 포착하여 위기를 모면하기도 한다. 그러나 어떤 사람은 충고에 귀를 기울이지 않고 완고히 행하다가 변을 당하기도 한다. 엘리야는 선지자로서 하나님의 명을 그때그때 받들어 수행한 까닭에 사람들은 엘리야가 평범한 사람이 아니라 특별한 사람으로 보는 경향이 있다. 성경은 많은 신앙인들을 기록하고 있지만 그들 모두 의미 없는 사람은 하나도 없다. 다시 말하면 그들을 통해 하나님께서 원하시는 뜻이 정확하게 이루어지고 있다는 사실이다.

본문의 엘리야도 많은 사람들에게 힘과 용기를 주고 그를 통해 하나님이 증거 되고 있다는 사실을 알아야 한다. 왜 아합이 선지자 엘리야를 선뜻 발견하지 못하고 특히 사르밧 과부도 온 나라가 엘리야를 찾으려고 혈안이 되어 있다는 것을 알고 있었을 터인데 신고하지 않고 끝까지 숨겨 주었는지 모두 궁금하지 않을 수 없다. 하나님은 지혜로도, 명철로도, 모략으로도 당치 못하느니라고 했다. 엘리야를 숨겨 준 과부에게 은혜를 베풀어 감쪽같이 피신할 수 있게 하셨다. 사람들은 하나님을 보고 이상하게 생각하기도 한다. 왜냐하면 간단한 문제를 어렵게 푼다는 것이다. 이스라엘 백성을 출애굽 시키실 때에도 가까운 길을 놓아두고 왜 먼 길을 택하셨느냐는 것이다. 하나님은 일을 하실 때 멀리 보시기 때문에 목전에 무엇이 안 보인다고 해서 실망할 필요가 없다. 엘리야가 사르밧 과부의 집에 머물면서 무엇을 했는지 전혀 기록이 없다. 그런데 본문을 보면 엘리야가 침묵을 지키다가 활동을 개시하는 것을 알 수 있다.

본문 1절을 보면 제3년에 여호와의 말씀이 엘리야에게 임했다고 기록되어 있다. 하나님은 때가 이르매 엘리야로 하여금 아합왕을 찾아가게 하신다. "너는 가서 아합에게 보이라 내가 비를 지면에 내리리라" 3년 반 동안이나 가뭄이 지속되었는데 이제는 하나님이 비를 주시겠다는 것이다. 아합이 얼마나 다급했으면 궁내대신 오바댜를 불러 직접 물을 찾으러 나섰겠는가. 엘리야는 흩어져 물을 찾고 있는 오바댜를 만나게 된다.

사람들이 그렇게 찾아도 만날 수 없었던 엘리야가 스스로 찾아 왔으니 얼마나 반가웠겠는가. 그러나 한편으로는 두렵기조차 했다. 엘리야는 오바댜에게 "가서 네 주에게 고하기를 엘리야가 여기 있다 하라"고 했다. 오바댜는 어안이 벙벙할 수밖에 없었다. 그도 그럴 것이 아합이 엘리야를 찾으려고 수단 방법을 가리지 않았는데 지금 갑자기 엘리야가 나타나면 결국 오바댜가 어디에 숨겨 두었다가 내놓는 것 밖에 되지 않기 때문이다. 뿐만 아니라 오바댜가 아합왕에게 다녀오는 동안 엘리야가 사라져 버린다면 진퇴양난이 될 수밖에 없기 때문에 오바댜는 당황하지 않을 수 없었던 것이다. 엘리야는 오바댜의 입장을 잘 알고 있었다. 그래서 오바댜에게 안심 할 수 있도록 다짐을 한 후 아합왕에게 안내를 하라고 요청하였다.

오바댜는 하나님을 경외하는 사람이었다. 어떻게 오바댜가 아합 밑에 있을 수 있었는지 궁금하다. 아마 철저히 바알 선지자로 위장을 했거나 아니면 드러나게 선지자 노릇을 하지 않았던 것으로 생각해 볼 수 있다. 그런데 하나님은 오바댜를 통하여 100명의 선지자를 구출하셨던 것이다. 여기에서 우리는 하나님의 놀라운 지혜를 엿볼 수 있다. 하나님은 신자들이 미처 생각지 못하는 것까지 염두에 두시고 일을 처리하신다는 사실을 알아야 한다. 아마 아합왕은 엘리야가 가뭄을 예언했기 때문에 하나님의 선지자들을 죽였을 것이다. 그러면 왜 미리 하나님의 선지자들을 피신토록 조치를 취한 후 예언을 하게 하실 것이지 그러지 아니 했느냐는 것이다. 사람들은 하나님께서 얼마든지 하실 수 있으시면서 그렇게 하시지 않는다고 서운하게 생각하기도 한다. 그러나 깊이 생각해 보면 그렇지 않다는 것이다.

만일 하나님이 하나님의 선지자들을 다치지 않게 보호 하신다면 누구든지 선지자 노릇을 하겠다고 나설 것이다. 그러면 누가 진짜 선지자인지 구별할 수 없을 뿐만 아니라 하나님께서도 선지자를 통해 일을 하시기가 쉽지 않을 것이다. 다시 말하면 선지자가 선지자다울 때 그를 통해서 어떤 일을 하실 수 있는 것이지 진짜 가짜가 섞여 있으면 우로 가라 할 때 좌로 가는 자도 있고 해서 과연 어느 편이 하나님의 뜻대로 가는 것인지 분별할 수 없어 결국 아무 쓸모도 없게 된다는 것이다. 꼭 염두에 두어야 할 것은 하나님은 신자들이 어떤 생각을 가지고 있든지 다 아시고 걸음을 인도하신다는 것이다. 그러므로 비록 내 생각이 잘못 되었을 경우라 하더라도 지나치게 염려할 필요가 없다는 것이다. 왜냐하면 하나님께서 문제가 되지 않도록 걸음을 인도하시기 때문이다.

잠16:9에 "사람이 마음으로 자기의 길을 계획할지라도 그 걸음을 인도하는 자는 여호와시니라"고 하였다. 왜 엘리야가 아합왕을 만나려고 할 때 오바댜를 통해서 만나려고 했는지 언뜻 이해가 가지 않을 수도 있다. 만일 엘리야가 아합왕을 직접 만나게 되면 간편했을 것이다. 그러나 하나님은 오바댜를 중간에 넣음으로 말미암아 오바댜에게 큰 은혜를 베푸시고 계시다는 것을 알아야 한다. 문제는 오바댜가 엘리야를 아합왕에게 인도할 때 과연 아합왕이 엘리야를 환대할 것이냐의 여부가 관건이다. 물론 아합왕이 어떻게 나오든 개의치 않고 엘리야를 아합왕에게 인도할 수도 있다. 그러나 오바댜는 아합왕이 엘리야 때문에 얼마나 시달렸는지 잘 알고 있었기 때문에 자칫하면 엘리야가 목숨을 잃을 수도 있다는 사실을 잘 알고 있어 망설이지 않을 수 없었던 것이다. 결국 오바댜는 엘리야로부터 다짐을 받고 난 후 아합왕에게로 인도하게 되었다.

하나님은 신자들이 하나님을 따를 때 하나님은 전지전능하신 분이라고 믿고 따른다는 사실을 너무도 잘 아시고 계신다. 그런데 실제로 문제에 부딪히게 되면 그렇지 못하다는 것을 안타깝게 여기신다. 여기에서 우리는 체험이 필요하다는 사실을 알아야 한다. 아무나 하나님의 일을 할 수 있다고 생각하는 것은 금물이다. 또 하나님께서도 아무나 쓰시지 않는다는 사실을 알아야 한다. 신자들은 모두 하나님께 쓰임 받기를 원한다. 그럼에도 불구하고 막상 하나님이 쓰시려 하면 이 모양 저 모양으로 회피하는 경향이 있다. 그 이유는 내 생각, 내 방식대로 헌신하겠다는 것인데 하나님의 일은 그렇게 되지 않는다는 사실을 알아야 한다. 지금 오바댜도 왜 엘리야가 나를 찾아 왔느냐고 당황할 뿐 하나님이 왜 엘리야를 자기에게 보내셨는지 미처 생각지 못하고 있다는 것이다. 엘리야를 인도할 때 그로 말미암아 3년 6개월 동안 오지 않던 비가 다시 오게 되면 왕은 물론 온 백성이 얼마나 기뻐 뛰겠는가. 이렇게 좋은 소식을 전하는 일을 오바댜가 하게 되었으니 얼마나 하나님의 은혜가 큰가.

하나님은 신자들이 세상을 살 때 기뻐하며 감사하며 살 수 있도록 걸음을 인도하신다는 사실을 알아야 한다. 혹자는 하나님을 섬기게 되었더니 시련도 많고 힘이 든다고 푸념조로 이야기 하는 사람도 있다. 그러나 자세히 살펴보면 그것이 하나님의 은혜이다. 하나님은 신자들에게 복을 주실 때 아무렇게나 주시지 않고 반드시 손을 씻게 하시고 주신다는 것을 잊지 말아야 한다.

사랑하는 성도 여러분, 하나님은 엘리야를 통해 아합왕이 회개하고 선정을 펼치도록 촉구했다. 비록 아합왕이 악하고 불순종해서 많은 어려움을 당하기는 했지만 하나님께서는 그만큼 이스라엘 민족을 사랑하셨기 때문에 아합왕이 어려움을 통해서 더 이상 잘못된 길로 나가지 못하도록 붙드셨던 것이다.

본문을 통해 여러분들은 아합왕이 그릇 되었다고 판단할 것이다. 그러나 그도 하나님의 은혜를 입었다는 것을 생각할 때 세상에 하나님의 은혜를 입지 않고 사는 사람은 아무도 없을 것이다. 하나님은 이렇게 세상을 이끌어 나가신다. 여러분 모두 하나님의 은혜를 감사하면서 충성할 수 있기를 바란다.

17. 갈멜 산상의 대결

왕상 18:16-29

왜 하나님께서는 신자들이 하나님을 섬길 때 의심하지 말고 섬기라고 하시는지 궁금하다. 우리들은 보이지 않는 하나님을 마치 보는 듯이 섬길 수 있어야 한다고 요구하고 있다는 사실을 잘 알고 있다. 신자들이 때로 넘어지는 이유는 믿음이 약하기 때문이다. 그래서 흔들리지 않는 믿음을 갖도록 하여야 한다.

본문을 보면 엘리야가 바알의 선지자 450인과 아세라의 선지자 400명을 대상으로 결투를 요구하고 있는 것을 알 수 있다. 어떻게 엘리야가 그런 담대한 제의를 할 수 있었는지 언뜻 이해가 가지 않는다. 그러나 하나님은 엘리야로 하여금 담대한 믿음을 갖도록 은혜를 베푸시어 목숨을 내건 대결을 요청하게 하셨다. 하나님은 신자들이 어떤 믿음을 가지고 있느냐에 따라 이렇게 쓰시기도 하고 저렇게 쓰시기도 한다. 따라서 신자들은 무엇 보다도 담대한 믿음을 갖도록 노력하지 않으면 안 된다.

우리가 말씀을 듣는 것도 믿음을 더하시는 은혜를 받기 위함이라고 할 수 있다. 특히 신자들은 하나님께서 걸음을 인도하실 때 왜 이렇게 인도하시는지 잘 모르고 있다가 얼마 후에 아 하나님께서 이래서 그렇게 인도하셨구나 하고 깨닫는 경우가 많다는 사실이다. 지금 엘리야는 아합왕에게 엄청난 도전장을 내고 있는데 이는 아합왕을 둘러싸고 있는 거짓 선지자들을 제거함으로 말미암아 더 이상 아합왕이 잘못된 소리에 귀를 기울이지 않게 하려 하심과 또 백성들로 하여금 하나님께 돌아오게 하려 하심이라는 것이다.

1. 아합왕의 자세

아합왕은 엘리야를 만날 때 너는 왜 이스라엘을 괴롭히느냐고 힐문 하였다. 이에 엘리야는 아합왕이 지금 잘 못 해서 이스라엘 백성들이 고통을 당하고 있는 것이라고 핀잔을 주었다. 여기에서 우리는 선지자로서 사명을 감당한다고 하는 것이 얼마나 힘든 일인지 짐작할 수 있다. 왜냐하면 선지자는 상대가 누구이든지 간에 하나님께서 주시는 말씀을 전해야 되기 때문이다. 어떤 사람은 하나님의 일을 하게 되면 무조건 하나님이 보살펴 주시는 줄로만 생각을 하는데 그렇다면 순교자가 나올 리 없다는 논리 밖에 안 된다. 물론 하나님은 신자들을 보호하신다. 그러나 때로는 모르시는 척 내버려 두기도 하신다. 이 진리를 깨닫지 못하면 하나님의 일을 제대로 할 수 없다.

사도행전을 보면 스데반 집사가 복음을 전하다 순교 당하는 장면이 나온다. 왜 하나님이 끝까지 지켜 주시지 않고 순교를 당하도록 하셨을까. 또 베드로는 왜 잡혀 옥중에 있을 때 천사를 보내어 탈옥하게 하셨을까. 우리는 성경을 읽을 때 한 가지 유의할 것이 있다. 성경은 하나님께서 성령의 감동하심을 입은 사람들을 사용하여 쓰셨기 때문에 조금도 착오가 없다는 사실을 알아야 한다. 다시 말하면 성경은 완전무결한 책이라는 것이다. 그럼에도 불구하고 신자들은 성경을 읽을 때 적당히 읽고 넘어가기 쉽다. 만일 성경이 정확 무오한 하나님의 말씀이라는 확신을 가지고 읽는다면 받는 은혜 또한 그만큼 클 것이다.

오늘 말씀을 살펴보면 선지자 엘리야가 아합왕에게 무서운 도전장을 내미는 것을 알 수 있다. 한마디로 말하면 생명을 건 싸움을 요청하고 있는 것이다. 선지자는 만일 하나님이 역사하시지 않으면 목숨을 내 놓겠다는 것이다. 이러한 믿음을 아무나 가질 수 있겠는가. 하나님은 신자들이 큰 믿음으로 헌신 할 수 있기를 기대 하신다. 그런데 신자들은 자신이 어떤 믿음을 가지고 있는지 관심을 갖기보다 외적인 것에 더 신경을 쓰는 경향이 있다. 예수 믿고 얼마나 복을 받았는지, 얼마나 계획했던 일들이 성취되었는지 계산을 앞세운다는 말이다. 물론 그런 은혜를 무시한다는 말은 아니다. 그러나 근본적으로 생각할 줄 아는 지혜가 필요하다는 것이다.

어떤 사람은 건강의 복을 받았다고 하기도 하고, 또 어떤 사람은 물질의 복을 받았다고 하기도 한다. 그러나 하나님께서 말씀하시는 은혜는 어느 한 부분에 국한된다고 하기 보다는 전체적인 의미가 있다는 사실을 알아야 한다. 다시 말하면 건강이 다소 약해지더라도 그로 말미암아 행복하게 되었다면 그것이 은혜가 아니겠느냐는 것이다. 따라서 우리는 하나님께서 알게 모르게 베풀어 주시는 은혜를 감사할 줄 알아야 한다.

2. 엘리야의 담대한 용기

엘리야는 아합왕에게 바알과 아세라 선지자 850명을 갈멜산으로 나오게 하여 과연 누가 참 하나님이신지 결판을 내자고 제의 하였다. 이 제의는 얼핏 보면 엘리야 선지자가 결투를 하자고 제의하는 것 같지만 깊이 살펴보면 하나님이 더 이상 바알이나 아세라 선지자를 용납지 아니 하시겠다는 선포라는 것이다. 왜냐하면 갈멜 산상의 대결은 하나님의 선지자가 아닌 편이 죽도록 되어 있기 때문이다. 하나님께서는 어떤 일을 하실 때 표면적인 것과 내면적인 것이 각기 이루어지도록 하실 때가 많다는 사실을 알아야 한다.

요셉이 형들의 손에 의해 노예로 팔려 가는 것이 예수 그리스도께서 가롯 유다의 손에 의해 팔리게 될 것을 예표 했다는 것을 잊어서는 안된다. 하나님은 신자들이 겸손한 자세로 은혜를 구하면 응답해 주신다. 따라서 신자들은 항상 하나님께서 무엇을 원하시는지 헤아릴 수 있어야 한다.

엘리야 선지자는 누구 못지않게 담대한 믿음을 소유한 자였다. 그래서 하나님은 엘리야 선지자를 통해 거짓 선지자들을 쓸어버릴 계획을 세우셨던 것이다. 우리들은 먼저 스스로를 돌아 보고 과연 내가 어떤 믿음을 가지고 있는지 살펴본 후 하나님께 쓰임 받기를 구해야 할 것이다. 하나님은 적재적소에 사람을 쓰시기 때문에 신자들이 원한다고 해서 아무 일이나 맡기시지 않는다는 사실을 알아야 한다. 그럼에도 불구하고 신자들은 자신을 잘 헤아리지 못하고 좋아 보이는 대로 하게 해 달라고 조르기도 한다.

어떤 사람은 금식 기도를 하거나 작정기도를 하거나 하면 하나님께서 들어 주신다고 말하기도 한다. 얼마나 하나님을 모르고 하는 이야기인가. 하나님은 신자들이 은혜를 구할 때 떼를 쓴다고 해서 들어주시고 그렇지 않는다고 해서 안 들어 주시는 그런 분이 아니시다. 물론 금식기도를 하거나 하면 응답을 주시기도 하지만 그 응답은 어디 까지나 기도자에게 적합한 것이지 무조건 원하는 대로 주시지는 않는다는 사실을 알아야 한다.

엘리야 선지자는 거짓 선지자들을 제거하는 것이 하나님의 뜻임을 간파하고 담대히 아합왕에게 제의를 했던 것이다. 엘리야는 자신이 알아서 하나님의 일을 한 것이 아니라 먼저 하나님의 뜻을 헤아린 다음 하나님의 도우심을 받아 사명을 감당했던 것이다.

3. 엘리야의 행보

엘리야는 아합왕에게 담대한 제의를 하고 아합이 이를 받아들이자 서슴없이 구체적인 제안을 한다. 본문 23-24절을 보면 "그런즉 두 송아지를 우리에게 가져오게 하고 저희는 한 송아지를 택하여 각을 떠서 나무 위에 놓고 불은 놓지 말며 나도 한 송아지를 잡아 나무 위에 놓고 불은 놓지 말고 너희는 너희 신의 이름을 부르라 나는 여호와의 이름을 부르리니 이에 불로 응답 하는 신 그가 하나님이니라 백성이 다 대답하되 그 말이 옳도다" 하였다. 이렇게 엘리야 선지자와 바알의 선지자간의 대결은 시작

되었다.

바알의 선지자 450명은 제단을 쌓고 바알의 이름을 부르기 시작했다. "바알이여 우리에게 응답하소서" 아무리 외쳐도 아무 응답도 없었다. 오정이 되자 바알 선지자들은 칼과 창으로 몸을 상하게 하면서까지 부르짖었으나 저녁이 되어도 아무 소리도 없고 아무 응답하는 자도 없고 아무 돌아보는 자도 없었다. 선지자 엘리야는 하나님께서 인도하시는 대로 침착하게 일을 진행시켰다.

사랑하는 성도 여러분, 왜 하나님께서 엘리야를 아합왕에게 보내시어 충고하게 하셨는지 언뜻 보면 아합왕을 책망한 것 같이 보이지만 그러나 실상은 아합왕을 붙들어 주시려는 은혜였다는 것을 알아야 한다. 그럼에도 불구하고 아합왕은 엘리야를 탐탁지 않게 여겼던 것이다. 엘리야는 아합왕과 이스라엘 민족을 아끼고 사랑했기 때문에 어떻게든 아합왕이 우상을 멀리하고 백성들을 잘 다스려 주기를 바랬던 것이다. 그러나 아합왕은 아내 이세벨의 치마폭을 벗어나지 못하고 우상을 섬기고 악정을 펼쳤던 것이다. 오늘 본문은 엘리야가 바알의 선지자를 없애려고 치밀하게 계획을 세워 결투를 벌이는 내용이 기록되어 있다. 이렇게 하나님은 엘리야를 앞세워 아합왕이 정신을 차리도록 역사하셨던 것이다.

여러분 모두 하나님이 인도하실 때 순종하여 승리하는 삶 사시기를 바란다.

18. 도랑의 물을 핥은지라

왕상 18:30-46

왜 인간은 하나님을 섬긴다고 하면서 자기 방식대로 섬기려 하는지 안타깝다. 본문을 보면 엘리야가 바알 선지자들을 잡아 기손 시내로 데려다가 죽이는 것을 알 수 있다. 어떻게 450명이나 되는 사람들을 그렇게 죽일 수 있단 말인가. 아마 이 성경을 읽는 사람들은 비록 거짓 선지자들이지만 그렇게 죽여서야 되겠느냐고 동정론을 펼 수도 있을 것이다. 그러나 하나님은 그들을 용납하지 않으셨다. 아합왕은 바알의 선지자들이 엘리야의 손에 죽게 되자 일단 마음을 가다듬고 엘리야가 하자는 대로 따를 수밖에 없었다. 엘리야는 비로소 아합왕을 위하여 움직이기 시작했다. 무엇보다도 가뭄이 해소되지 않으면 안 되었기 때문에 하나님께 간절히 기도했다.

본문 42-43절에 "아합이 먹고 마시러 올라가니라 엘리야가 갈멜산 꼭대기로 올라가서 땅에 꿇어 엎드려 그 얼굴을 무릎 사이에 넣고 그 사환에게 이르되 올라가 바다 편을 바라보라 저가 올라가 바라보고 고하되 아무 것도 없나이다 가로되 일곱 번까지 다시 가라"고 하는 것을 볼 수 있다. 엘리야는 하나님께서 반드시 비를 내려 주실 줄 믿고 그 사환에게 일곱 번까지 가보라고 지시했던 것이다. 여기에서 우리는 엘리야의 확신에 찬 기도를 볼 수 있다.

하나님께서는 엘리야의 기도를 들으시고 곧바로 비를 내려 주셨다. 45

절에 "조금 후에 구름과 바람이 일어나서 하늘이 캄캄하여지며 큰비가 내리는지라" 했다. 우리들도 기도하는 삶을 살지만 이렇게 엘리야처럼 기도 응답을 받는다면 큰 보람을 느끼게 될 것이다. 신자들이 엘리야를 생각할 때 그는 불로 응답받는 기도를 드린 사람이라고 부러워 한다는 것을 하나님은 아신다. 그러나 엄밀히 분석해 보면 꼭 그런 것만도 아니다. 베드로 같은 경우는 기도로 죽은 사람이 살아나기도 했지 않은가. 따라서 신자들은 하나님께서 인도하실 때 믿음으로 따르기만 하면 큰 능력이 나타난다는 사실을 잊지 말아야 한다.

1. 하나님은 기도를 통해 역사하신다

본문을 보면 "여호와여 내게 응답하옵소서 내게 응답하옵소서 이 백성으로 주 여호와는 하나님이신 것과 주는 저희의 마음으로 돌이키게 하시는 것을 알게 하옵소서"(37절)라고 엘리야가 기도하는 것을 볼 수 있다. 기도는 하나님의 능력을 이끌어 내는 힘이 있다. 사람들은 기도를 하면서도 반신반의 하는 경향이 있다. 왜냐하면 꼭 필요한 기도를 드린다기보다 때로는 그렇지 못한 기도를 드리기도 하기 때문이다. 물론 사람이 어떻게 하나님의 뜻을 온전히 헤아려 기도할 수 있겠느냐고 할 것이다. 그러나 겸손히 살펴보면 과연 하나님의 뜻이 여기에 계시는구나 하고 발견할 수 있을 것이다. 성경은 우리에게 하나님을 알게 해주신다. 따라서 기도자는 성경을 알아야 하고 성경을 거슬리는 기도를 하지 않도록 하여야 한다.

엘리야가 기도할 때 하나님의 뜻이 이루어지도록 기도했기 때문에 하나님께서 응답하셨음은 말할 것도 없다. 하나님은 신자들에게 힘써 기도 하라고 말씀하신다. 엘리야는 기도할 때 하나님께서 옆에서 듣고 계시는 줄 믿고 기도했다. 어떤 사람은 기도할 때 자기의 유익을 위하여 기도하는 것 아니냐고 반문하기도 한다. 물론 그 말이 전혀 틀리다고 할 수는 없다. 그러나 신자들은 한 걸음 더 나아가 이웃을 생각할 줄 알아야 한다.

하나님께서 기뻐 받으시는 기도는 사랑의 기도이다. 아무리 유창하게 기도를 드려도 그 내용이 사랑이 아니라면 아무 의미도 없다는 사실을 깨닫지 않으면 안된다. 하나님은 우리의 기도에 귀를 기울이신다. 엘리야의 기도를 들으시고 응답하신 하나님께서 또한 우리의 기도를 들으시고 응답하신다. 다만 하나님께서 기도를 응답하실 때 우리들이 미처 생각지 못하는 방법으로 응답하시기 때문에 느끼지 못할 때가 많다는 것뿐이다.

2. 일곱 번까지 다시 가라

기도를 할 때 신자들은 기도 제목에 따라 필요한 것들을 구한다고 하는데 과연 기도 내용이 적합한지 아시는 분은 하나님 한 분 뿐이시다. 따라서 겸손한 마음으로 기도할 수 있어야 한다. 성경을 보면 수많은 사람들을 만날 수 있다. 악한 사람도 등장하고 선한 사람도 등장하고 지혜로운 사람도 등장하고 미련한 사람도 등장한다. 그런데 이상한 것은 성경을 읽는 사람들이 제각각 초점이 다르다는 것이다. 어떤 사람은 지혜로운 사람에게 초점을 두는가 하면 어떤 사람은 미련한 사람에게 초점을 둔다. 하나님은 우리들이 성경을 읽을 때 어디에 초점을 두는가 깊은 관심을 가지신다. 일반적으로 기도하는 사람들은 성경을 볼 때 기도하는 사람들에게 초점을 두고 고난을 당하는 사람들은 욥같이 고난 당하는 사람들에게 초점을 둔다. 그래서 성경은 신자들의 다양한 모습을 담고 있다. 따라서 신자들은 성경을 통해서 모든 문제를 해결 받을 수 있어야 한다.

엘리야는 선지자로서 사명을 감당하기 위해 목숨까지 내놓을 정도였다. 그리고 본문을 보면 그가 얼마나 간절히 기도했는지 잘 알 수 있다. 그는 기도하면서 사환을 시켜 하나님이 비를 내려 주시는지 민감하게 관찰하면서 기도에 몰두 했다. 오죽하면 사환에게 "일곱 번까지 다시 가라"고 하면서 기도를 했겠는가. 비를 구하면 비를 주시는 하나님이심을 믿어 의심치 않았다는 말이다. "일곱 번까지 다시 가라" 이 말씀은 비가 올 때까지 기도하겠다는 것이다. 선지자의 이러한 태도는 본받아 마땅할 것이다. 흔히 기도자들 가운데는 어떤 일을 위해 기도할 때 하나님께서 응답하시기도 전에 기도를 멈추기도 하는데 이는 바람직하지 못한 자세이다. 하나님은 우리가 기도할 때 어떤 자세로 기도하는지 관심을 가지시고 계신다. 마11:12에 보면 "천국은 침노를 당하나니 침노하는 자는 빼앗느니라"고 기록되어 있다. 다시 말하면 힘써 기도하는 자가 은혜를 받는다는 말이다.

3. 엘리야의 믿음

엘리야는 간절히 기도한 후 손만 한 작은 구름이 일어나는 것을 보고 자신의 기도가 상달 되었다는 확신을 가지게 되었다. 아마 그런 믿음이 없었더라면 하나님의 일을 제대로 할 수 없었을 것이다. 우리들은 신앙생활을 하면서 기도도 하고 말씀도 듣고 찬송도 부른다. 그런데 잊지 말아야 할 것은 항상 모든 걸음은 하나님께서 인도하신다는 사실을 믿어야 한다는 것이다. 언뜻 보면 사람들이 이렇다 저렇다 하는 것 같지만 배후에는 철저한 하나님의 손길이 작용하고 있다는 사실을 결코 잊어서는 안된다.

만일 엘리야가 선지자로서 사명을 감당할 때 확고한 믿음이 서있지 않다면 위험을 무릅쓰고 사명을 받들지 않을 것이다. 그러나 하나님은 엘리야에게 담대한 믿음을 갖게 하시고 사명을 주실 때 담대히 감당할 수 있도록 은혜를 베푸셨던 것이다. 우리는 하나님을 믿고 따를 때 온전한 믿음을 갖지 못하고 흔들릴 때도 있다.

롬10:17을 보면 "그러므로 믿음은 들음에서 나며 들음은 그리스도의 말씀으로 말미암았느니라"고 증거하고 있다. 왜 신자들이 하나님의 말씀을 들어야 하는지 이제 알 수 있을 것이다. 하나님은 지혜와 능력과 사랑의 하나님이시다. 여러분들이 겸손한 마음으로 하나님의 말씀을 듣게 되면 믿음을 더 할 뿐만 아니라 지식까지 얻게 하신다.

사랑하는 성도 여러분, 선지자와 우리들 사이가 무엇이 다른지 생각해 보셨는가. 무엇보다도 믿음이 다르다는 것일 것이다. 하나님은 믿음이 깊은 자를 찾으신다. 지금도 하나님께 헌신하는 자들은 그만한 믿음이 있다는 사실을 알아야 한다. 여러분 모두 엘리야를 본받아 하나님께 충성하는 성도들 되시기 바란다.

19. 내 생명을 취하옵소서

왕상 19:1-14

하나님은 엘리야를 얼마나 사랑하셨는지 본문 5-7절을 보면 잘 알 수 있다. 얼마나 세심한 배려를 했는지 마치 부모가 어린 자식을 대하듯 하는 것을 볼 수 있다. 사실 신자들은 하나님의 지극한 배려와 사랑 가운데 하루하루 살아가고 있음을 깨달아야 한다. 어떻게 하나님이 엘리야의 걸음을 인도하였는지 마치 어린 아이가 부모의 손을 잡고 따라 가듯이 인도하심을 볼 수 있다. 사람들은 하나님께서 인도하실 때 왜 하나님께서 이렇게 인도하실까 궁금하게 여길 때가 많다. 물론 하나님의 뜻을 다 알고 따르기는 쉽지 않을 것이다. 그럼에도 불구하고 신자들은 궤도의 수정을 해 가면서라도 결국 하나님께서 원하시는 뜻 가운데로 나간다는 사실이다.

본문의 엘리야도 하나님의 뜻을 온전히 헤아려 따르지 못할 때도 있었다. 본문 4절을 보면 "스스로 광야로 들어가 하룻길쯤 행하고 한 로뎀 나무 아래 앉아서 죽기를 구하여 가로되 여호와여 넉넉하오니 지금 내 생명을 취하옵소서 나는 내 열조보다 낫지 못하니이다 하고" 토설 하는 것을 알 수 있다. 사람들이 하나님을 믿고 따른다고 할지라도 위기에 처하게 되면 본능적으로 피하려고 한다는 사실을 알아야 한다. 엘리야는 목숨을 내건 결투를 요청할 정도로 담대한 믿음의 소유자였다. 그러나 이세벨이 엘리야를 죽이겠다고 나오자 그는 도망을 쳐 광야에 이르렀다. 그리고는 하나님께 이제 그만 데려가 달라고 요청을 했던 것이다.

1. 엘리야의 피신

엘리야는 아합왕의 아내 이세벨이 죽이겠다고 나오자 사태의 심각성을 깨닫고 도망을 쳤다. 그런데 왜 하필 광야로 도망을 쳤는지 이해가 잘 가지 않는다. 광야는 먹을 것이나 마실 물도 없는 곳이다. 그러나 한 가지 좋은 점은 안전하게 피신할 수 있는 곳이라는 것이다. 엘리야가 얼마나 위험을 느꼈으면 이런 선택을 했겠는지 생각해 봄직하다.

사람이 극한 위험에 직면하게 되면 엉뚱한 생각을 하기도 한다. 지금 엘리야는 위기를 모면하기 위해 도망을 쳐놓고 도리어 하나님께 생명을 거두어 달라고 요청하고 있는 것이다. 앞뒤가 맞지 않는 행동이지만 여기에는 한 가지 의미가 있다. 엘리야가 이세벨에게 죽는 것은 개죽음이지만 하나님께 취하여 감을 당함은 보람 있는 죽음이라고 할 수 있기 때문이다. 왜냐하면 엘리야는 선지자이기 때문에 끝까지 사명을 감당하다가 부르심을 받을 때 비로소 사명을 다 감당했다고 할 수 있기 때문이다.

2. 사십 주 사십 야

성경은 종종 40일을 언급하고 있다. 40이라고 하는 숫자는 지나쳐 버리기에는 뭔가 개운치 않은 인상을 주고 있다. 본문 8절을 보면 엘리야가

"사십 주 사십 야를 행하여 하나님의 산 호렙에 이르니라"고 기록하고 있다. 누가 사십 주 사십 야를 걸으라고 한 것도 아니고 엘리야가 스스로 40일을 걸었다는 말은 그 나름대로 무슨 생각이 있었을 것이다. 성경은 종종 40일이라고 하는 숫자를 사용해서 은혜를 끼치곤 한다.

출24:18을 보면 "모세는 구름 속으로 들어가서 산 위에 올랐으며 사십일 사십 야를 산에 있으니라"고 기록하고 있다. 또 예수님의 공생애를 보면 먼저 40일 금식기도로 시작하신 것을 볼 수 있다. 그런데 예수님께서 십자가에 못 박혀 죽으셨다가 부활하신 후에 또 40일 동안 지상에 계시면서 여러 가지 일들을 하신 것이다.

지금도 목회자들 가운데는 40일 금식기도를 하는 자들이 더러 있다. 아마 예수님께서 40일 금식기도로 공생애를 시작하셨기 때문에 본받아 그렇게 하고 있는 것이 아닌가 생각되기도 한다. 한 가지 중요한 사실은 성령님께서 40일을 통하여 어떤 뜻을 이루시고 계시다는 사실이다.

사람마다 하나님을 섬기는 방법이 다르고 사람마다 받는 은혜가 다르다. 그러나 하나님은 묵묵히 모든 사람들을 이끌어 주신다. 왜 하나님께서 이렇게 인도하시는지 신자들은 잘 모르고 있다. 그러나 하나님은 나름대로 뜻이 계시다는 것이다. 이와 같이 40주 40야도 성도들이 미처 모르는 사이에 어떤 뜻을 이루어 가고 있음이 분명하다. 다만 성경에서 밝히지 않고 있을 따름이다. 하나님은 신자들을 인도하실 때 전혀 모르게 인도하시는가 하면 또 어떤 때는 알게 인도하시기도 한다.

3. 세미한 소리

인간은 어떻게 하면 하나님의 소리를 들을 수 있을까 신경을 곤두세우기도 한다. 그런데 막상 하나님의 소리를 듣게 되면 그다지 기뻐하지 않는다는 것이다. 신자들은 교회에 모일 때 설교 말씀을 들으려고 모인다고 해도 과언이 아니다. 왜냐하면 하나님은 목회자를 통해서 말씀하시기 때문이다. 물론 설교자를 통하지 않고 기도할 때 음성을 들려주시기도 하지만 일반적으로는 설교자를 통해서 말씀하신다.

행10:33을 보면 "내가 곧 당신에게 사람을 보내었더니 오셨으니 잘 하였나이다 이제 우리는 주께서 당신에게 명하신 모든 것을 듣고자 하여 다 하나님 앞에 있나이다"라고 기록하고 있다. 이상한 것은 신자들이 하나님의 음성을 듣고자 하면서도 하나님의 말씀을 들려주면 뛸듯이 기뻐하지 못하고 담담하게 듣거나 아니면 하나님의 말씀이 아닌 설교자의 말로 듣는다는 것이다. 여기에 문제가 있는 것이다. 홍수처럼 쏟아져 나오는 설교가 하나님의 말씀일진대 신자들은 설교는 설교이고 하나님의 말씀은 달리 있는 것처럼 생각하는 경향이 있다. 목회자나 신자 모두 깊은 관심을 가지고 이 문제를 풀어 나가지 않으면 안될 것이다.

하나님께서 신자들에게 은혜를 베푸실 때 잘못된 길로 빠지지 않도록 하시거나 또 필요한 것들을 때를 따라 얻게 하시거나 그밖에 어떤 문제를 풀어 주시는 것 등이 아니겠는가. 여러분들은 하나님께서 어떻게 하여 주시기를 원하는가? 지혜와 능력과 사랑의 하나님이신데 무엇인들 못주시겠는가. 구하세요. 하나님께 간절히 은혜를 구하면 반드시 들으시고 응답해 주실 것이다. 오늘 엘리야는 하나님 앞에 이제 그만 데려가 달라고 간구하고 있다. 엘리야가 그동안 하나님의 명을 받들어 충성했는데 이제는 사명을 다 감당하고 죽을 일만 남았으니 데려가 달라는 것이다.

본문 11-12절을 보면 "여호와께서 가라사대 너는 나가서 여호와의 앞에서 산에 섰으라 하시더니 여호와께서 지나가시는데 여호와의 앞에 크고 강한 바람이 산을 가르고 바위를 부수나 바람 가운데 여호와께서 계시지 아니하며 바람 후에 지진이 있으나 지진 가운데도 여호와께서 계시지 아니하며 또 지진 후에 불이 있으나 불 가운데도 여호와께서 계시지 아니하더니 불 후에 세미한 소리가 있는지라" 했다. 하나님께서 왜 엘리야에게 세미한 소리로 말씀하시고 바람이나 지진이나 불 가운데 계시지 아니 했는지 생각해 보아야 한다. 바람이나 지진이나 불은 하나같이 위력을 상징하는 것들이라고 할 수 있다. 다시 말하면 엘리야가 만난 하나님은 세미한 소리로 나타나셨다는 것이다.

사람들은 하나님을 생각 할 때 우선 크고 굉장한 위력을 가지신 분으로 생각한다. 그러나 하나님은 어떤 파괴력을 가진 그런 존재가 아니라 부드럽고 사랑이 가득한 분이라는 사실을 알아야 한다. 엘리야도 세미한 소리를 들었는데 이는 하나님께서 자신을 보여 주신 것임을 알아야 한다.

사랑하는 성도 여러분, 하나님은 자신을 믿고 따르는 신자들에게 때때로 만나주신다. 우리는 하나님을 만날 때 어떻게 만나는 것인지 깨달아야 한다. 하나님은 영이시기 때문에 일반적으로 만난다는 표현은 어울리지 않는다고 할 것이다. 그럼에도 불구하고 성경은 하나님을 만나라고 말씀하신다. 그러면 어떻게 하는 것이 하나님을 만나는 것인가? 하나님의 말씀 즉 성경을 읽거나 들을 때 객관적이 아닌 주관적으로 주어지는 경우를 가리켜 하나님을 만났다고 표현한다.

따라서 신자들은 하나님을 만나려면 성경이나 설교 말씀을 듣거나 읽어야 한다는 것을 알아야 한다. 엘리야는 세미한 소리로 말씀하시는 하나님의 음성을 듣고 마치 대면하고 있는 사람에게 말하듯 대화를 나눈다. 이제나만 남았는데 나를 데려가 달라는 것이다. 그러나 하나님은 아직도 네가할 일이 있다고 가르쳐 주신다. 여러분들도 할 일이 무엇인지 스스로 살펴보고 하나님께 경솔히 입을 열지 않도록 주의해야 할 것이다.

20. 칠천인을 남기리니

왕상 19:15-21

본문을 보면 하나님께서 엘리야에게 무슨 일을 해야 할지 가르쳐 주고 있는 것을 알 수 있다. 먼저 "하사엘에게 기름을 부어 아람 왕이 되게 하고 너는 또 님시의 아들 예후에게 기름을 부어 이스라엘 왕이 되게 하고 또 아벨 므홀라 사밧의 아들 엘리사에게 기름을 부어 너를 대신하여 선지자가 되게 하라"고 하셨다.

엘리야는 자기가 할 일을 다 마쳤으니 이제 데려가 달라고 하나님께 요청을 했는데 하나님은 아직도 할 일이 남아 있다고 가르쳐 주신 것이다. 그리고 엘리야는 하나님의 선지자들은 다 죽고 자기만 남았다고 하소연했는데 그렇지 않다고 하시면서 바알에게 무릎을 꿇지 아니한 칠천 인이 있다고 가르쳐 주셨다.

1. 하사엘에게 기름을 부으라

하사엘은 이스라엘의 이웃 나라 아람의 군대 장관인데 하나님께서는 그에게 기름을 부어 아람 왕이 되게 하라고 엘리야에게 지시했다. 엘리야는 아마 사명이 끝났을 것이라고 생각하며 "내 생명을 취하옵소서" 했는데 뜻밖에 할 일이 남아 있음을 깨닫고 힘을 얻었을 것이다. 사명자는 할 일이 있을 때 비로소 사는 보람을 느끼게 되고 존재 이유도 찾을 수 있을 것이다.　엘리야는 죽음을 각오하고 사명을 감당한 선지자였다. 그런 선지자임에도 불구하고 자신의 사명이 끝난 줄 알고 행동한 것을 보면 과연 하나님의 뜻을 온전히 헤아려 받든다는 것이 아무나 할 수 할 수 있는 일이 아니라는 것을 알 수 있다. 어떤 사람은 왜 하나님이 사명을 감당할 때 구체적으로 가르쳐 주시지 않느냐고 푸념을 하기도 한다. 그런데 한 가지 잊지 말아야 할 것은 그럼에도 불구하고 하나님의 뜻이 정확하게 이루어지고 있다는 사실이다. 어떤 사람은 자기도 모르는 사이에 하나님의 일을 하게 되었다고 고백하기도 한다. 그러나 신자 편에서 보면 그렇게 말할 수 있어도 하나님 편에서 보면 철저하게 계획되고 이끄셨다는 것을 알아야 한다.

지금 엘리야는 하나님께서 해야 할 일을 가르쳐 주시므로 죽어야겠다는 생각을 버리고 하나님의 명령을 받들게 되었다. 이렇게 하나님은 사명자로 하여금 어떻게 해야 할 바를 가르쳐 주시고 도와주신다. 다만 때가 이르기까지 감추어 두신다는 사실 또한 알아야 한다.

하사엘은 훗날 엘리야의 뒤를 이어 선지자가 된 엘리사에 의해 기름 부음을 받고 왕이 되었다(왕하 8:7-13).

2. 예후에게 기름을 부으라

예후는 이스라엘 아합 왕가의 뒤를 이어 왕이 된 사람이다. 그는 군대 장관으로서 지금으로 말하면 쿠데타를 일으켜 아합 왕가를 숙청하고 스스로 왕위에 오른 사람이다. 그런데 그에게 기름을 부으라고 하신 것이다. 여기에서 우리는 하나님의 지혜를 볼 수 있다. 만일 예후에게 기름을 붓지 않고 미적거렸다면 이스라엘의 왕위 계승 싸움은 격화되었을 것이다. 하나님은 사람들이 원하건 원치 아니하건 개의치 아니 하시고 걸음을 인도하신다. 다시 말하면 인간의 요구대로 세상이 진행되지 않고 오직 하나님의 뜻대로 진행된다는 사실을 알아야 한다. 그럼에도 불구하고 세상사가 인간들에 의해 좌지우지 되는 것처럼 보인다. 여기에 하나님의 신비가 있다.

하나님은 마치 모든 일을 인간들에게 맡겨 놓고 가만히 계시는 것처럼 아무 표시도 없다. 그렇지만 자세히 살펴보면 하나님께서 끊임없이 일하고 계심을 알 수 있다. 사람들이 움직이는 것 또한 철저한 하나님의 섭리 가운데 있다는 사실을 알아야 한다. 예를 들면 일하는 사람은 일을 할 수밖에 없도록 여건이 주어진다는 것이고 노는 사람은 병이 들거나 힘이 없어서 일을 할 수 없도록 걸음을 인도하신다는 것이다. 특히 신자들은 하나님께서 인도하실 때 어느 정도 감지하고 따를 수 있기 때문에 그만큼 더 하나님의 뜻을 정확하게 받들 수 있다는 것이다. 아무도 하나님의 뜻을 다 헤아릴 수는 없기 때문에 결국 신자라 해도 하나님께서 인도 하실 때 100% 알고 따르는 것은 불가능 하다는 것이다.

예후에게 기름을 부으라고 하나님은 엘리야에게 명령하셨다. 그런데 이 명령은 후에 그대로 이루어졌다.

3. 엘리사에게 기름을 부으라

엘리야는 하나님께서 후계자를 택하도록 은혜를 베푸실 줄은 꿈에도 생각지 못했다. 그런데 본문 16절을 보면 "또 아벨므홀라 사밧의 아들 엘리사에게 기름을 부어 너를 대신하여 선지자가 되게 하라"고 하신 것을 알 수 있다. 하나님은 일을 하실 때 아무나 쓰시지 않는다. 반드시 필요한 과정을 거치게 하시고 하나님이 인도하실 때 믿음으로 따를 수 있는 자를 쓰신다는 것이다. 따라서 신자들은 의욕을 앞세우지 말고 한 걸음 한 걸음 성령의 인도하심을 좇아 채움을 받도록 해야 한다. 뿐만 아니라 자신의 사명이 무엇인지 깨닫도록 하고 그에 초점을 맞추어 주변을 정리할 수 있어야 한다. 그렇지 않으면 효과적인 사명 감당이 불가능 할 것이다. 물론 하나님께서 걸음을 인도하시기 때문에 자연스럽게 모든 일이 진행 된다고 볼 수 있지만 그러나 본인 스스로가 노력할 때 하나님의 은혜가 주어진다는 사실을 잊지 말아야 한다.

본문을 보면 엘리사가 밭을 갈고 있는데 엘리야가 겉옷을 던져 후계자가 되라고 암시했더니 엘리사가 이를 선뜻 받아들이고 있는 것을 알 수 있다. 엘리야는 엘리사가 자신의 뜻을 선뜻 받아들이는 것을 보고 기쁨을 감추지 못했을 것이다. 엘리사는 엘리야에 대해 소문을 들었을 것이다. 그런데 뜻밖에 엘리야가 나타나 후계자가 되라고 하니 황송했을 것이다. 이렇게 하나님께서는 하시고자 하시는 일들을 차근차근히 이루어 가셨던 것이다.

4. 칠천 인을 남기리니

왜 하나님의 일을 하겠다고 하는 사람들에게 핍박과 어려움이 따르게 하시는지 알다가도 모를 일이다. 무엇보다도 하나님의 일을 하는 사람들은 누구보다도 신변을 보장해 주고 필요한 것들도 공급해 주어야 하지 않겠는가. 그런데 이와는 정 반대로 나타나고 있어 매우 안타깝다. 그만큼 세상이 거꾸로 돌아가고 있다고 할 수 밖에 없을 것이다.

본문에 "그러나 내가 이스라엘 가운데 칠천 인을 남기리니 다 무릎을 바알에게 꿇지 아니하고 다 그 입을 바알에게 맞추지 아니한 자니라"고 기록하고 있다(18절). 하나님께서 오죽하면 선지자들을 숨겨 두시기까지 하시겠는가. 엘리야는 그런 사실을 모르고 나만 홀로 남았다고 하면서 데려가 달라고 요청을 했으니 그러면 과연 누가 하나님의 일을 하겠다는 것인지 알 수 없다.

오늘도 하나님께서는 일할 사람을 찾으신다. 그럼에도 불구하고 하나님의 일을 하겠다고 나서는 사람은 그리 많지 않은 형편이다. 더욱이 하나님의 일은 많은 희생을 요구하고 있기 때문에 사실상 외면당할 수밖에 없도록 되어 있다. 여기에 문제가 있다고 해도 과언이 아니다. 엘리야 시대에 교통수단이나 통신 수단이 좋지 못했던 것을 감안한다면 엘리야가 말한대로 오직 나만 남았다고 할 수도 있었을 것이다. 그러나 우리가 깊이 생각한다면 엘리야가 얼마나 단순하게 생각 했는지 알 수 있다. 과연 하나님께서 선지자를 남겨 두시지 않고 세상 돌아가는 대로 방치 하신다면 기독교

역사는 벌써 끝났을 것이다.

우리는 하나님을 섬길 때 이 세상 역사까지도 하나님께서 친히 주관하신다는 사실을 결코 잊어서는 안 된다. 그러면 왜 수많은 순교자들이 나오게 하시느냐고 질문할 것이다. 여기에 기독교의 신비가 있다고 할 것이다. 기독교 종교는 생명의 종교이다. 따라서 순교자들이 필요할 때는 그 순교를 통해서 더 많은 생명이 구원받도록 하신다는 사실을 알아야 한다. 그러므로 하나님께서 하시는 일은 다소 이해가 가지 않더라도 믿고 따르도록 하지 않으면 안 된다.

엘리야는 하나님께서 "그러나 내가 이스라엘 가운데 칠천 인을 남기리니 다 무릎을 바알에게 꿇지 아니하고 다 그 입을 바알에게 맞추지 아니한 자니라"(18절)고 하실 때 깜짝 놀랐을 것이다. 자기만 남은 줄 알았는데 그렇게 많은 선지자들이 남아 있다니 맘이 든든했을 것이다.

사랑하는 성도 여러분, 하나님은 신자들이 걸음을 인도하실 때 순종하고 따르기를 바라신다. 우리가 하나님 앞에 믿음으로 순종하면 반드시 아름다운 열매를 맺게 될 것이다.

21. 하나님이 없어서

오늘 본문 말씀은 하나님이 인간사를 다 내다보시며 결정하신다는 사실을 보여 주고 있다. 우리들은 하나님을 의식하지 못하고 살 때가 너무 많다. 그러나 하나님은 빠짐없이 우리들을 살피시며 이끌어 가신다. 여기에서 우리는 왜 하나님이 아무렇게나 살도록 내버려 두시지 않고 일일이 챙기시는지 모르겠다고 할 것이다.

사람은 누구에게 간섭받는 것을 좋아하지 않는다. 그럼에도 불구하고 인간은 철두철미하게 하나님의 간섭을 받고 산다. 한 가지 알아야 할 것은 그래서 하나님은 인간들이 전혀 모르게 간섭을 하신다는 사실이다. 하나님은 전지전능하시기 때문에 무엇이든 다 하실 수 있지만 어떤 때는 눈에 띄게 하시기도 하고 어떤 때는 감쪽같이 행하시기도 한다. 왜 하나님이 변화무쌍 하게 인간들을 이끌어 가시는지 그것은 밝힐 수 없지만 한 가지 알아야 할 것은 사람마다 특색이 있기 때문에 일률적으로 대해서는 안된다는 것이다.

지금 아하시야 왕(王)이 "사마리아에 있는 그 다락 난간에서 떨어져 병들매 사자를 보내며 저희더러 이르되 가서 에그론의 신 바알세붑에게 이 병이 낫겠나 물어 보라 하니라" 했다. 왜 그가 바알세붑에게 물어 보려 했는지 한마디로 말하면 그 바알세붑을 신으로 섬기고 있었다는 것이다. 그러면 여호와 하나님께서 그 신을 섬기도록 내버려 두시면 될 것 아니냐고 간단히 대답할 수도 있다. 그런데 하나님께서는 이를 용납지 아니하시고 하나님의 사람 엘리야를 보내시어 아하시야가 죽게 될 것이라고 경고하셨다는 것이다.

하나님은 사람들이 왜 하나님만 섬겨야 된다고 하시느냐고 불평하는 것도 아신다. 어떻게 보면 일리가 있다고 할런지 모르나 천만의 말씀이다. 하나님은 우주만물의 주인이시다. 또 인간의 역사를 주관하신다. 바알세붑같은 잡신들이 교묘한 수작을 부려 인간들을 현혹하는 것을 수수방관하시지 않는다. 우매한 백성들이 잘못 판단하여 우상을 숭배하는 것을 몹시 안타깝게 여기신다. 더욱이 하나님은 자신의 형상을 닮은 사람들이 죽음의 길로 몰려가는 것을 원치 않으신다. 그래서 여러 모양으로 자신을 계시하시고 돌이키도록 은혜를 베푸신다. 아하시야가 바알세붑에게 물으러 사신을 보내는 것을 하나님이 어떻게 아셨느냐고 한다면 사람들이 웃을 것이다. 그만큼 사람들은 하나님이 전지전능하심을 믿고 있다. 그럼에도 불구하고 하나님을 전적으로 따르지 않는다.

사람들은 하나님을 섬길 때 사단이 하나님을 따르지 못하도록 훼방하는 것을 수시로 깨닫는다. 그러나 하나님은 따르는 자들이 훼방을 무릅쓰고 하나님을 따르도록 붙잡아 주신다. 만일 하나님이 무능하거나 지혜가 부족해서 따르는 자들을 붙잡아 주시지 못하면 모두가 하나님을 떠나고 말 것이다. 지금 많은 사람들이 예수 그리스도를 믿고 따르는데 누구는 붙잡아 주고 누구는 내버려 두느냐 하는 문제가 생긴다. 여기에서 우리는 하나님이 전적으로 붙잡아 주시기만 하면 아무도 실족하지 않고 하나님을 따를 수 있다는 논리가 성립된다. 그렇다면 굳이 하나님을 붙잡으려고 애쓸 필요가 없다는 것 밖에 안된다.

하나님은 누구나 믿음만 가지고 있으면 붙잡아 주신다. 그러나 믿음이 없는 자는 아무리 몸부림을 쳐도 붙잡아 주시지 않는다. 그래서 하나님을 따르려면 믿음이 있어야 한다. 그런데 엡2:8을 보면 믿음은 하나님의 선물이라고 증거하고 있다. 구원을 받으려면 믿음이 있어야 하는데 하나님은 믿음을 주시고 붙들어 주시고 구원받게 하시기 때문에 알파요 오메가 이시라는 것이다. 어떤 사람들은 내가 예수를 잘 믿어서 구원받게 되었다고 하기도 하나 이는 잘못된 말이다. 우리의 구원은 전적으로 하나님의 손에 달려있다. 따라서 찬양을 하지 않을 수 없다.

이 진리를 모르고 내가 예수를 믿으니까 복 주시오 하기도 하는데 내가 예수를 믿어서 복 받는 것이 아니라 하나님께서 예수 그리스도를 믿게 하시고 복을 주신다는 사실을 알아야 한다. 예수 믿는 사람들은 창세전부터 택하심을 받아 때가 이르러 부르심을 받아 하나님을 섬기게 되는데 전혀 실족하는 자가 없고 모두 구원받아 천국에 들어가게 된다. 그러면 어떤 사람이 실족하느냐 문제는 간단하다. 참된 믿음을 갖지 못한 가라지 신자가 실족할 뿐이다. 인류는 역사이래 영생의 문제로 갑론을박 해왔다. 그러나 아무도 이 문제에 답을 주지 못했다. 그런데 성경을 보면 이 문제가 해결되어 있다. 예수 그리스도만 믿으면 영생하게 된다는 것이다. 그런데 사람들이 눈이 어두워 성경을 보고도 영생을 발견하지 못하는 경우가 많다는 것이다. 그래서 하나님께서는 교회를 세우시고 교역자들까지 동원해서 영생구원의 진리를 가르치고 전하기에 이르렀다. 택하신 백성들을 하나도 빠짐없이 구원의 길로 인도하느냐 못하느냐가 관건이다. 여기에 쓰임 받는 사람들은 복되다고 할 수 밖에 없다. 지고하신 하나님께 쓰임 받는 일이야말로 소중하고 소중하다.

본문 3절을 보면 "여호와의 사자가 디셉 사람 엘리야에게 이르시되 너는 일어나 올라가서 사마리아 왕의 사자를 만나서 저에게 이르기를 이스라엘에 하나님이 없어서 너희가 에그론의 신 바알세붑에게 물으러 가느냐" 하고 책망하고 "그러므로 여호와의 말씀이 네가 올라간 침상에서 내려오지 못할지라 네가 반드시 죽으리라 하셨다 하라 엘리야가 이에 가니라" 했다. 왜 하나님이 아하시야 왕을 내버려 두시지 않고 그의 가는 길을 막으셨는지 궁금하다. 여기에서 우리는 몇 가지 교훈을 얻을 수 있다.

첫째, 하나님은 모든 인류를 다 감찰하고 계신다는 것이다. 그렇지 않으면 이스라엘의 궁정에서 일어나는 일을 어떻게 알았겠는가. 두 번째는 인간의 생사화복을 주관 하시는 분이시라는 것이다. 그가 죽을지 살지 어떻게 알았느냐는 것이다. 세 번째는 사람들이 문제가 생기면 하나님께로 와야 한다는 것이다. "이스라엘에 하나님이 없어서 너희가 에그론의 신 바알세붑에게 물으러 가느냐"고 하셨다. 이 말씀은 신자들이 문제가 생겼을 때 하나님을 찾지 않고 무당을 찾거나 자기의 힘으로 문제를 해결하려고 몸부림치지 말고 하나님께 나오라는 것이다. 문제를 해결해 주시겠다는데 왜 나오지 않는지 안타까울 따름이다.

사랑하는 성도 여러분, 아하시야 왕은 하나님의 말씀대로 죽었다. 그리고 하나님의 사람 엘리야는 하나님께 아름답게 쓰임을 받았다. 성경 말씀은 참으로 오묘하다. 수천 년 전에 일어난 일을 기록해서 현대 사람들이 은혜 받게 하시고 진리를 깨닫게 하시고 영광을 받으신다. 인간의 물질문명이 아무리 발달해도 성경은 변하지 않는다. 여러분 모두 하나님의 말씀에 순종 하여 하나님의 뜻이 여러분들을 통해 이루어지게 하시고 하나님께 영광 돌리는 성도들 되시기를 바란다.

22. 물에 떠오른 도끼

왕하 16:1-7

왜 하나님께서 일찍이 선지생도를 양성하는 기관이 존재했던 것을 보여
주시는지 이 시간 생각해 보기로 하겠다. 하나님은 예비하시는 하나님이
시다. 지금도 여러 신학교들을 세우시고 복음 사역자들을 양성하시는 것
을 볼 수 있다. 심지어 신학교가 너무 많아서 배출되는 사역 자들이 어디
에 가서 무슨 일을 하여야 할 지 모를 정도이다. 그러면 신학교에 사람들
이 모이지 않도록 하면 되지 않겠느냐고 할 것이다. 물론 그것도 하나님
이 하실 일이라고 생각하실 것이다. 그러나 하나님께서 묵묵히 계시니 누
가 뭐라고 할 수도 없고 하나님의 무슨 뜻이 있겠지 할 수 밖에 없을 것이
다. 다만 그 때와 지금은 상황이 엄청나게 다르기 때문에 참고는 할지언정
그 이상 어떤 연관성을 찾기는 힘들지 않겠느냐고 생각할 수도 있다. 아무
튼 선지학교 즉 신학교는 그 뿌리가 매우 깊다고 할 수 있다. 이런 점으로
보아 주의 종들은 먼저 배우지 않으면 안 된다는 결론을 얻을 수 있다. 더
욱이 성도들의 신학 수준이 날로 높아지고 있는 이 때 주의 종들이 성경을
깊이 연구하지 않고는 사명을 제대로 감당할 수 없을 것이다.

본문의 선지생도들은 엘리사를 스승으로 모시고 진리를 배우는, 요즘으
로 말하면 신학생인 셈인데 어떻게 된 영문인지 거처가 좁다고 스승에게
건의하여 거처를 확장하기에 이르렀다는 말이다. 물론 성경에 기록이 안

되어 있다고 할지라도 어떻게 상황이 진행되었는지 짐작할만 하다. 그런데 한 가지 중요한 것은 선지자 엘리사가 선지생도들과 함께 했다는 사실이다. 이는 모두가 혼연일체가 되어 건축에 임했다는 사실을 보여 주고 있는 것이다. 사실상 성전건축은 온 교회가 하나 되어 총력을 경주 하지 않으면 안 될 막중한 사업이다. 성전 건축은 하나님의 허락 없이는 제대로 이루어 질 수 없다.

본문의 경우는 하나님께서 이미 허락하신 것으로 볼 수밖에 없는데 그이유는 선지자 엘리사가 생도들의 의견을 받아들였기 때문이다. 그럼에도 불구하고 선지학교 건축 사업은 순조롭지만은 않았다는 사실이다. 뜻밖에 도끼가 자루에서 빠져 요단강에 빠져버린 것이다. 벌목에 유일한 도구인 도끼가 물에 빠져 버렸으니 건축은 말할 것도 없고 빌려온 도끼를 돌려 줄 수조차 없게 되고 말았다.

여기에서 우리는 한 가지 중요한 사실을 발견할 수 있다. 선지생도가 도끼를 잃었을 때 아아, 내 주여 이는 빌어온 것이니이다(5절) 하고 엘리사에게 보고를 했다는 것이다. 엘리사는 그 보고를 받고 즉시 적절한 조치를 취하게 되었는데 이러한 일련의 과정이 신약시대에 예수님께서 신자들의 기도를 들으시고 지체 없이 응답하시는 것을 보여 주시는 것이라고 할 수 있다. 예수님께서는 신자들이 아뢸 때 귀 기울여 들으신다. 기도는 홀로 독백하는 것이 아니라 반드시 대상을 향하여 인격적으로 은혜를 구하는 것이다.

구약시대 성도들은 신약시대 성도들처럼 그렇게 기도는 하지 못했지만 그러나 그들의 생활 가운데 하나님을 신뢰하는 삶을 살았고 또 어려움이 있을 때마다 하나님의 도우심을 바라는 자세를 견지했던 것이다. 따라서 구약성도들이나 신약성도들은 같은 맥락 가운데 신앙생활을 하고 있는 것이다. 하나님은 성경을 통해 이러한 진리를 은밀하게 가르치고 계신다. 그러므로 성경을 볼 때 우리는 진리를 깨닫도록 기도하지 않으면 안 된다. 기도 없이 성경을 읽는다든가 기도 없이 하나님의 일을 한다든가 하는 것은 모두 헛수고일 수 있다.

본문 6절을 보면 "하나님의 사람이 가로되 어디 빠졌느냐 하매 그곳을 보이는지라 엘리사가 나뭇가지를 베어 물에 던져서 도끼로 떠오르게 하고" 했다. 하나님은 기적의 하나님이라고 해도 과언이 아니다. 그 분의 하시는 모든 일이 자세히 살펴보면 기적 아닌 것이 없다고 할 수 있다. 무심코 보니까 평범하게 보이지만 실상은 오묘한 섭리 가운데 기적의 연속이라고 아니할 수 없다. 예를 들면 사람이 호흡을 하고 사는데 어찌 그 산소량이 넘치지도 않고 부족 하지도 않은지 기적이 아닐 수 없다. 하나님의 기적은 우주에 꽉 차 있다. 그러나 사람들은 일상 대하는 것들은 평범한 것이고 생소한 것들만 기적이라고 분류를 하고 있는 것이다.

본문 말씀을 통해 하나님께서 원하시는 것은 엘리사가 기적을 행하므로 선지생도들에게 뿐만 아니라 성경을 읽는 사람들에게 하나님이 어떤 하나님이신지 깨닫게 해 주시려는 의미가 있다는 것이다. 어떻게 도끼가 물위에 떠오를 수 있겠는가 상상조차 할 수 없는 일이라고 할 것이다. 그런데 죽은 사람도 다시 살려 내시기도 하는데 이에 비하면 아무것도 아니지 않는가 우리는 하나님의 섭리에 익숙해져서 섭리에 역행하는 어떤 일이 발생되면 기적이라고 신기해 한다. 그러나 인류 역사를 살펴보면 그런 기적은 종종 나타났다는 사실을 발견할 수 있다.

예수님께서도 십자가에 피 흘려 죽으신지 사흘만에 다시 살아나지 않았는가, 오병이어의 기적은 또 무엇인가, 사르밧 과부가 가뭄이 끝나기까지 통의 가루가 떨어지지 않지 않았는가, 바울과 실라가 매를 맞고 옥중에 갇혔을 때 쇠사슬이 풀어지고 옥문이 저절로 열리지 않았는가, 그밖에도 보이지 않는 기적들이 성경에 얼마나 많은가, 우리가 눈을 뜨고 기적을 보려고 하면 천지가 온통 기적으로 가득 차 있음을 알 수 있다. 여기에서 한 가지 유념해야 할 것은 하나님의 섭리든 기적이든 다 그에 상응하는 뜻이 있다는 말이다.

그러면 오늘 말씀 중 도끼가 물위에 떠오른 기적은 무엇을 의미하는지 생각해 보자. 왜 하필이면 벌목을 하는데 자루에서 도끼가 빠져 물속에 가라앉았는지 얼마든지 있을 수 있는 일이 다. 문제는 더 이상 벌목을 할 수 없다는 것과 또한 그 도끼가 빌려온 도끼라는 점이다. 선지생도는 엘리사에게 보고를 하면서 그 도끼가 빌려 온 도끼라는 것을 강조했다. 그렇다고 엘리사가 빌려 왔으니까 기적을 행했다고 할 수만도 없을 것이다. 문제는 엘리사가 보고를 받았을 때 즉시 나뭇가지를 베어 물에 던졌다는 것이다.

과연 엘리사는 나뭇가지를 베어 물에 던지면 그 도끼가 떠오를 줄 미리 알았다는 말인가.

본문 6절을 보면 그런 것 같기도 하다. 왜냐하면 엘리사가 보고를 받자마자 "어디 빠졌느냐"고 묻고 거침없이 나뭇가지를 베어 물에 던졌기 때문이다. 과학적으로 보면 천부당만부당한 일이다. 그럼에도 불구하고 엘리사가 취한 행동을 보면 확신을 갖지 않고는 할 수 없는 행동을 했다는 것이다. 하나님께서 선지자 엘리사에게 어떻게 확신을 갖게 하셨는지 알 수 없지만 어쨌든 엘리사는 확신에 찬 행동을 한 것만큼은 사실이다. 왜 도끼를 물에 빠뜨렸다가 다시 건지게 하셨는지 몇 가지로 나누어 생각할 수 있다.

먼저 도끼를 빠뜨린 선지생도가 즉시 엘리사에게 보고를 하였다는 것이다. 이것은 신자들이 문제가 생기면 먼저 그 문제를 하나님께로 가져 오라는 것이다. 그래야 지혜도 얻고 하나님의 도우심도 받을 수 있다는 것이다. 물론 일일이 하나님께 문제를 가져 오지 않아도 더러 문제가 풀리기도 한다. 그러나 하나님께 영광을 돌릴 수 없다. 또 그렇게 반복되다 보면 결국 하나님과 거리가 멀어지게 된다는 것이다.

두 번째는 엘리사의 반응이다. 왜 실수를 했느냐 이것 저것 따지지 않고 즉시 문제를 해결하는 쪽으로 행동을 취하고 있다는 것이다. 다시 말하면 하나님께서는 우리가 문제를 가지고 오면 책망하시지 않고 해결해 주신다는 것이다.

요8:1-11을 보면 간음한 여자 이야기가 기록되어 있다. 당시에는 간음하다가 붙잡히면 돌로 쳐 죽이는 때였다. 그런데 한 가지 중요한 사실은 그 여자가 공교롭게도 예수님 앞으로 끌려왔다는 것이다. 서기관과 바리새인들은 예수님을 곤경에 빠뜨리려고 그 간음한 여자를 끌고 왔지만 하나님 편에서 보면 문제를 가지고 하나님 앞에 나왔다는 사실이다. 그래서 문제가 간단히 해결되고 죽을 수밖에 없었던 그 여자가 목숨을 부지하게 되었던 것이다. 특히 예수님께서 아무 책망도 하시지 않고 문제를 풀어 주셨다는 것이다.

세 번째는 도끼가 물에 떠오른 기적이다. 가라앉은 도끼가 물위에 떠오르게 하셨다면 분명 거기에는 어떤 뜻이 계실 것이다. 도끼가 물에 가라앉는 것은 당연하고 하나님은 그렇게 섭리하신다. 그럼에도 불구하고 섭리에 역행해서 도끼가 떠오르게 하셨다. 물론 빌려 온 도끼니까 되돌려 주기도 해야겠지만 그보다 더 강조되고 있는 것은 어떻게 가라앉은 도끼가 떠오를 줄 믿고 나뭇가지를 베어 물에 던졌느냐는 것이다. 여기에서 우리는 믿음의 중요성을 재삼 생각하지 않을 수 없다.

마9:27-29에 "예수께서 거기서 떠나가실 새 두 소경이 따라오며 소리질러 가로되 다윗의 자손이여 우리를 불쌍히 여기소서 하더니 예수께서 집에 들어가시매 소경들이 나아오거늘 예수께서 이르시되 내가 능히 이 일 할 줄을 믿느냐 대답하되 주여 그러하오이다 하니 이에 예수께서 저희 눈을 만지시며 가라사대 너희 믿음대로 되라 하신대" 하셨다. 믿음으로 예수님 앞에 나온 소경들의 눈이 밝아졌다. 하나님은 신자들이 어떤 믿음을 가지고 있는지 다 아신다. 그런데 선지자 엘리사는 하나님께서 도끼를 떠오르게 하실 줄 믿고 나뭇가지를 베어 물에 던졌던 것이다. 이와 같이 신자들은 그 믿음에 따라 은혜도 받고 하나님께 영광도 돌리게 된다.

사랑하는 성도 여러분, 신자들은 말씀을 들을 때 나에게 하나님께서 뭐라고 하시는지 알아들을 수 있는 귀가 있어야 한다. 말씀을 듣기는 듣는데 뭐라고 하시는지 모른다면 무슨 의미가 있겠는가. 따라서 신자들은 말씀을 듣기 전에 들을 귀를 달라고 기도해야 한다. 여러분 모두 본문을 통해서 주시는 교훈을 잊지 마시고 더욱 더 주님의 말씀에 귀를 기울이는 신앙 생활 하시기 바란다.